KB069673

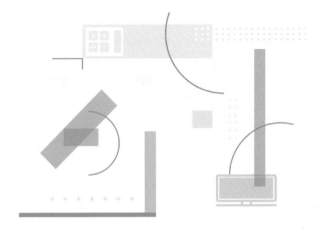

한국 교육의
효율성 분석

DEA 이론과 실제

| 나민주 · 김민희 · 이정미 공저 |

학지사

머리말

　인간은 누구나 한정된 재원으로 최적의 효과를 가져오기 위해 자연스럽게 효율성을 추구한다. 효율성이란 제한된 희소자원으로부터 최대의 효과를 얻으려는 경제원리로 알려져 있다. 막대한 공적 재원이 투입되고 있는 교육영역에서도 효율성을 추구하지 않을 수 없다. 효율성은 형평성과 더불어 교육재정에서 추구해야 할 가장 중요한 가치의 하나로 다루고 있다. 효율성을 측정하는 것은 경제활동으로서의 교육에 대한 끊임없는 학문적 관심사였다.

　그런데 교육활동이 효율적인지 아닌지를 어떻게 알 수 있는가? 효율성을 측정하는 방식 중 그간 교육분야에서 가장 광범위하게 사용되어 온 것은 생산함수였다. 학업성취도에 영향을 미치는 다양한 변인 간의 함수관계를 분석하는 방식으로 주로 회귀분석이 적용되었다. 교육생산함수는 학교교육의 성과에 어떤 요인이 얼마나 중요하게 작용하는가 하는 문제를 밝히는 과정으로 교육경제학의 핵심 분야로 자리잡고 있으며, 지금도 여전히 활용되고 있다. 이러한 전통적인 효율성 측정방법은 완전히 효율적인 생산함수가 있다는 가정을 하고 있다. 하지만 실제 상황에서 가장 효율적이고 합리적인 생산함수는 존재하기 어렵기 때문에 다양한 대안적 효율성 분석방법이 개발되어 왔고, 그중 하나가 자료포락분석(Data Envelopment Analysis: DEA)이다.

　지난 수십 년간 한국 교육은 지속적으로 성장하여 왔다. 우리 교육의 성장과정에서 교육여건의 개선을 통해 교육의 질적 수준을 높이기 위한 노력이 지속되었다. 교육투자가 확대되고 교육여건이 개선되면서 한편으로는 우리 교육제도의 효율성에 대한 문제 제기도 지속되었다. 이 책은 한국 교육의 효율성을 다양한 자료를 통해서 분석하고자 노력했던 저자들의 여정을 담은 하나의 탐험일지라고 할 수 있다. 저자들이 DEA를 처음 접한 것은 1990년대 말인 것으로 기억된다. 저자들은 다양한 연구대상을 통해 한국 교육의 '효율성'을 정의하고, 자료를 활용하여 효율성을 실증분석하고, 그 결과를 바탕으로 교육의 효율성을 높일 수 있는 방안을 모색해 왔다.

이 책은 크게 4부로 구성되어 있다. 먼저, 제1부에서는 교육 효율성의 개념과 분석방법을 개관하고, DEA의 논리와 적용방법에 관해 설명하였다. 제2부에서 제4부까지는 중학교, 고등학교, 대학과 교육청을 분석단위로 수행한 연구들을 담고 있다. 지금까지 학술지 논문 등을 통해 저자들이 보고한 다양한 연구자료를 종합하고 요약하는 과정이 대부분을 차지하였으나, 여러 사정으로 책으로 발간하기까지 예상보다 많은 시간이 소요되었고, 여전히 부족한 점이 많이 발견된다. 앞으로 독자들의 비판과 논의를 통해 한국 교육의 효율성을 분석하려는 새로운 시도와 도전이 계속되기를 기대해 본다. 시장성이 별로 없는 학술서적을 흔쾌히 출간해 주신 학지사에 감사드린다. 이 책이 나오기까지 도움을 주신 모든 분께도 진심으로 감사드린다.

2018년 2월
저자 일동

차례

제1부 교육 효율성 분석의 이론

제**1**장

교육 효율성의 개념과 분석방법[1]

이 장에서는 한국 교육의 효율성을 분석하기에 앞서 교육 효율성의 개념과 분석방법에 관해 알아보기로 한다. 먼저, 효율성의 개념을 파악하기 위해서 효율성의 정의와 관련 용어와 관계, 교육 효율성의 종류를 살펴보고, 다음으로 교육 효율성을 분석하기 위한 모수적 방법과 비모수적 방법들의 특징과 장·단점을 개관한다.

❶ 교육 효율성의 개념

효율성(efficiency)은 교육, 특히 교육정책, 교육재정 분야에서 오랫동안 핵심가치이자 기본원리, 평가준거의 하나로 중시되어 왔다(반상진 외, 2014; 윤정일 외, 2015). 효율성은 다양하게 정의되고 있으나, 일반적으로 투입과 산출의 관계에서 최소의 노력과 비용으로 최대의 효과를 거두려는 노력을 의미한다. 교육에서 효율성은 투입과 산출의 어느 한 측면이 아니라, 양자 간 관계에 초점을 맞춘 개념이다.

---

1) 이 장은 저자가 집필한 '반상진 외(2014). 교육재정학. 제2장 교육재정의 정책적 가치'의 일부분을 수정·보완한 것이다.

효율성과 비슷한 용어로 생산성, 경제성, 효과성 등이 있다. 엄밀하게 구분하면, 효율성은 투입과 산출의 관계를 나타내는 척도인 반면, 경제성(economy)은 투입에 한정된 개념이고, 효과성(effectiveness)은 산출에 한정된 개념이다. 생산성(productivity)은 이를 효율성, 효과성, 그리고 기타 성과지표를 포괄하는 개념으로 정의하는 경우와 관리적 효율성으로 협소하게 정의하는 경우가 있으나, 효율성과 거의 같은 개념이라 할 수 있다.

효율성의 개념은 경제학, 경영학, 행정학, 산업공학 등 다양한 분야에서 다소 다른 의미로 사용되고 있으나[2], 학교와 같은 공공기관에서는 산출요소를 명확히 화폐단위로 환산하기 어렵기 때문에 영리기관에 널리 쓰이는 생산성보다는 효율성이라는 용어가 더 보편적으로 사용된다(천세영, 2002). 교육 분야에서 효율성은 다음과 같이 다양한 방식으로 분류되고 있다(나민주, 2004).

첫째, 관련된 변인이 교육체제 내에 있는가, 밖에 있는가를 기준으로 내적 효율성과 외적 효율성으로 구분된다(반상진, 2001; 백일우, 2007). 외적 효율성(external efficiency)이란 교육과 노동시장, 교육과 경제성장과 같이 교육체제와 외부체제 간의 관계 속에서 발생하는 개념이다. 내적 효율성(internal efficiency)은 '어떤 방법으로 교육하는 것이 가장 효율적인가'와 같이 교육기관 혹은 교육체제 내에서 발생하는 투입–산출 간의 관계에 관심을 둔 개념이다.

둘째, 투입과 산출 중 어디에 초점을 두는가를 기준으로 분류하는 방법이 있다. Athanassopoulos와 Shale(1997)은 비용 효율성(cost efficiency)과 산출 효율성(output

---

2) 예컨대, 경제학에서는 최소의 투입으로 최대의 산출을 얻고자 하는 효율성 개념으로 완전경쟁시장에서 자원배분의 총비용이 최소화되는 상태를 경제적으로 효율적인 상태로 보는 파레토 효율성과 이익을 보는 쪽의 편익이 손해를 보는 쪽의 비용을 보상할 수 있을 만큼 클 때를 경제적 효율상태라고 보는 Kaldor-Hicks를 그 기준으로 설명한다. 경영학에서는 Taylor의 과학적 경영이론을 시발점으로 하여 Mayo의 호손실험에 의한 인간관계의 접근과 행동과학적 접근을 통해 발전한 것으로 효율성 향상을 인간의 민주적이고 참여적인 접근방법을 통해서 투입과 산출의 양 측면을 향상시키고자 노력한 접근방법이다. 행정학에서는 투입에 대한 산출의 비율을 의미하는 능률성과 바람직한 목표달성 정도를 의미하는 효과성을 합친 개념으로 보고 있다(천세영, 2000).

efficiency)을 구분하고 있다. 각각 비용의 최소화와 산출의 극대화에 관심을 두는 모형이다.

셋째, 투입 및 산출 변인의 속성을 기준으로 효율성을 분류하기도 한다. 예컨대, Atkinson(1983)은 기술적 효율성은 투입과 산출의 양적 관계에 초점을 맞춘 개념이고, 경제적 효율성은 자원의 양뿐만 아니라 비용까지 고려한 것으로 보고 있다. 이와 달리 박태종(1997)은 경제적 효율성을 배분적 효율성과 유사한 개념으로 보는 반면, 기술적 효율성은 관리적 효율성이라고도 하는 것으로 물리적 투입에 대한 물리적 산출의 비율을 측정하는 것으로 보고 있다. 여기서 물리적이란 투입과 산출을 화폐로 환산하지 않고, 있는 그대로 측정단위를 사용한다는 의미이다.

넷째, 재화의 생산과 배분 혹은 교환 과정을 기준으로 하는 분류도 있다. 예컨대, 반상진(2001)은 교육재정의 효율성 관련 개념을 크게 효과성, 교환효율성, 배분적 효율성과 같이 과정적 측면을 강조하는 개념들과, 능률성, 생산효율성, 기술적 효율성과 같이 결과적 측면을 강조하는 개념들로 구분하고 있다. 전자는 생산요소를 생산목적에 효율적으로 배분하고 있는가에, 후자는 소비자가 최대의 만족을 얻을 수 있도록 자원을 배분하였는가에 초점을 두고 있다.

다섯째, 교육기관의 기능을 중심으로 산출변인의 내용에 따라 구분하기도 한다. 예컨대, 최태성 등(1998)은 대학 인문사회계열의 학술지 논문 수, 저서, 번역서 등을 산출변수로 하여 연구효율성을 평가하였다. 박태종(1997)은 한국 대학의 효율성을 교육모형과 연구모형으로 구분하여 평가하였다.

경제학에서는 재화의 교환과정에서의 효율성과 생산과정에서의 효율성을 구분하여 배분적 효율성과 기술적 효율성으로 명명하고 있다(Pindyck & Rubinfeld, 2000). 배분적 효율성(allocative efficiency)이란 아무도 다른 사람을 전보다 못한 상태에 빠뜨리지 않고서는 전보다 더 나은 상태에 도달할 수 없도록 재화가 배분된 상태를 말하는 것으로 파레토 효율성(Pareto efficiency)이라고도 한다. 기술적 효율성(technical efficiency)이란 일정한 생산량을 가장 낮은 비용이 발생하는 생산요소의 배합으로 생산하는 효율성이다. 효율성의 개념을 체계적으로 정의하고 이를 측정할 수 있는 방법을 제시한 선구적 학자인 Farrell(1957)은 효율성을 기술적 효율성, 배분적 효율성, 규모효율성(scale efficiency)으로 분류하였다. 규모효율성이란 규모의 증가 및 감소 타당성 여부를 경영

자원의 최적 활용 차원에서 다루는 효율성을 의미한다.[3]

한편, 정부부문 혹은 관료제의 효율성에 관한 논의에서는 X효율성의 개념도 적용되고 있다(최병선, 2006; 박태종, 1997). X효율성(X-efficiency)은 배분적 효율성이 조직 내부의 효율성을 설명하지 못한다는 인식하에 제시한 개념이다. 구성원 동기부여, 의사결정능력 향상을 통하여 비용을 낮추고 생산성을 높이는 조직은 X효율성이 높다. 기업이나 정부의 조직내적 행동 혹은 조직의 관리행태에 따라 투입은 같아도 산출은 크게 달라질 수 있다(최병선, 2006).

학교교육의 효율성을 측정하기 위해서는 투입과 산출변인에 대한 명확한 개념 규정이 필요한데, 이로 인해 효율성은 '효과성'과 상호 교환적으로 사용되면서 혼동을 가져오기도 한다. Lockheed와 Hanushek(1994)은 이러한 의미의 혼동을 방지하기 위해 분류체계를 다음과 같이 제안하였다(강영삼, 2001). 이들은 교육체제의 효율성은 투입과 산출 측정방법인 화폐적, 비화폐적 조건에 따라 내적 효과성, 내적 효율성, 외적 효과성, 외적 효율성의 네 가지로 구분할 수 있다. 먼저, 내적 효과성은 경제학자들이 일반적으로 말하는 '기술적 효율성'과 밀접하게 관련된 효율성으로 가능한 산출물을 많이 생산하기 위해 사용 가능한 유·무형의 자원을 함께 투입하는 것이며, 기술적으로 효율적인 것을 의미한다(Levin, 1976). 그러나 학교교육에 적용될 때는 바람직한 산출에 대한 의견의 불일치로 인해 기술적 효율성을 성취하기란 매우 어렵다.

둘째, 내적 효율성은 최대의 교육적 산출물을 얻기 위해 주어진 수준에서 자금이 얼마나 잘 분배되어 사용되었는가를 설명하는 것으로, 배분적 효율성 또는 가격 효율성이라고도 한다(Levin, 1976). 학습과 교육에 투입된 정도와 그 효과를 비교 분석하는 비용-효과분석으로 측정되는데, 이를 교육현장에 적용하면 교육의 성과를 충족하기 위해 주어진 자원을 잘 배분하여 사용했는지를 점검하게 된다. 일반적으로 교육수요자들에게

---

3) 수리적으로 보면, 규모효율성은 기술적 효율성에서 순수기술효율성을 제거한 것으로, 규모에 대한 불변수익으로 정의된다. 어떤 조직이 투입물 배합의 증가와 비례하여 산출물 배합을 더 증가시킬 수 없거나, 투입물 배합의 감소와 비례해서 산출물 배합을 더 감소시킬 수 없는 규모로 운영될 때 규모의 효율성이 있다고 본다(김화영, 2013).

선택의 범위를 확대시켜 주려는 것은 이와 같은 배분적 효율성을 극대화하기 위한 것이다.

셋째, 외적 효과성은 비용-수익분식 등으로 측정되며 비화폐적 투입과 화폐적 산출 간의 관계로 설명된다. 교육현장에서 외적 효과성은 학생의 학교 선택이 졸업 후 봉급에 미치는 영향 정도와 관련되며 일반계 졸업자와 실업계 졸업자 간의 임금수준 비교 등의 연구로 대표된다. 이렇게 외적 효과성은 교육효과의 산출을 금전적 가치로 측정함으로써 교육프로그램과 다른 잠재적 사회 자원의 사용을 비교할 수 있게 해 주는 장점을 지닌다(Lockheed & Hanushek, 1994).

넷째, 외적 효율성은 교육에 사용된 전체적 화폐금액과 다른 잠재적 공공 또는 사적 사용으로 얻은 여타 수익을 비교하는 것으로, 교육투자회수율(rate of return to an investment) 등으로 측정된다. 그러나 교육효과에 대한 수익변인을 계량화하여 측정하는 것이 어렵기 때문에 직접적인 교육 효율성 분석에는 어려움이 있다.

❷ 교육 효율성 분석방법

효율성 분석방법은 크게 모수적 접근법(parametric approach)과 비모수적 접근법(non-parametric approach)으로 구분할 수 있다. 모수적 접근법은 특정한 함수형태를 가정하는 반면, 비모수적 접근법은 특정한 함수형태를 가정하지 않는다는 점에 차이가 있다. 교육 분야에서는 효율성 분석방법으로 회귀분석, 생산성지수, 비율분석 등을 전통적으로 사용해 왔고, 최근 들어서는 자료포락분석, 확률변경분석, 맘퀴스트 지수 등을 활용하고 있다(김재홍, 김태일, 2001; 유금록, 2004; 박만희, 2008; 이정동, 오동현, 2012). 이상의 효율성 분석방법들의 특징을 간략히 살펴보면 다음과 같다.

1) 회귀분석

회귀분석(regression analysis)은 독립변수와 종속변수 간의 선형관계를 분석하는 모수적 통계방법으로서 기대산출물과 실제산출물을 비교함으로써 효율성을 평가한다 (유금록, 2004). 예컨대, 어떤 조직이 회귀분석의 기대산출물보다 더 적은 산출물을 생산한다면 평균적인 수준에 비해 효율성이 떨어지는 것으로 간주된다. 회귀분석은 효율적인 투입−산출 간의 관계가 명확하지 않은 분야에서 생산관계를 파악하는 데 사용되어 왔다. 그러나 회귀분석은 분석을 위한 모형에 사용된 함수의 형태에 따라 결과에 상당한 차이가 있고, 최소자승법에 따른 평균값 또는 중심 성향의 정보를 이용해 효율성을 측정하기 때문에 특정한 값의 영향을 많이 받는다는 단점이 있다(박만희, 2008).

회귀분석을 활용한 교육생산함수(educational production function)는 대표적인 모수적 방법이다. 교육생산함수는 학교교육의 성과에 어떤 요인이 얼마나 중요하게 작용하는가 하는 문제를 밝히는 과정으로 교육경제학의 핵심 분야라고 할 수 있다. 교육생산함수에 관한 연구들은 교육의 과정에서 서로 다른 투입과 그 과정의 결과 사이의 관계를 다루기 때문에 전형적인 회귀분석과 같은 통계기법을 사용하여 예측하는 방식을 활용한다(정태범, 2001). 일반적으로 생산함수는 다음과 같은 수식으로 표현된다.

$$Y = f(X_1, X_2, \cdots X_n)$$ [식 1-1]

Y: 산출량, X_n: 각 요소의 투입량

이렇게 제시된 생산함수는 다음과 같은 중다 회귀 방정식으로 표현된다.

$$Y_i = a + b_1 X_{1i} + b_2 X_{2i} + \cdots + b_i X_{ji} + ei$$ [식 1-2]

Y_i: i번째 추정된 학업성과
a: 모든 독립변인이 '0'일때 Y_i의 추정된 가치
$b_1 \cdots b_i$: 각 변인에 적용되는 회귀계수
$X_{1i} \cdots X_{ji}$: 성과를 추정하는 데 사용된 선택의 투입요소
e_i: 성과의 실제적 가치와 추정된 가치 간의 차이, i: 1, 2, $\cdots$ 16
j: 하나 혹은 더 많은 변인을 삭제하지 않는다면 가해지는 변인들의 수

[식 1-2]에서 교육의 투입요소는 매우 다양한데, Cohn(1979)은 학교에 의한 투입, 학

교 외적인 투입으로 나누었으며, Windham(1995)은 교육성과에 영향을 미치는 결정요인(투입요소)으로 학생특성, 교사특성, 학교특성, 수업자료와 교구특성, 시설특성, 수업조직 형태, 내체기술, 교사-학생의 시간 이용 등으로 구분하였다. 교육의 산출요소에 대해 Cohn(1979)은 소비적 수익과 투자적 수익으로 구분하였으며, Windham(1988)은 인지적 성취, 기능향상, 태도변화, 행동변화, 고용, 소득향상, 지위변화 등으로 구분하기도 하였다.

교육생산함수를 활용한 연구 동향을 살펴보면, 종속변수는 양을 잴 수 있거나 측정할 수 있는 산출물이어야 하므로 표준화된 학업성취 결과를 가장 많이 활용하고 있다. 또한 종속변수에 영향을 미치는 독립변수들을 분류하려고 시도해 왔는데, 생산함수를 활용한 연구결과에 의하면 학교가 경제적으로 비효율적이지만, 가족배경이나 교사의 차이가 학생의 성취도와 매우 밀접한 관련이 있다는 것을 밝히고 있다(Ruggiero, 2004).

2) 생산성지수

전통적 의미에서 생산성은 자원 투입에 대한 산출비율로 정의된다(유금록, 2004). 생산성은 산출을 물량을 기준으로 하는가와 금액을 기준으로 하는가에 따라 물적 생산성과 가치 생산성으로, 그리고 투입을 단일 생산요소로 하는가와 전체 생산요소로 하는가에 따라 요소생산성과 총요소생산성으로 구분된다(박만희, 2008). 생산성에는 총생산성(total productivity), 부분생산성(partial productivity), 총요소생산성(total factor productivity) 등이 있으나, 일반적으로 전체적인 맥락에서 산출과 투입을 동시에 고려하는 총생산성지수가 효율성 측정에 주로 사용되어 왔다.

이 방법은 산출량을 노동투입량, 자본투입량, 원재료투입량, 기타경비투입량의 합으로 나눈 생산성지수를 통해 효율성을 측정한다. 총생산성지수는 계산이 쉽고, 지수변화에 따른 추세파악이 용이하며, 상호 비교가 가능하다는 장점이 있다(박만희, 2008). 그러나 각 요소를 금액으로 환산하여 측정하기 때문에 가격효과로 인한 왜곡된 효율성 정보를 제공할 가능성이 높다. 또한 비효율의 부분과 정도에 대한 정확한 정보를 제공하지 못함으로써 실질적인 효율성 개선에는 도움이 되지 못하고, 다수의 투입물과 산출물을 동시에 고려할 수 없다는 한계가 있다(김재홍, 김태일, 2001; 유금록, 2004).

3) 비율분석

비율분석(ratio analysis)은 기업의 재무 및 경영실적 평가에 널리 활용되는 방법으로서 경제적으로 의미가 있는 재무제표를 활용하여 기업의 경제적 상황을 설명할 수 있는 재무비율을 계산한 후, 이를 통해 기업의 재무상태와 경영성과를 파악하려는 경영기법이다(박만희, 2008). 효율성 분석에서 비율분석은 재무비율분석, 비용편익분석, 비용효과분석의 형태로 사용되는 경우가 많다(유금록, 2004). 재무비율분석은 재무제표를 바탕으로 도출한 재무비율을 자체 기준이나 산업표준비율과 비교하거나 그 추이를 분석하여 기업의 수익성, 유동성, 안정성, 성장성 등을 평가하는 방법으로 투자수익률(Return On Investment), 자산수익률(Return On Assets), 자기자본이익율(Return On Equity) 등이 대표적인 예이다.

한편, 비용편익분석(Cost-Benefit Analysis)은 대안별로 투입되는 비용과 그로 인해 얻어지는 편익을 평가함으로써 최적의 대안을 결정하려는 방법이다. 비용편익분석은 주로 금전적 측면에 초점을 두는 반면, 비용효과분석(Cost-Effectiveness Analysis)은 목표달성도나 성취수준 등 비금전적 효율성을 평가하는 데 활용된다.

비율분석은 적용과 이해가 쉽고, 시간과 원가를 절약할 수 있기 때문에 예비분석 수단으로 널리 활용되고 있다. 그러나 각종 비율지표 간 가중치가 자의적일 경우 객관적 평가가 어렵고, 단편적인 비율분석치만으로는 전체적인 투입-산출의 효율성을 규명하기 어려우며, 단기적 성과에 치중하여 장기적 성장에 기여하는 요소들을 제대로 평가하기 어렵다는 단점이 있다(박만희, 2008; 엄준용, 2010).

4) 자료포락분석

전통적 효율성 분석방법들은 완전히 효율적인 기업의 생산함수가 알려져 있다고 가정하나, 실제로는 생산함수가 알려져 있지 않기 때문에 그 대안으로 제시된 것이 바로 자료포락분석과 확률변경분석이다. 자료포락분석은 비모수적 방법이고, 확률변경분석은 모수적 방법이다(전용수 외, 2002; 유금록, 2004). 자료포락분석(Data Envelopment Analysis: DEA)은 의사결정단위(Decision-Making Unit: DMU)의 상대적 효율성을 측정하기 위해 Charnes 등(1978)에 의해 고안된 방법이다.

DEA는 특정한 함수형태를 가정하지 않고 생산 가능집합(production possibility set)에 적용되는 몇 가지 기준하에서 조직들이 경험적으로 형성하고 있는 효율성 프런티어(efficiency frontier)를 도출하여 평가대상을 상호 비교함으로써 효율성을 측정하는 방법으로서 프런티어 상에 있으면 효율적이라고 판단하고, 프런티어 내에 있으면 비효율적이라고 판단하게 된다(김재홍, 김태일, 2001; 전용수 외, 2002).

DEA는 투입요소와 산출요소가 다양하여 하나의 효율성지수로 표현하기 힘든 경우에 유용하고, 모집단의 평균치를 이용하는 회귀분석과 달리 개별적인 개선가능성에 대한 유용한 정보를 제공해 준다. 또한 사전에 투입 및 산출 요소의 가중치(상대적 중요성)를 설정할 필요가 없다. 그러나 분석모형에 포함된 변수에 따라 DMU의 상대적 효율치가 달라질 수 있고, 절대적인 기준에 따른 효율성을 판단하기 어렵다는 단점이 있다(유금록, 2004; 박만희, 2008).

5) 확률변경분석

확률변경분석(Stochastic Frontier Analysis)은 변경함수(frontier function)를 추정하여 효율성을 분석하는 방법이다(유금록, 2004). 앞서 살펴본 DEA은 확률적 오차와 관리운영상의 비효율성을 엄밀하게 구분하지 못하므로 DMU 관리운영상 비효율성을 정확히 측정하기 어려운 한계가 있다. 확률변경분석은 Aigner 등(1977)이 제시한 것으로 확률생산 변경함수와 확률비용 변경함수로 구분된다.

확률변경분석은 비효율성지표를 자세히 분류하여 DMU의 효율성이 개선된 추정치와 비효율성의 근원을 제시해 주고, 통계적 및 표본추출 오차를 고려할 수 있다는 장점이 있다.[4] 그러나 정확한 함수형태를 사용하지 않거나 부적절한 함수형태를 사용하면 결과 해석이 어려워지고, 확률변경 비용함수의 경우 기업별로 상이한 투입요소 가격 자료를 사용해야 하므로 비용이 많이 든다는 단점이 있다(유금록, 2004).

6) 맘퀴스트 지수

서로 다른 시점의 자료들이 확보되면 시간경과에 따라 투입 대비 산출의 비율이 어떻게 변화하였는지를 추적할 수 있는데, 이를 생산성 변화분석이라고 한다(유금록, 2004; 이정동, 오동현, 2012). 이와 관련하여 최근에는 맘퀴스트 지수(Malmquist Index)도 활용되고 있다(김화영, 2013). 패널자료를 활용할 수 있는 경우 DEA나 확률변경분석과 같은 변경추정법(frontier estimation method)을 사용하여 맘퀴스트 총요소생산성지수를 구하는 방법이다(유금록, 2004). 맘퀴스트 지수는 특정 생산함수를 가정하지 않고 거리함수에 기초하여 두 시점 간의 총요소생산성의 변화를 측정한다(박만희, 2008).

---

4) 확률변경분석에서는 변경(효율성 프런티어)으로부터 편차를 기술적 비효율성과 배분적 비효율성, 그리고 통계 및 표본추출 오차와 무작위충격(random shocks)으로 구분한다. 기술적 비효율성(technical inefficiency)은 동일한 수준의 투입요소가 사용될 경우 더 많은 산출물이 생산될 수 있는 경우이고, 배분적 비효율성(allocative inefficiency)은 투입요소의 최적 결합이 이루어지지 않은 경우이다(유금록, 2004).

제**2**장

DEA의 논리와 모형

앞 장에서 살펴본 바와 같이 DEA는 교육 효율성을 분석하는 다양한 방법과는 다른 여러 가지 특징을 지니고 있다. 이 장에서는 DEA를 본격적으로 적용하기에 앞서 그 기본적인 논리 및 분석모형에 관해 살펴본다. 아울러 최근 DEA의 보완적 모형으로 대두되고 있는 맘퀴스트 지수에 관해서도 알아본다. 끝으로, 교육분야에서 DEA를 활용하여 효율성을 분석한 연구의 추세를 종합적으로 파악하기 위한 교육 효율성 연구 동향을 제시한다.

1 DEA의 논리

DEA는 유사한 기능을 수행하는 다른 조직과의 비교를 통해서 효율성을 측정하는 방법이다. 이를 상대적 효율성이라고 한다. DEA는 Charnes 등(1978)이 비영리 DMU의 상대적 효율성을 측정하는 방법으로 제시한 것이다. DEA는 학교와 같은 비영리기관에서 제공하는 무형의 가치를 측정·비교하는 방법론으로서 기존의 정규분포를 가진 모수적 통계기법이 아닌, 비모수적 기법이다(전용수 외, 2002).

DEA는 투입 및 산출물이 유사한 기관 간 상대적 효율성을 평가하기 위한 방법으로 다수의 투입 및 산출변수를 활용하여 DMU 간 상대적 효율성을 측정해 내는 기법이다(김재홍, 김태일, 2001). 즉, 투입물과 산출물이 다수이고 이러한 투입물들을 결합하여 형성되는 산출물의 시장가격이 존재하지 않는 비영리조직의 경우, 효율성은 절대적인 관점이 아니라 상대적인 관점에서 측정될 수밖에 없다는 것을 가정하고 있다.

DEA는 비모수적 방식에 의해서 상대적 효율성을 평가하는 방법으로서 특정 함수형태를 가정하지 않고, 생산가능집합에 적용되는 몇 가지 기준하에서 조직들이 경험적으로 형성하고 있는 효율성 프런티어를 도출하여 평가대상을 상호 비교함으로써 효율성을 측정하는 방법이다. DEA는 프런티어상에 있으면 효율적이라고 판단하고, 프런티어 내에 있으면 비효율적이라고 판단한다(김재홍, 김태일, 2001; 전용수 외, 2002).[1]

DEA를 처음 제시한 Charnes 등에 의하면, 어떤 조직의 '완전한' 효율성은 다음의 두 가지 경우 중에서 한 가지를 충족하는 경우에 달성된다. 첫째, 조직의 한 산출물을 투입요소의 일부를 증가시키거나 또는 산출물의 다른 일부를 감소시키지 않고서는 증가시킬 수 없는 경우이다. 둘째, 조직의 한 투입물을 산출물의 일부를 감소시키거나 또는 투입물의 다른 일부를 증가시키지 않고서는 감소시킬 수 없는 경우이다.[2] 즉, DEA에서 100% 효율성은 어떤 조직이 다른 조직들과 비교하여 투입 및 산출에 있어 어떤 비효율성의 증거도 없을 때 달성된다(Cooper et al., 2004; 천세영, 2000).

이처럼 DEA에서 효율성 측정은 준거집단과의 비교를 통해서 이루어지는데, 준거집단(reference set)을 구성하는 것은 효율성 점수가 100%인 효율적인 DMU들이다(박준

---

[1] DEA에서는 기관의 가중된 투입요소의 합과 산출요소의 합의 비율로부터 각 기관의 상대적 효율성을 측정한다. 효율치는 투입요소(X_{ij})의 선형결합에 대한 산출요소(Y_{rj})의 선형결합 비율을 극대화시키는 가중치(u_r, v_i)를 선택하는 방식을 통해 산출된다. 자세한 수리적 설명은 전용수 등(2002), Cooper 등(2004)을 참조한다.

[2] 이 두 가지 조건은 Koopmans가 Pareto의 최적성 개념을 생산가능집합에서 재해석한 것으로서 Pareto-Koopmans 효율이라고도 한다. 효율성을 측정하고자 하는 시도는 Koopmans(1951)와 Debreu(1951)의 영향을 받은 Farrell(1957)의 연구에서 시작되었다(전용수 외, 2002 재인용). Koopmans의 효율성 정의는 효율적 상태와 비효율적 상태를 구별할 방법을 제공하였지만, 효율성의 정도에 관한 정보는 제공하지 못하였다. Farrell은 효율성의 개념을 체계적으로 정의하고 이를 측정할 방법을 제시하였다. Charnes 등(1978)이 제시한 DEA는 Farrell이 제시한 기술적 효율성을 관찰된 자료로부터 계산할 수 있는, 발전된 형태의 효율성 측정방법이라 할 수 있다. DEA의 역사에 관해서는 전용수 등(2002), Coopers 등(2004)을 참조한다.

용, 2000). 준거집단으로 참조된 횟수(reference frequency, 이하 참조횟수)가 많다는 것은 다른 효율성이 낮은 DMU가 그 DMU를 모범으로 삼을 만하다는 것을 의미한다. 그런데 효율치 분석결괴가 100%로 보이는 모든 DMU가 참조횟수가 높지는 않을 수 있는데, 그 이유는 준거집단으로 활용되지 못한 DMU의 경우 투입 및 산출변수의 조합이 특이해서 나온 결과일 가능성이 있다(Banxia Software, 2003).

DEA는 유사한 다수 투입요소를 활용하여 유사한 여러 산출물을 창출하기 위해 동일한 기술을 사용하는 DMU 간의 상대적 효율성을 측정한다. DEA에서는 "100%의 효율성은 어떤 DMU가 다른 DMU와 비교하여 투입 및 산출에 있어 비효율성의 근거가 없을 때 달성되는 것"으로 정의한다(교육인적자원부 편, 2001). 이와 같이 DMU의 효율성을 규정할 때 분자와 분모의 상대적 크기를 고려하여 효율성을 산출하는 Charnes 등 (1978)에 의해 제시된 DEA의 기본 산식은 [식 2-1]과 같다.

$$
\text{최대화 } h_k = \sum_{r=1}^{s} u_{rk} Y_{rk}
$$

$$
\text{제약조건 } \sum_{r=1}^{s} u_{rk} Y_{rj} - \sum_{i=1}^{m} v_{ik} X_{ij} \leq 0, \ (j=1, \cdots, n,)
$$

$$
\sum_{i=1}^{m} v_{ik} X_{ik} = 1,
$$

$$
u_{rk} \geq 0, \ (r=1, \cdots, s)
$$

$$
v_{ik} \geq 0, \ (i=1, \cdots, m) \qquad \text{[식 2-1]}
$$

h_k는 DMU_k의 효율성, Y_{rk}는 DMU_k가 생산한 산출물 r의 양,
X_{ik}는 DMU_k가 사용한 투입요소 I의 양, u_r은 산출물 r에 부여하는 가중치,
v_i은 투입요소 i에 부여하는 가중치, s는 산출물의 수, m은 투입요소의 수

이와 같은 선형계획은 그 해를 구하기가 용이하며, 다른 어느 DMU도 1의 효율성 비율을 초과할 수 없도록 한 채 각 DMU의 효율성을 최대화하는 투입요소와 산출물의 가중치를 식별한다.

DEA는 기존의 효율성 분석방법에 비해서 여러 장점이 있다(김재홍, 김태일, 2001; 이은국 외, 2003; 임석민, 1997; 천세영, 2000). 첫째, DEA는 서로 다른 단위로 측정된 투입 ·

산출요소들을 분석모형에 포함할 수 있다. 각 투입요소는 한 개 혹은 그 이상의 산출요소와 어떤 관계를 갖는 것으로 가정되나, 이들 간 함수관계가 명확할 필요는 없고, 사전에 변수에 대해 어떠한 가중치를 결정할 필요도 없다. 회귀분석과 비교했을 때 투입요소 간 상호의존성이 크다고 해서 다중공선성(multi-collinearity)의 문제가 생길 것이 없고 산출요소와의 생산관계만 확인되면 충분하다(이기호, 1996).

둘째, DEA는 모든 투입과 산출에 대해 수학적으로 최적의 가중치를 부여하므로 선험적으로 가중치를 부여할 필요가 없다. 따라서 DEA는 임의적인 가중치를 배제하고 효율치의 산출과정에서 객관적인 방법으로 가중치가 도출되며, 다투입, 다산출을 기초로 하여 DMU 간의 상대적 효율성을 측정할 수 있는 장점을 지닌다(교육인적자원부 편, 2001; 김재홍, 김태일, 2001).

셋째, 전반적인 효율치뿐만 아니라 비효율 요소, 비효율 정도에 관한 정보를 제공해 주고, 준거집단에 비추어 효율성을 개선할 방법도 알려 준다. 즉, DEA는 각 DMU의 상대적 효율성을 수치로 표시해 주고, 변수별로 잠재적 개선가능치(potential improvement)도 제시해 주므로 이를 활용하여 효율성을 개선할 수 있는 관리전략을 개발할 수 있다(Banxia Software, 2003). 즉, 효율성을 달성하기 위해 산출변수의 증대, 투입의 감소 또는 두 가지 방법을 모두 선택하여 개선전략을 수립·실행할 수 있다(이은국 외, 2003). DEA는 비효율적으로 나타난 기관에서 절약할 수 있는 자원의 양이나 추가로 생산할 수 있는 산출, 성과의 양을 계산할 수 있다.

그러나 이러한 장점에도 불구하고, DEA는 포함된 투입과 산출요소들의 배합이나 형태가 평가대상 간에 너무 상이할 때에는 모두 효율적으로 과대평가될 가능성이 높고, 포함되는 변인의 수가 너무 많거나 DMU가 적을수록 효율성이 높게 산출되어 판별력이 저하될 가능성이 높다. 또한 DMU 간의 상대적 효율성 평가이기 때문에 선정되는 변수와 평가대상에 따라 그 결과가 크게 차이 날 수 있다. 더욱이 DEA를 통해 산출된 비효율성은 오차의 개념이 정확하지 않아 DMU의 비효율성을 평가하는 데 조심스럽게 접근해야 한다(김재홍, 김태일, 2001; 유금록, 2004). 따라서 이 기법을 활용한 연구를 수행할 경우 변수의 선정 및 해석에 상당한 주의를 기울여야 한다.

② DEA 분석모형

　DEA는 투입과 산출물의 형태가 유사한 기관 간의 상대적 효율성을 평가하기 위한 방법이다(김재홍, 김태일, 2001). 이를 위해서 각 기관의 가중된 투입요소의 합과 산출요소의 합의 비율로부터 각 기관의 상대적 효율성을 측정한다. 이때 최적해를 구하는 수리적 방식에 따라 DEA는 투입방향모형(input-oriented model)과 산출방향모형(output-oriented model)으로 구분된다(전용수 외, 2002).

　투입방향모형은 산출수준을 일정하게 유지하면서 투입요소 혹은 비용을 어느 정도까지 최소화할 수 있는가, 즉 투입최소화(input minimization)에 관심을 갖는다. 반면, 산출방향모형은 일정 수준의 투입요소가 주어졌을 때, 어느 정도까지 산출을 달성해야 하는가, 즉 산출극대화(output maximization)에 관심을 갖는다(Banxia Software, 2003). 이 둘 중 어떤 모형을 선택할 것인가는 상황에 따라 다르다. 예컨대, 상급행정기관에 의해서 대부분의 가용자원이 결정되고 투입요소의 사용에 제약이 많은 경우에는 산출극대화모형이 더 적합할 것이다(Banxia Software, 2003; 이현정, 1999).

　CCR 모형(연구자인 Charnes, Cooper, Rhodes의 머리글자)이 발표된 이후 다양한 DEA 모형이 제시되었다(Cooper et al., 2004; 전용수 외, 2002). 이 모형들은 주로 생산가능집합에 부여되는 가정들, 특히 처분성(disposability), 볼록성(convexity), 규모수익(return to scale)에 대해서 서로 달리 가정하고 있다(전용수 외, 2002). CCR 모형은 생산가능집합에 강처분성, 집합의 볼록성, 불변규모수익을 가정하고 있다. 다른 DEA 모형들 역시 생산가능집합의 볼록성을 가정하고, 처분성도 강한 것으로 가정하는 경우가 일반적이나, 규모수익에 대해서는 상당한 차이가 있다. 규모수익은 모든 투입요소를 비례적으로 증가시킬 때 나타나는 산출의 반응을 의미하는 것으로, CCR 모형은 산출도 일정하게 증가한다고 보는 불변규모수익(Constant Return to Scale)을 가정하고 있다(CRS 모형이라고도 함).

　어떤 경제학자들은 투입규모가 작을 때는 체증규모수익을 나타내고, 투입규모가 커짐에 따라 불변규모수익의 단계를 거쳐서 결국에는 체감규모수익을 나타내는 변동규모수익의 특성을 가진 S자형 생산함수를 가정하기도 한다. CCR 모형과 더불어 널리 활용되고 있는 BCC 모형(Banker, Charnes, Cooper의 머리글자)의 경우, 앞의 두 가지 가정은 CCR 모형과 동일하나 규모수익에 대해서는 변동규모수익(Variable Return to Scale)을 가정하고 있다(VRS 모형이라고도 함; Banker et al., 1984).

따라서 DEA를 적용하기 위해서는 이상의 특성을 감안하여 분석대상과 투입·산출변수 선정 시 몇 가지 유의할 점이 있다(임석민, 1997; Banxia Software, 2003). 첫째, 투입물과 산출물에 대해서 권한과 책임이 있는 DMU가 선정되어야 한다. 투입·산출 면에서 외부성이 큰 DMU들을 대상으로 산출된 상대적 효율성은 타당성이 낮고, 측정결과로 도출된 정보가 각 DMU의 관리 향상에 도움을 주기 어렵다. 둘째, 동일한 투입 및 산출요소를 지닌 DMU를 설정하여야 한다. 셋째, DMU의 수는 충분한 자유도를 가질 만큼 커야 한다. DMU 수가 지나치게 적을 경우에는 효율적인 DMU로 판명되는 비율이 상대적으로 높게 나타난다. 모형의 판별력은 DMU 수가 증가할수록 향상되고, 투입 및 산출요소의 수가 증가할수록 저하된다. 대체로 DMU 수는 투입 및 산출요소 수의 합의 3배 이상이 좋다. 넷째, DEA에 사용되는 모든 자료의 관찰값은 0이나 음의 값을 가져서는 안 된다. 또한 결손자료가 있는 DMU를 포함해서도 안 된다.

최근에는 효율성 결정요인 분석도 이루어지고 있다. 효율성 결정요인 분석은 DEA를 통해 측정된 효율성 척도를 종속변수로 하고, 효율성에 영향을 미칠 것으로 추정되는 잠재적인 변수들은 독립변수로 하여 이들 간 관계를 회귀분석하는 것이다. 먼저, DEA로 효율성 정도를 측정한 다음 효율성 결정요인을 분석한다는 의미에서 2단계 분석법(two-stage approach)이라고도 한다(이정동, 오동현, 2012). 이때 토빗회귀(Tobit regression)를 이용한 추정법이 주로 활용된다. 토빗회귀추정법은 회귀모형의 종속변수가 특정한 값의 범위로 제한되어 있는 경우에 사용하는 방법이다.

DEA를 활용하여 산출된 효율성 점수에 영향을 주는 요인들을 분석하기 위해서는 회귀모형을 사용해야 한다. 그러나 DEA에 의한 효율성 점수가 0과 100 사이의 값을 갖기 때문에 일반적인 통상최소자승법(OLS)을 사용하면 회귀계수가 불일치 혹은 편의 추정치(inconsistent and biased estimates)를 갖게 된다. 이러한 문제를 극복하기 위해서 토빗모형(Tobit model)을 사용한다(Maddala, 1991; McDonald & Moffitt, 1980). 이 모형은 종속변수가 하한보다 작거나 상한보다 크면 관찰되지 않으므로 절단회귀모형(censored regression model)이라고도 불린다. 교육연구에서는 사교육비 관련 영향요인 분석 시 이 모형을 적용한 연구들이 산출되고 있고, DEA 분석결과에 대한 영향요인 분석 등에도 활용도가 높아지고 있다(김미란, 2009; 이종구 외, 2009; 성낙일, 홍성우, 2008; 김민희, 2010).

참고로 DEA를 실행하기 위해 개발된 다양한 유료 및 무료 소프트웨어 프로그램(패키지)들이 있다. 프로그램에 따라 입출력 자료의 처리방식, 적용 가능한 DEA 모형의 종류, 처리할 수 있는 투입·산출변수 혹은 관측치의 수 등에 조금씩 차이가 있는데, 입출력 방식이 쉽고 DEA 모형을 반영하는 방식이 간단한 프로그램일수록 사용하기에는 편리하지만, 모형을 변형할 수 있는 가능성은 낮다(이정동, 오동현, 2012: 328-321).

DEA 프로그램 가운데 유료인 것으로는 DEA Solver, Frontier Analyst, OnFront, Warwick DEA, DEA Excel Solver 등이 있고, 무료 프로그램으로는 DEAP, EMS, Pioneer, EnPAS 등이 있다. 이 중 EnPAS(박만희, 2008)는 국내에서 개발된 것으로 분석 모형은 다소 제약이 있으나, 플랫폼 호환성, 사용자 인터페이스 결과 보고 등에서는 상업 용과 차이가 없고 사용자 편의성도 높은 편이다. 또한 R과 STATA를 기반으로 하여 기존 프로그램에 비해 다양한 분석모형을 개발하려는 시도도 있다(이정동, 오동현, 2012).

③ 보완적 논의: MI 기본모형

효율성 분석방법으로 DEA는 여러 장점이 있으나, 포함된 투입과 산출요소들의 배합이나 형태가 평가대상 간에 너무 상이할 때에는 모두가 효율적으로 과대평가될 가능성이 높고, 일정 시점이나 특정 시점에서의 상대적 효율성만을 알려 주는 단점이 존재한다. 즉, 기존 DEA는 일정 시점이나 특정 시점에서 DMU의 상대적 효율성을 분석함으로써 시간의 흐름에 따른 단순한 효율성 변화비율만 분석하고 있어 기간별 효율성 변화 추세 및 효율성 변화요인을 파악하기 어려운 한계가 있음이 계속 지적되어 왔다

(유금록, 2004; 박만희, 2008).

이러한 DEA의 한계는 패널 데이터(panal data)를 활용하여 시간의 흐름에 따른 생산성 변화를 기술적 효율성 변화와 기술 변화로 구분하는 DEA-맘퀴스트 지수(Malmquist Index: MI)를 적용하여 극복할 수 있는데, MI를 활용하면 순수기술효율성 변화와 규모효율성 변화 및 기술진보로 세분화한 생산성 변화 분석이 가능하다. 또한 DMU의 경쟁력을 향상시키기 위한 개선방향과 대안도 제시할 수 있다.

생산성이란 어떤 국가나 경제주체의 성과를 나타내는 지표의 하나로 투입량에 비해 산출량이 어느 정도인지를 나타내며, 동일 시점이나 서로 다른 시점 간의 국가나 경제주체 간의 경제성과를 비교할 수 있게 하는 일종의 상대적인 지표이다(권오상, 김용택, 2000). 생산성은 최대한의 생산성을 나타내는 효율성뿐만 아니라 기술 변화와 같은 질적 개념도 포함한다. 시간이 지남에 따라 달라진 기술 수준하의 투입과 산출 간의 관계를 분석하는 것을 생산성 분석이라고 하며, 많은 공공기관이나 조직에서 성과측정을 위하여 생산성 분석을 활용하고 있다.

1953년 Malmquist에 의해 제안된 MI는 Caves 등(1982)에 의해 정의된 이후 생산성 변화 측정에 활용되어 왔으며, Färe 등(1994)이 DEA 모형을 이용한 MI 측정방법을 개발하여 생산성 변화를 측정하는 데 활용하였다. 이들은 생산성 변화가 단위조직 수준의 효율성 변화인 기술적 효율성 변화와 산업 전체적인 생산성 변화인 기술 진보(변화)로 분리될 수 있다고 보았다. 즉, 어떤 조직의 효율성이 높아진 것이 단위조직 차원의 기술이 변화된 데 따른 것인지, 전체적인 산업 전반의 기술이 변화되어서 나타난 것인지를 구분하여 보아야 한다는 것이다(김윤희, 하헌구, 2010; 박만희, 2008).

MI 모형은 DEA를 이용한 종·횡단면적 분석으로, 다른 시점 간의 생산성 변화 정도를 비교하기 위한 모형이다. MI는 거리함수를 근거로 한 DEA의 변형으로, 기간별 효율적 프런티어와 DMU의 이동을 지수형태로 측정한다. DEA를 통하여 프런티어를 형성하게 되며, 형성된 프런티어와 DMU 간의 거리를 측정하여 생산성 변화지수를 측정할 수 있게 되는 것이다. MI는 DEA와 마찬가지로 투입방향모형과 산출방향모형이 있는데, 산출방향모형의 경우 규모수익불변(Constant Return to Scale: CRS)과 규모수익가변(Variable Return to Scale: VRS) 가정하에서 계산이 되며, VRS 가정하에서 계산을 하면

규모의 경제 효과를 측정할 수 있다. MI의 기본모형은 다음과 같이 기술적 효율성 변화와 기술 변화로 분해될 수 있다(유금록, 2005).

$$M(x_t, y_t, x_{t+1}, y_{t+1})$$

$$= \frac{D_{t+1}(x_{t+1}, y_{t+1} \mid CRS)}{D_t(x_t, yt \mid CRS)} \times [\frac{D_t(x_{t+1}, y_{t+1} \mid CRS)}{D_{t+1}(x_{t+1}, y_{t+1} \mid CRS)}$$

$$\times \frac{D_t(x_t, y_t \mid CRS)}{D_{t+1}(x_t, y_t \mid CRS)}]$$

$$= 기술적 효율성 변화 \times 기술 변화 \qquad\qquad [식 2-2]$$

[식 2-2]에서 괄호 밖의 비율은 t기와 $t+1$기 사이의 Farrell(1957)의 기술적 효율성 변화를 측정한다. 즉, 효율성 변화는 t기에서 Farrell의 기술적 효율성에 대한 $t+1$기에서 Farrell의 기술적 효율성 비율과 동일하다. 앞의 식에서 지수의 나머지 부분은 기술 변화의 지표이며, 이것은 x_{t+1}과 x_t에서 평가된 두 기간 사이의 기술 변화의 기하평균이다. 1보다 큰 효율성 변화(기술 변화) 값은 t기에서 $t+1$기까지의 기술적 효율성(기술 변화)이 개선된 것을 나타내는 반면, 1보다 작은 값은 효율성이 악화된 것을 의미한다.

한편, 기술적 효율성 변화는 규모수익가변(VRS) 기술을 기준으로 한 효율성 변화, 즉 순수기술효율성 변화와 규모효율성 변화의 곱으로 분해된다. 여기서 규모효율성 변화는 VRS 변경과 CRS 변경 간의 차이에서의 변화를 반영한다. 따라서 기술적 효율성 변화를 순수기술효율성 변화와 규모효율성 변화로 표시하면 다음 [식 2-3]과 같다.

$$\frac{D_{t+1}(x_{t+1}, y_{t+1} \mid CRS)}{D_t(x_t, yt \mid CRS)}$$

$$= \frac{D_{t+1}(x_{t+1}, y_{t+1} \mid VRS)}{D_t(x_t, yt \mid VRS)}$$

$$\times [\frac{D_{t+1}(x_{t+1}, y_{t+1} \mid CRS) / D_{t+1}(x_{t+1}, y_{t+1} \mid VRS)}{D_t(x_t, yt \mid CRS) \mid D_t(x_t, yt \mid RS)}]$$

$$= 순수기술효율성 변화 \times 규모효율성 변화 \qquad\qquad [식 2-3]$$

여기서 1보다 큰 순수기술효율성 변화(규모효율성 변화) 값은 t기에서 $t+1$기까지의 순수기술효율성(규모효율성)이 개선된 것을 나타내는 반면, 1보다 작은 값은 순수기술 효율성이 악화된 것을 의미한다.

MI 모형을 그림으로 나타내면 [그림 2-1]과 같다. [그림 2-1]은 평가대상이 되는 DMU들의 투입–산출요소 조합으로부터 그림과 같은 생산가능곡선을 도출한 것을 가정한 것이다. (시점 t)에서 관찰한 특정 DMU의 산출량이 P이고, (시점 $t+1$)에서 관찰한 산출량이 Q라고 했을 때, C'는 CRS하에서의 생산가능곡선이고 V'는 t 시점에서 VRS하에서의 생산가능곡선이다. CRS하의 효율적 산출량은 (시점 t)에서 E', F'이고, (시점 $t+1$)에서는 E'', F''가 된다. VRS하의 효율적 산출량은 (시점 t)에서 A', B'이고, (시점 $t+1$)에서는 A'', B''라고 할 수 있다.

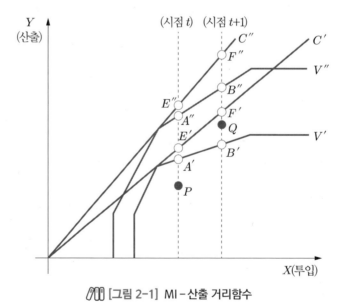

[그림 2-1] MI – 산출 거리함수

출처: 박만희(2008), p. 118.

MI 추정방법은 특정 생산함수를 가정하지 않고, 거리함수에 기초하여 투입요소에 대한 산출물의 지수로 정의된다. 이 방법의 장점은 먼저, 투입요소에 대한 비용 비중이나 소득분배율에 대한 자료를 필요로 하지 않기 때문에 별도의 가중치를 둘 필요가 없다는 데 있다. 또한 MI를 통해 산출된 총요소생산성은 기술 진보(변화)와 기술적 효율성 요인으로 분해되므로 생산성 향상과 밀접한 관련이 있는 요인을 분석해 줌으로써 조직의 생산성을 높일 수 있는 중요한 정책적 시사점을 제공해 줄 수 있다. 예컨대, 기술 진보의 둔화로 생산성이 약화되고 있는 경우라면, 생산변경을 상향 이동시킬 수 있는 기술 혁신을 유도하는 정책이 필요할 것이고, 기술적 비효율성이 높아 잠재적인 생산기술을 충분히 활용하지 못하고 있는 경우라면 신기술의 도입과 더불어 기술을 파급하고 활용을 개선하는 정책을 통하여 생산성 향상을 제고할 수 있는 전략을 모색할 수 있다.

❹ DEA를 활용한 교육 효율성 연구 동향

교육 분야에서 DEA를 활용하여 효율성을 분석한 연구물은 2000년대 이후 증가하는 추세이다. 그 연구대상은 크게 초·중등학교와 대학 등으로 구분할 수 있다. 연구대상, DEA에 사용된 투입변수와 산출변수를 중심으로 국내외 주요 연구물을 정리하면 다음과 같다.

1) 초·중등학교 대상 연구 동향

먼저, 초·중등학교를 대상으로 한 국내 주요 연구를 보면, 천세영(2000, 2002)은 충청지역 63개 일반계와 실업계 고등학교를 대상으로 학교의 재정효율성에 대해 평가하였다. 이 연구에서 사용한 투입변수는 학급당 학생 수, 교사 평균 경력, 석사 이상 교원 비율, 자격시수율, 학생당 수익사업비 등이며, 산출변수는 4년제 대학진학률과 정서 성과였다. 연구결과, 실업계 고교에서 상대적으로 더 비효율적인 학교가 많은 것으로 나타났다.

강상진 등(2009)은 학교교육의 학교, 학급, 학생의 3수준 투입-과정-산출 모형을 적용하여 학교평가에 활용하고자 하였는데, 투입변수들은 학교배경특성, 교사특성, 학생특성으로 분류하고, 산출변수로는 학업성취도 및 만족도를 사용하였다.

김은정(2005)과 김현제, 윤원철(2006)은 고등학교 효율성 분석에서 투입변인으로 학급당 학생 수, 교사경력, 17년 이상 학력 소지 교사 비율, 학생당 부지, 학생당 복리비(원) 등을, 산출변인으로는 4년제 대학진학률을 사용하였다. 이 연구의 분석결과, 서울 지역에 소재하는 중등교육기관 사이에 상대적 효율성 격차가 있고, 설립형태별로도 학교 간 효율성에 차이가 있는 것으로 나타났다.

김민희 등(2008)은 한국 중학교의 상대적 효율성을 측정하였다. 이 연구에서는 산출 극대화 방식을 적용하였으며, DEA 분석모형에는 총 5개의 투입변수(학생당 교원 수, 교사학력, 학생 이전 성취도, 가구소득, 교수학습활동비)와 6개의 산출변수(국 · 영 · 수 학업성취도, 학부모 · 교사 · 학생 만족도)가 사용되었다. 분석대상은 150개 중학교로 한국교육개발원의 '2005 한국교육종단연구(KELS)'의 데이터를 활용하여 3개 연도(2005~2007)의 학교별 효율치를 산출하고, 연도별 추이, 학교 배경변인별 차이, 효율적 · 비효율적인 학교의 특성 등을 분석하였다.

이건남(2009)은 DEA와 Malmquist 생산성지수를 활용하여 직업교육예산의 지방이양 전후로 전문계고등학교의 성과 변화를 분석하였다. 연구모형 중 투입변수로는 재정지원액을, 산출요소로는 입학생 수, 진학생 수, 동일계 취업자 수로 하여 2004~2008년간의 16개 시 · 도 전문계고등학교 효율성 변화를 분석하였다.

김민희(2010)는 타 지역에 비해 일반계고등학교의 비율이 높고 최근 학력제고를 위해 정책적 지원을 시도하고 있는 충청북도 내 일반계고등학교의 사례를 선정하여 다양한 투입변수와 산출변수를 활용한 학교 간 상대적 효율성 분석에 일차적인 목적을 두고 연구를 수행하였다. 또 학교 배경변인을 사용하여 학교 간 효율성 차이에 영향을 미치는 요인을 토빗모형을 사용하여 탐색하였다.

이상린 등(2011)은 대구, 경북 지역의 중학교를 대상으로 투입지향 BCC 모형을 적용하였으며 국가수준 학업성취도 평가 결과를 활용한 효율성을 분석하였다. 또 김무영 등(2011)은 특성화 고등학교의 상대적 효율성을 분석하였다. 산출변수로는 학업성취

도 수준으로 설정하였고, 방과후 학교의 투입 정도가 중요한 투입변수의 하나로 설정
되었다.

〈표 2-1〉 초 · 중등학교 대상 DEA 적용 연구 개요(국내)

연구자	분석대상	투입변수	산출변수
천세영 (2000, 2002)	충청 일반계고, 상업계고 (63개교)	학급당 학생 수, 교사 평균 경력, 석사 이상 교원비율, 자격시수율, 학생당 수익사업비	4년제 대학진학률, 정서 성과
강상진 등 (2009)	16개 시 · 도 초 · 중 · 고	학교배경특성, 교사특성, 학생특성(변수 영역)	학업성취도, 만족도
김은정 (2005)	서울시 고등학교 (195개교)	학급당 학생 수, 교사경력, 교사학력, 학생당 부지, 학생당 복리비	4년제 대학진학률
김현제, 윤원철 (2006)	서울시 고등학교 (195개교)	학급당 학생 수, 교사 평균 경력, 17년 이상 학력 소지 교사비율, 학생당 부지, 학생당 복리비	4년제 대학진학률
김민희 등 (2008)	전국 중학교 (150개교)	학생당 교원 수, 교사학력, 학생 이전 성취도, 가구소득, 교수학습활동비	학업성취도(국 · 영 · 수), 학교만족도 (학부모, 교사, 학생)
이건남 (2009)	16개 시 · 도 전문계고	재정지원액	입학생 수, 진학생 수, 동일계 취업자 수
김민희 (2010)	충북 일반계고 (42개교)	학급당 학생 수, 교사 1인당 학생 수, 학생 1인당 교육비	학업성취도 평가점수, 학업중단학생비율, 대학진학률
이상린 등 (2011)	대구, 경북 중학교 (총278개교)	1급 정교사 비율, 학생 100명당 교원 수, 학생당 교육비	국가수준 학업성취도 평가의 보통학력 이상 비율

연구자	분석대상	투입변수	산출변수
김무영 등 (2011)	전문계고등학교 (472개교)	학생 100명당 교원 수, 1급 정교사 비율, 장학금 수혜율, 학생당 방과후학교 지원 금액, 학생당 교육비	국어, 영어, 수학의 학업성취도 수준

다음으로 국외를 보면, 영국과 미국을 포함하여 호주, 핀란드, 칠레, 스페인 등 거의 대부분 국가에서 연구가 활발하게 이루어지고 있다(Ruggiero, 2004). Kirjavainen과 Loikkanen(1998)은 핀란드 중등학교의 효율성을 분석하였다. 투입변인은 주당 수업시간수, 주당 비수업시수, 교사경력, 교사학력, 입학기준(admission level), 부모의 교육수준 등 6개 투입변수와 진학자 수, 졸업생 수, 수학시험 보충과목 점수, 수학시험 부가과목점수 등의 4개 산출변수를 사용하여 4개의 모형을 구안하였다. DEA 분석 후 두 번째 단계에서는 학교 효율성에 영향을 미치는 요인을 분석하기 위해 토빗모형을 활용하였고, 이 결과로 비효율성 정도를 설명하였다.

Bradley 등(2001)은 영국의 2,657개 중등학교를 대상으로 학교 간 경쟁의 중요성을 실증적으로 밝히기 위해 1993년과 1998년의 자료로 DEA 기법을 사용하여 효율성을 평가하였다. 이들은 DEA 모형의 투입변수로 사회경제적 배경, 직원의 자격증 소지 여부를, 산출변수로는 출석률, GCSE 시험점수를 사용하였다. 가장 효율적인 학교와 비효율적인 학교 간의 효율성 값의 차이가 준시장(quasi-market) 이념인 '경쟁(competition)'을 통해 점차 축소되는 것으로 나타났다. 또 토빗분석 결과, 학교유형(공립)과 남녀공학(여학교) 여부가 학교의 효율성에 유의미한 영향을 미치는 변수로 나타났다.

Primont와 Domazlicky(2006)는 미국 미주리 주의 학교들을 대상으로 DEA를 통해 NCLB 법안 통과 이후 실시된 학업성취도 평가결과의 효율성을 측정하였고 학교의 수행도를 평가하였다. 이 연구에서는 총 10개의 투입변수와 3개의 산출변수가 사용되었고 두 가지 제약조건(학생과 학부모가 원할 경우 학교 간 이동 시 서비스와 보충학습 서비스를 제공)이 존재한다는 가정하에서 학교의 효율성을 측정하였는데, NCLB 법안이 효율성에 미치는 영향은 미미한 것으로 나타났다.

`1 2 3` 〈표 2-2〉 초·중등학교 대상 DEA 적용 연구 개요(국외)

연구자	분석대상	투입변수	산출변수
Kirjavainen, Loikkanen (1998)	핀란드 상급중등학교 (450개교)	주당 수업시수, 주당 비수업시수, 교사경력, 교사학력, 입학기준, 부모 교육수준	진학자 수, 졸업생 수, 수학시험부과점수
Bradley 등 (2001)	영국 중등학교 (2,657개교)	교원자격증 소지, 사회경제적 배경	GCSE 시험점수, 출석률
Primont, Domazlicky (2006)	미국 미주리 주 초·중등학교	이전(읽기, 과학, 의사소통) 점수, 급식감면자 수, SES, 소수민족비율, 영어사용제한 부모비율, 면적당 인구, 인구수, 학생 100명당 훈육사건 수	읽기, 과학, 의사소통 점수

2) 고등교육기관 대상 연구 동향

　교육 부문에서 DEA를 활용한 효율성 분석이 활발한 분야는 고등교육이다. 고등교육의 효율성 분석을 위해 연구자들은 다양한 변인을 사용하고 있으나, 크게 보면 투입변수는 인적 자원과 물적 자원으로, 산출변수는 교육과 연구로 분류해 볼 수 있다(나민주, 2004; 신현석, 2003; 이만희 외, 2003). 인적 자원으로는 전임교원 수, 재학생 수, 그리고 물적 자원으로는 총세출, 인건비의 사용빈도가 높다. 교육 산출과 관련해서는 졸업생 수와 취업자 수, 그리고 연구 산출로는 논문 수의 사용빈도가 높다.

　박상임(1993)은 석·박사과정이 설치된 29개 종합대를 대상으로 인건비, 관리운영비, 유형고정자산을 투입변수로, 학위수여자 수, 연구실적물 수를 산출변수로 하여 효율성을 분석하였다.

　박태종(1997)은 산출변수의 특성에 따라 교육모형과 연구모형으로 분석모형을 설정하였는데, 투입요소로는 교수 수, 직원 수, 관리운영비, 교직원인건비, 실험실습기자재비를, 교육 산출물로는 학부생 수, 대학원생 수, 취업자 수, 연구 산출물로는 논문 수와 외부연구비를 사용하였다.

황보창수(2000)는 일반대 5개, 신학대 4개 대학의 효율성을 분석하였다. 투입요소로는 노동(교수 수, 직원 수), 시설(건물 평수), 자본(총 세입, 교직원연수 건수, 관리운영비, 인건비, 장학금)이, 산출변수로는 학생상대적응지수, 교수연구비 수혜액, 교수연구실적이 사용되었다.

이홍배, 이상호(2001)는 1개 국립대, 4개 일반사립대, 4개 신학대의 경영효율성을 평가하였다. 투입변수로는 학생 100인당 교수 수, 학생 100인당 교직원 수, 총 세입금액, 건물면적, 교직원연수 건수, 평당 관리운영비, 1인당 인건비, 장학 수혜 폭을 사용하고, 산출변수로는 학생상대적응지수(중도탈락률), 교수 대외 연구수혜액, 교수의 연구실적을 사용하였다.

이만희 등(2003)은 고등교육기관의 수행지표를 크게 환경, 투입, 과정, 산출로 구분하였다. 환경은 대입수급상황을 말한다. 투입은 다시 인적 자원과 물적 자원으로 구분된다. 인적 자원으로는 지역별·설립별·분야별 학생 분포, 외국인 학생 수, 교수당 학생 수, 직원당 학생 수, 외국인 교수비율 등이, 물적 자원으로는 학과 수, 학생당 장학금, 강의실 면적, 실험실습실 면적, 교수당 연구비, 예산 중 인건비 비중 등이 선정되었다. 산출은 교육 및 연구의 산출을 말하는데 진학률 및 취업률, 학문분야별 취업률, 휴학률, 편입생비율, 박사학위수여자 수, 산학협동 등이 포함되었다. 교양강좌비율, 100명 이상 수강강좌 비율, F학점자 비율, 교환학생 수, 학생당 장서구입액 등은 과정변인으로 구분되었다.

나민주(2004)는 국립대의 효율성을 평가하기 위하여 교육, 연구, 종합A, 종합B의 네 가지 평가모형을 설정하였다. 인적 투입변수로는 교수당 학생 수, 직원당 학생 수, 대학원생 비율, 물적 투입변수로는 학생당 세출액, 세출 중 인건비 비중, 세출 중 장학금 비중이, 교육산출변수로는 학사과정 졸업생 취업률, 학사과정 학업지속률, 연구산출변수로는 교수당 학술지 논문 수, 교수당 외부연구비가 사용되었다.

이호섭(2008)은 한국대학교육협의회에서 2005년에 실시한 제2주기 대학종합평가의 학부 평가대상인 4년제 일반대학 61개교를 대상으로 대학의 특성별 효율성 분석을 시도하였다. 대학의 특성은 설립별, 지역별, 유형별, 규모별로 구분하였는데, 대학의 기능과 역할을 교육과 연구로 보고, 인적 투입변수는 교수 수, 직원 수, 학생 수를, 물적 투입변수로는 교육비와 연구비를 사용하였다. 산출변수는 취업자 수와 연구실적을 사용하였다.

윤홍주(2008)는 전국 11개 교육대학교 운영의 효율성을 분석·평가하기 위해 교육, 연구, 종합모형을 설정하였으며, 4개의 투입변인과 3개의 산출변인을 CCR 모형에 투입하여 분석하였다. 교육모형의 경우 투입변수는 교수당 학생 수, 직원당 학생 수, 시설비를 제외한 학생당 교육비를 설정하였고, 산출변수는 교수당 졸업생 수, 취업률을 설정하였다. 연구모형에서는 투입변수로 주당 수업시수, 교수당 학생 수, 직원당 학생 수를 설정하였고, 산출변수로 교수당 논문게재 수를 설정하였다.

123 〈표 2-3〉 대학교 대상 DEA 적용 연구 개요(국내)

연구자	분석대상	투입변수	산출변수
박상임 (1993)	석·박사과정 이 설치된 29개 종합대	인건비, 관리운영비, 유형고정자산	학위수여자 수, 연구실 적물 수
박태종 (1997)	77개의 국·공·사립 대학교	교수 수, 직원 수, 관리운영비, 교직원인건비, 실험실습 기자재비	교육: 학부생 수, 대학원생 수, 취업자 수
			연구: 논문 수, 외부연구비
황보창수 (2000)	일반대 5개, 신학대 4개 대학	노동(교수 수, 직원 수), 시설(건물평 수), 자본(총 세입, 교직원연수 건 수, 관리운영비, 인건비, 장학금)	학생상대적응지수, 교수연구비 수혜액, 교수연구실적
이홍배, 이상호 (2001)	1개 국립, 4개 일반사립, 4개 신학대	학생 100인당 교수 수, 학생 100인당 교직원 수, 총 세입금액, 건물면적, 교직원연수 건수, 평당 관리운영비, 1인당 인건비, 장학 수혜 쪽	학생상대적응지수(중도탈락율), 교수대외연구 수혜액, 교수연구실적

연구자	분석대상	투입변수	산출변수
이만희 등 (2003)	전국 125개 대학	인적: 지역별·설립별·분야별 학생 분포, 외국인 학생 수, 교수당 학생 수, 직원당 학생 수, 외국인 교수비율 등	진학률 및 취학률, 학문분야별 취업률, 휴학률, 편입생비율, 박사학위수여자 수, 산학협동 등
		물적: 학과 수, 학생당 장학금, 강의실 면적, 실험실습실 면적, 교수당 연구비, 예산 중 인건비 비중 등	
나민주 (2004)	국립대학	인적: 교수당 학생 수, 직원당 학생 수, 대학원생 비율	교육: 학사과정 졸업생 취업률, 학사과정 학업지속률
		물적: 학생당 세출액, 세출 중 인건비 비중, 세출 중 장학금 비중	연구: 교수당 학술지 논문 수, 교수당 외부연구비
이호섭 (2008)	국내 대학	교내연구비, 교수 수	연구실적
윤홍주 (2008)	전국 11개 교육대학교	교수당 학생 수, 직원당 학생 수, 시설비를 제외한 학생당 교육비, 주당 수업시수, 교수당 학생 수, 직원당 학생 수	교수당 졸업생 수, 취업률, 교수당 논문게재 수

　다음으로 고등교육 분야의 국제적 연구 동향을 살펴보겠다. 먼저, 미국 대학을 대상으로 한 연구를 보면, Ahn 등(1988)은 미국에서 박사과정이 개설된 161개 공·사립대학을 대상으로 분석하여 12개 모형을 개발하였다. 183개의 박사과정 개설 대학을 대상으로 효율성을 측정한 Salerno(2003)의 연구에서는 상위수준 및 하위수준 대학이라는 2개의 질적 범주로 대학들을 나눈 후 개별적으로 기술적 효율성 분석을 시도했다.

　다음으로 영국 대학을 대상으로 Athanassopoulos와 Shale(1997)은 45개 대학의 효율성을 비용효율성과 산출효율성으로 나누어 평가하였다. 비용효율성 모형의 투입변수로는 교육지원비와 연구비, 산출변수로는 졸업자 수, 학위수여자 수, 대학연구순위를 선정하였다. 산출효율성 모형의 투입변수로는 학부생 수, 대학원생 수, 전임교원 수, 학생들의 3년간 A레벨 점수 평균, 연구비, 도서관 · 컴퓨터서비스 비용 등 여섯 가지 변수를, 산출변수는 비용효율성 모형과 동일한 변수를 사용하였다.

호주 대학을 대상으로 한 연구를 보면, Coelli(1996)는 호주 36개 대학을 대상으로 대학 전체 모형, 학술평가 모형, 대학행정 모형 등 DEA 모형을 개발하였다. Abbott와 Doucouliagos(2003)는 호주 36개 대학의 효율성 평가를 위해 투입변수는 전임교원 수, 직원 수, 대학인건비 제외 총세출액, 대학주식자본을 활용하고, 산출변수는 연구와 교육으로 각각 구분하여 분석하였다. 연구 산출변수로 연구지원비, 외부연구비, 연구지출비를 사용하고, 교육 산출변수로는 전일제 학생 수와 학위수여자 수를 사용하였다. Madden 등(1997)은 호주대학 경제학과의 효율성을 측정하면서 투입변수로는 직원 수를, 산출변수로는 연구모형에서는 학술지 게재논문과 기타 연구결과물을, 교육모형에는 학부생 수와 대학원생 수를 사용하였다.

캐나다에서는 McMillan과 Datta(1998)가 45개 대학의 효율성을 분석하기 위해 9개의 모형을 추정하였다.

DEA를 활용하여 교육기관의 효율성을 분석한 국내외 선행연구를 종합해 보면, DEA 분석대상과 분석모형에 포함된 투입 · 산출변수가 연구 목적이나 내용에 따라 매우 다르고, 접근 가능한 데이터만을 사용하고 있어 이론적 모형과는 차이가 있는 경우도 있다. 그럼에도 DEA를 활용한 분석 연구에서는 학교 간 효율성에 격차가 큰 것으로 나타나고 있는데, DEA 활용 시 어떠한 투입변수와 산출변수를 분석모형에 포함시키는지에 따라 다른 결과를 보이고 있어 변수의 선택에 이론적 · 경험적 배경이 매우 중요함을 보여 준다.

1 2 3 〈표 2-4〉 대학교(학과) 대상 DEA 적용 연구 개요(국외)

연구자	분석대상	투입변수	산출변수
Ahn, Charnes, Cooper (1988)	161개 미국 대학	기관 지출경비, 물리적 투자, 경상비	FTE 학부, 대학원 등록, 연구 산출을 위한 정부연구기금 경비

연구자	분석대상	투입변수	산출변수
Salerno (2003)	183개 미국 대학	교수, 대학원 TA, 대학원 RA	하위수준 학부생, 상위수준 학부생, 대학원생 FTE 등록, 출판 횟수
Athanassopoulos, Shale (1997)	45개 영국 대학	비용효율성 모형: 교육지원비, 연구비	비용효율성 모형: 졸업자 수, 학위수여자 수, 대학연구순위
		산출효율성 모형: 학부생 수, 대학원생 수, 전임교원 수, 학생들의 3년간 A레벨 점수 평균, 연구비, 도서관·컴퓨터서비스 비용	산출효율성 모형: 졸업자 수, 학위수여자 수, 대학연구순위
Coelli (1996)	36개 호주 대학	총 직원 수, 비인건비성 지출	학생 수, 출판지표
		교수수, 도서관, 컴퓨터 서비스 지출경비, RA, 기술직원	학생 수, 출판지표
		행정직원, 기타 행정경비	학생 수, 총 직원 수
Abbotta, Doucouliagos (2003)	36개 호주 대학	전임교원 수, 직원 수, 대학 인건비 제외 총 세출액, 대학주식자본	연구: 연구지원비, 외부연구비, 연구지출비
			교육: 전일제 학생 수, 학위수여자 수
Madden 등 (1997)	호주 대학 경제학과	직원 수	연구모형: 학술지 게재논문, 기타 연구결과물
			교육모형: 학부생 수, 대학원생 수
McMillan, Datta (1998)	45개 캐나다 대학	총 교원 수, 이공계 교원 수, 타계열 교원 수	학부생 수, 이공계학부생 수, 타계열학부생 수
		기타 경비	대학원생 수, 석사과정생 수, 박사과정생 수
		총 경비	연구비, 인문사회분야 연구비(%), 이공계·의학연구비(%)

제**2**부

중학교의
효율성 분석

제3장

중학교의 상대적 효율성[1]

이 장에서는 우리나라 중학교의 상대적 효율성을 분석하였다. 이를 위해 '2005 한국 교육종단연구(KELS)'에서 5개의 투입변수(학생 100명당 교원 수, 교사학력, 학생 이전 성취 도, 가구소득, 학생당 교수학습활동비) 및 6개 산출변수(국·영·수 학업성취도, 교사·학 생·학부모 만족도)를 선정하여 DEA 모형(산출극대화)을 적용하였다.

① 연구의 배경

지난 수십 년간 우리는 교육기회를 확대하고 학교교육의 질적 수준을 높이기 위해 많은 노력을 기울여 왔다. 특히 최근 10여 년 동안은 학급당 학생 수 감축, 교육예산 GDP 대비 일정률 확보 등을 통하여 OECD 수준으로 교육투자를 확대하고 교육여건을 개선하는 데 주력하였다. 교육예산은 1998년 18조 원에서 2008년 36조 원으로 약 2배 증가하였고, 최근 5년간 교육예산은 연평균 7% 이상 증가하였다. 그 결과, 중학교의 경우 학급당 학생 수는 1975년 64.5명에서 1985년 61.7명, 1995년 48.2명, 2005년

---

[1] 이 장은 '김민희, 나민주, 김창원(2008). DEA를 활용한 중학교의 상대적 효율성 분석. 교육행정학연구, 26(4)'의 일부분을 수정·보완한 것이다.

35.3명으로 꾸준히 감소하였고, 학생 1인당 공교육비는 1985년 30만 원에서 1995년 138만 원, 2000년 269만 원, 2005년 416만 원으로 약 14배나 증가하였다(한국교육개발원 교육통계서비스 시계열통계, 2008). 한국은행에 의하면, 1인당 국민총소득은 1985년 2,309달러에서 16,413달러로 약 7배 증가하였다.

한편으로는 학교교육에 대한 불만도 더욱 고조되고 있고, 높은 사교육비 부담 속에서 일부에서는 교육투자 확대에 대한 국민적 공감대가 조금씩 흔들리는 현상도 나타나고 있다. 사교육비까지 합산하면 우리의 교육비 지출이 이미 세계 최고수준이라는 지적도 나오고 있다. 정부 부문의 비효율성을 분석한 일부 보고서는 이미 10여 년 전부터 교육재정의 확충보다는 이미 확보된 재원의 효율적 활용이 더 중요하다는 주장을 내놓고 있다(김진영, 2001). 지금까지 우리는 교육투자 확대와 교육여건 개선, 즉 학교교육에 대한 투입요소를 확대함으로써 교육발전을 도모하는 데 주력하였다. 그러나 이제는 교육투자의 적정수준과 효율성에도 관심을 기울일 때가 되었다. 즉, 투입 수준의 지속적 증가에 걸맞은 교육 산출을 보여 주고 있는지를 객관적으로 평가할 필요가 있다.

'학교교육의 성과를 어떻게 측정할 것인가'의 문제는 교육연구에서 최근 몇 년간 가장 많은 관심을 받는 주제 가운데 하나다. 학교교육의 성과는 다양한 측면에서 측정할 수 있는데 그중 하나가 투입과 산출의 비율로 측정되는 효율성(efficiency)이다. 그동안 학교교육의 효율성을 측정하기 위해서 교육생산함수(educational production function), 교육투자 수익률(rate of return), 비용·편익분석(cost-benefit analysis), 평가지표(performance indicator) 등의 다양한 방법이 활용되어 왔으나, 학교교육의 궁극적인 목적인 교육 산출과 연계되지 못한 채 주로 투입지표와 과정지표를 중심으로 분석하거나, 투입, 과정, 산출지표를 별개로 측정하여 종합하는 수준에 머무르는 제약이 있었다.

효율성을 측정하는 다양한 방법 가운데 DEA는 학교와 같은 비영리기관에서 제공하는 무형의 가치를 측정·비교하는 방법론으로서 기존의 정규분포를 가진 모수적 통계기법이 아닌, 비모수적 기법이다(전용수 외, 2002). DEA를 통해 유사한 기능을 가진 DMU의 투입과 산출변인 간 관계를 기초로 기관 간 상대적인 효율성을 비교할 수 있다. 기존의 회귀분석에서는 종속변수를 하나만 사용할 수 있으나, DEA에서는 다수의 산출변수를 사용할 수 있는 장점이 있다. 학교는 다양한 목적을 추구하는 복합적 기관이다. 따라서 학업성취도와 같은 단일변수로 학교교육의 효율성을 측정하는 것보다는 인지적·정의적·신체적 측면을 종합적으로, 또 학생, 학부모, 교사와 같은 다양한 관련 당사자의 관점에서 교육 산출을 정의하고, 다수의 투입요인과 다수의 산출물 간의 관계를 통해서 분석하는 것이 더 타당하다.

이 연구에서 중학교에 주목한 이유는 첫째, 국제 비교 차원에서 볼 때 초등교육이나 고등교육에 비해서 중등교육에 투자가 양호한 편이기 때문이다. 교육단계별로 볼 때, 한국의 학생 1인당 교육비는 모든 단계에서 OECD 평균에 미달하나, 그 정도를 보면 초등교육은 OECD 평균의 67%, 중등교육은 84%, 고등교육은 57%로서 학교급별로 차이가 있다. 국민 1인당 GDP 대비 학생 1인당 교육기관 교육비의 비율을 보면, 초등교육의 경우 한국은 OECD 평균과 비슷하고 고등교육은 평균보다 낮으나, 중등교육은 OECD 평균은 물론 주요 선진국에 비해서 높다. 초등학교의 학생 1인당 교육비를 기준으로 학교급별 차이도를 보면, 한국의 중등교육은 OECD 평균 차이도보다 높다(나민주, 2007). 둘째, 그동안 교육정책이나 연구에서 중학교에 관한 관심이 상대적으로 낮았기 때문이다. 초등학교, 고등학교, 대학교에 관해서는 초등영어교육, 고교평준화, 대학입시, 대학경쟁력 등과 같은 쟁점이 지속적으로 부각되고 사회적·정책적 관심도 높았으나, 의무교육확대 등을 제외하면 중학교에 관한 관심은 낮은 편이다.

앞으로 학교평가 결과가 공개되고 정보공시제가 시행되면 학교 차원의 효율성 제고 방안에 관한 관심과 논란이 확대될 것이다. 학교 간 차이보다는 학교 내 차이가 크다는 학교효과 연구결과에 근거해 볼 때, 동일한 중학교라도 소재지, 학생구성, 학부모 배경, 지역사회 특성 등에 따라 교육의 투입, 과정, 산출은 크게 달라질 수 있다. 개별학교에서는 이러한 점을 종합적으로 고려하여 학교운영계획을 수립하고 학교를 경영할 필요가 있다. 지방교육자치제, 학교단위 책임경영(SBM)이 더욱 확대되면 단위학교 차원의 자율성과 책무성은 더욱 강화될 것이다. DEA를 통해 학교에서는 비교대상 학교들 내에서 자기 학교가 상대적으로 어느 정도 효율적인지를 분석하고 개별적 투입이나 산출변인의 과불급일치를 찾아냄으로써 지표별로 구체적인 효율성 제고 전략을 수립할 수 있다.

이 장에서는 DEA를 활용하여 우리나라 중학교의 효율성을 종합적으로 분석하고자 한다. 먼저, 관련 연구를 바탕으로 효율성 분석을 위한 투입·산출변수들을 선정하여 분석모형을 설계하고, 전반적인 효율치가 연도별로 어떤 변화를 보이는지, 지역·설립유형·남녀공학·학교규모 등에 따라 효율성에 차이가 있는지를 분석하며, 효율적인 학교의 특징과 비효율적인 학교의 개선가능치를 분석한다. 이러한 분석결과는 학교평가제도 개선, 학교교육의 효과성 및 효율성 제고를 위한 정책 수립에도 많은 시사점을 제공할 것으로 기대된다.

❷ 연구방법

1) 분석모형 및 변수

우리나라 중학교 교육의 효율성 측정에 사용할 분석모형은 다음 [그림 3-1]과 같다. 본 연구에서는 선행연구를 분석한 결과를 바탕으로 선정된 변수들로 중학교 효율성 분석모형을 구안하였는데, 연구모형에는 총 5개의 투입변수와 총 6개의 산출변수가 포함되어 있다. 투입-산출변수들은 선행연구에 사용된 변수들 가운데 한국교육개발원의 '2005 한국교육종단연구(KELS)'에서 활용 가능한 요인들을 고려하되, 투입 및 산출의 변수유형별로 대표적인 변수가 포함되도록 선정하였다. 투입변수는 인적 변수 3개와 물적 변수 2개가 선정되었다.

'학생 100명당 교원 수'는 학급당 학생 수 대신 사용한 변수로, 학급당 학생 수가 늘어나면 투입이 증가하는 것이 아니라 감소하는 것으로 해석하는 것이 더 타당하기 때문에 고등교육 분야에 널리 쓰이는 교수 100명당 학생 수를 변용하였다. '교사학력'은 선행연구에서 활용되고 있는 변수다. '학생 이전 성취도'를 투입요소로 선정한 것은 학교평가 시 출발점과 변화도를 고려해야 한다는 최근의 부가가치(value-added) 관점을 탐색적으로 반영해 본 것이다. 물적 투입 측면에서 '가구소득'은 선행연구에서 사용된 가정의 사회경제적 배경을 측정하는 변수로서 학부모의 평균 학력이 향상된 상황에서

경제적 변수가 중요하다는 점을 고려하였다. '학생당 교수학습활동비'는 학생당 투입되는 교육재정을 측정하는 변수로 가용한 것을 선정한 것이다. 산출변수에는 인지적 변수로는 국어 · 영어 · 수학 학업성취도를, 정의적 변수로는 교사 · 학생 · 학부모의 만족도를 포함하였다. 학업성취도와 만족도는 선행연구에서 사용된 변수들로서 KELS에서 가용한 변수를 선정한 것이다.

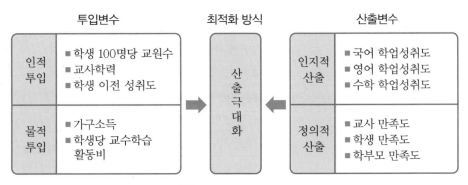

[그림 3-1] 분석모형

고등교육 부문에서는 DEA에서 최적화 방식으로 산출극대화와 투입최소화를 모두 적용하기도 하나(나민주, 김민희, 2005), 의무교육 단계인 중학교 교육의 효율성을 측정하는 경우에는 비용을 고정한 상태에서 산출을 극대화시키는 데 관심을 두는 산출극대화 방식이 적합한 것으로 판단하여 투입최소화는 적용하지 않고, 산출극대화 방식만 적용하였다. 본 연구에서 사용한 투입변수와 산출변수의 산출 공식을 보다 구체적으로 제시하면 다음 〈표 3-1〉과 같다.

[1 2 3] 〈표 3-1〉 변수별 투입 · 산출변수 구성 및 설명

변수	산식	비고
학생 100명당 교원 수	교원 수 ÷ 학생 수(100명 기준)	수치가 클수록 투입이 커지도록 조정함
교사학력	교사 평균 학력	1: 대학졸업 2: 석사졸업 3: 박사수료 이상 4: 기타
이전 성취도(1년차)	이전 학년 성취수준 평균	9점 만점
가구소득(원)	학생 가구소득 평균	(단위: 원)
학생당 교수학습활동비(원)	학교운영비 예산 중 교수학습활동비 ÷ 학생 수	(단위: 원)
국어 학업성취도	학교별 학생 척도점수 평균	1차년도 300점 만점
수학 학업성취도	학교별 학생 척도점수 평균	2차년도 400점 만점
영어 학업성취도	학교별 학생 척도점수 평균	3차년도 500점 만점
학생 만족도(2, 3년차)	학교별 학생 응답 총점 평균	(총 9문항) 45점 만점
교사 만족도	학교별 교사 응답 총점 평균	(총 7문항) 35점 만점
학부모 만족도	학교별 학부모 응답 총점 평균	(총 17문항) 85점 만점

투입변수 중 학생들의 이전(학년) 성취도 변수는 1차년도의 분석모형에만 포함되었으며, 산출변수 중 학생 만족도 변수는 2 · 3차년도의 분석모형에 포함되었다. 투입변수 중 교사학력 및 가구소득은 연도별 수치를 동일하게 적용하였다.

2) 분석범위 및 자료처리

본 연구에서는 한국교육개발원의 '2005 한국교육종단연구(KELS)'를 통해 수집된 1차년도(2005년), 2차년도(2006년), 3차년도(2007년)의 학교, 교사, 학생, 학부모 설문지의 데이터의 일부를 학교별 데이터를 기준으로 하여 활용하였다. 연도별 학교와 학생, 학

부모 데이터는 동일한 대상이며, 교사 데이터는 당해 연도 전집 데이터이므로 대상의 변동이 있을 수 있다.

DEA 효율치 분석은 Excel 2003, Frontier Analyst Professional v.3.2.2 프로그램을 사용하였다. DEA에서 5개의 투입변수 중 가구소득은 통제 불가능한 변수(uncontrolled variable)로 처리하였고, DEA 효율치는 BCC 모형을 적용한 VRS을 가정하여 산출하였다. 효율적인 학교특성을 구하기 위해 참조횟수를 분석하였고 비효율적인 학교의 요인을 탐색하기 위해 잠재적 개선가능치(potential improvement)를 산출하였다. 배경변인별 학교 간 차이를 검증하기 위해서는 DEA 효율치가 상대적 비교자료이므로 비모수 검정인 Mann-Whitney Test(U), Kruskal-Wallis Test(χ^2)를 실시하였다. 기술통계치와 비모수검정에는 SPSS v15.0 for windows 프로그램을 사용하였다.

3) 분석대상 학교의 특성

우리나라 중학교 교육의 효율성을 분석하기 위해 본 연구에서 사용된 학교 수, 교원 수, 학생 수를 지역별, 평준화 여부, 설립별, 학교유형별, 학교규모별로 구분하여 제시하면 〈표 3-2〉와 같다. 중소도시, 평준화 지역, 공립학교, 남녀공학 학교, 대규모학교 규모의 학교들이 많이 표집되었다.

〈표 3-2〉 분석대상 학교 표집 결과

변인		학교 수(%)	교원 수(%)	학생 수(%)
지역별	대도시	64(42.7)	1,519(52.2)	3,689(53.4)
	중소도시	66(44.0)	1,111(38.2)	2,590(37.5)
	읍·면	20(13.3)	279(9.6)	629(9.1)
평준화 여부	평준화	86(57.3)	1,943(66.8)	4,760(68.9)
	비평준화	64(42.7)	967(33.2)	2,148(31.1)

변인		학교 수(%)	교원 수(%)	학생 수(%)
설립별	공립	122(81.3)	2,531(87.0)	6,114(88.5)
	사립	28(18.7)	379(13.0)	794(11.5)
학교유형별	남녀공학	102(68.0)	2,298(79.0)	5,665(82.0)
	단일	48(32.0)	612(21.0)	1,243(18.0)
학교규모별	소규모(11학급 이하)	34(22.7)	873(30.1)	1,983(28.7)
	중규모(12~24학급)	47(31.3)	952(32.7)	2,487(36.0)
	대규모(25학급 이상)	69(46.0)	1,085(37.2)	2,438(35.3)
계		150(100)	2,910(100)	6,908(100)

③ 연구결과

1) 기술통계치

　본 연구에 사용된 분석변수별·연도별 기술통계치를 제시하면 〈표 3-3〉과 같다. 학생당 교사 수, 교사학력, 가구소득 변수들은 연도별로 평균 차이가 거의 없다. 반면, 학생당 교수학습활동비 비중은 연도별로 약간씩 높아지는 경향을 보이고 있다. 6개의 산출변수 중 학업성취도 척도점수는 연도별 만점(1차년도 300점, 2차년도 400점, 3차년도 500점) 기준으로 볼 때 1차년도에 비해 2차년도에는 약간 높아졌으나 3차년도에 다시 낮아지는 경향을 보이고 있으며 편차 또한 커지고 있다. 또한 학생 만족도를 제외한 교사와 학부모 만족도 변수값도 연도별로 평균이 약간 떨어지고 있는 경향을 보여 주고 있다.

123 〈표 3-3〉 연도별 · 분석변수별 기술통계치

변수	1차년도		2차년도		3차년도	
	평균	표준편차	평균	표준편차	평균	표준편차
학생당 교사 수	6.7	0.045	6.7	0.045	5.7	0.036
교사학력	1.33	0.18	1.33	0.18	1.33	0.18
이전 성취도	5.65	0.54	−	−	−	−
가구소득	308.29	85.32	308.29	85.32	308.29	85.32
학생당 교수학습활동비	273,272.6	343,433.6	290,223.1	388,666.6	336,613.0	492,729.6
국어 성취도	299.80	57.60	370.59	65.49	454.39	61.72
영어 성취도	297.11	57.90	380.22	74.91	477.44	64.03
수학 성취도	301.11	65.80	378.73	68.91	484.13	63.13
교사 만족도	25.31	1.83	25.02	1.70	24.53	2.83
학생 만족도	−	−	23.53	1.97	24.96	2.50
학부모 만족도	54.07	4.37	46.73	7.13	46.64	6.86

※ 단위: 명, 원, 점

2) DEA 분석결과

(1) 전반적인 효율치의 연도별 추이

본 연구의 DEA 분석에 사용된 학교의 효율치 평균값을 연도별로 분석해 보면(〈표 3-4〉 참조), 1차년도 97.29%, 2차년도 98.06%, 3차년도 96.99%로 1차년도에 비해 2차년도 효율치가 약간 상승했다가 3차년도에 다시 떨어지는 경향을 보여 주고 있다. 표준편차 및 최대값과 최소값의 범위 역시 효율성 평균치와 마찬가지로 2차년도에 약간 상승했다가 3차년도에 낮아지고 있다. 즉, 효율적인 학교와 비효율적인 학교의 차이가 커지고 있다. 연도별 효율치 평균값은 분석에 사용된 변수가 1차년도와 2 · 3차년도가 달라 일반화시키기는 어렵다. 그러나 동일한 변수를 사용한 2차년도와 3차년도의 경우만을 보더라도 효율치 평균값이 낮아지고 표준편차가 커지고 있어 중학교의 상대적 효율성은 낮아지고 있는 것으로 보인다.

〈표 3-4〉 연도별 효율치 기술통계

구분	사례 수	평균	표준편차	최대값	최소값	범위
1차년도	133	97.29	3.70	100.00	80.29	19.71
2차년도	145	98.06	2.81	100.00	86.89	13.11
3차년도	133	96.99	4.74	100.00	83.88	16.12

　연도별로 DEA 효율치 분포를 제시하면 〈표 3-5〉와 같다. 효율치가 100%인 학교 수는 1차년도 62개, 2차년도 78개, 3차년도 64개로 나타났는데, 비교적 효율치가 높은 90.0~99.9%의 범위 내에 있는 학교 수는 줄어든 반면, 효율치가 80.0~89.9% 범위 내에 있는 학교 수는 늘어나고 있다. 즉, 전체 학교 수 대비 비효율적인 학교 수 비중이 1차년도 53.4%, 2차년도 46.2%에서 3차년도에는 51.9%까지 높아져 비효율적인 학교가 전체 학교 수의 절반 이상이나 차지하고 있다.

〈표 3-5〉 연도별 DEA 효율치 분포 비교

효율치	1차년도 학교 수(비중)	2차년도 학교 수(비중)	3차년도 학교 수(비중)
100	62(46.6)	78(53.8)	64(48.1)
95.0~99.9	43(32.3)	44(30.3)	36(27.1)
90.0~94.9	22(16.5)	20(13.8)	20(13.8)
85.0~89.9	5(3.8)	3(2.1)	12(9.0)
80.0~84.9	1(0.8)	–	1(0.8)
총 분석 학교 수	133(100.0)	145(100)	133(100)
비효율 학교 수	71(53.4)	67(46.2)	69(51.9)
최저치(%)	80.29	86.89	83.88

(2) 학교 배경변인별 효율치 차이

학교 특성을 나타내는 배경변인별로 효율치 차이를 비모수검정을 통해 분석한 결과를 〈표 3-6〉에 제시하였다. 분석결과에 의하면, 설립유형에 따른 차이가 1·3차년도에서 통계적으로 유의미한 것으로 나타나고 있는데 공립학교에 비해 사립학교의 효율치가 높았다. 2차년도 이후에는 남녀공학 유무에 따라 통계적으로 유의미한 차이가 있었는데, 남녀공학 중학교의 경우 단일학교(남학교, 여학교)에 비해 효율치가 낮게 나타났다. 평준화 실시 여부는 2차년도에만 통계적으로 유의미한 차이가 있었다.

123 〈표 3-6〉 학교 배경변인별 · 연도별 효율치 순위 차이 분석

구분		1차년도	2차년도	3차년도
지역	대도시	64.91	77.98	72.78
	중소도시	66.39	70.84	59.40
	읍·면	81.06	64.35	76.35
χ^2		2.438	2.039	4.838
평준화 여부	평준화	67.49	81.65	72.44
	비평준화	67.51	61.08	59.97
U		2172.00	1835.00**	1767.00
설립유형	공립	64.46	70.95	63.67
	사립	83.83	81.96	82.13
U		843.50*	1351.00	945.00*
남녀공학 여부	공학	64.83	67.41	61.38
	단일	73.15	84.66	77.63
U		1713.50	1755.00*	1512.00*
학교규모	소규모	72.21	66.82	62.48
	중규모	70.32	67.07	67.85
	대규모	62.44	78.52	67.48
χ^2		1.852	2.989	0.432

* $p<.05$, ** $p<.01$, *** $p<.001$

3) 효율적인 학교와 비효율적 학교의 특성

(1) 효율적인 학교의 특성

3년 연속 효율치가 100%로 나타난 학교는 34개 학교였는데, 연도별로 참조횟수를 중심으로 효율치가 높은 상위 20% 학교들의 배경특성 변인을 제시하면 〈표 3-7〉과 같다.

〈표 3-7〉 효율적인 학교 배경특성 분석(참조횟수 상위 5%)

연도	학교 번호	참조 횟수	지역	평준화 여부	설립 유형	남녀공학 여부	학교 규모
1차	30	35	대도시	평준화	공립	여학교	중규모
1차	63	27	대도시	평준화	공립	여학교	대규모
1차	23	21	대도시	평준화	사립	남녀공학	중규모
1차	139	21	중소도시	비평준화	사립	남녀공학	대규모
1차	37	17	대도시	평준화	공립	남녀공학	중규모
1차	46	15	대도시	평준화	공립	남학교	대규모
2차	128	43	읍·면	비평준화	사립	남학교	소규모
2차	76	38	중소도시	비평준화	사립	남학교	중규모
2차	30	24	대도시	평준화	공립	여학교	중규모
2차	51	21	대도시	평준화	공립	남학교	대규모
2차	139	22	중소도시	비평준화	사립	남녀공학	대규모
2차	127	19	중소도시	평준화	공립	남학교	대규모
3차	46	29	대도시	평준화	공립	남학교	대규모
3차	108	29	중소도시	평준화	공립	남녀공학	대규모
3차	149	29	읍·면	비평준화	공립	남녀공학	소규모
3차	56	24	대도시	평준화	사립	남녀공학	중규모
3차	43	23	대도시	평준화	사립	남녀공학	중규모
3차	31	21	대도시	평준화	공립	남녀공학	대규모
3차	57	21	대도시	평준화	공립	남녀공학	대규모

1차년도에 참조횟수가 가장 많은 학교는 총 35회로 나타난 30번 학교였는데, 이 학교는 2차년도에도 참조횟수가 24회로 낮아지기는 했으나 여전히 상위를 차지하고 있어 매우 효율성이 높은 중학교라고 할 수 있다. 30번 학교의 배경특성은 대도시 평준화지역의 국·공립 여학교로서, 학생 수 695명의 총 22개 학급의 중규모 학교이다. 139번 학교 역시 1·2차년도에 걸쳐 동일하게 참조횟수가 높은 학교로 나타났는데, 139번 학교는 중소도시 비평준화 지역의 사립 남녀공학 학교였으며 학급 수도 25학급의 대규모 학교였다.

3차년도에 매우 효율적으로 나타난 상위 학교 중 1차년도에 총 15회의 참조횟수를 보여 여섯 번째로 효율성이 높았던 46번 학교가 3차년도에는 총 29회의 참조횟수를 보여 가장 효율성이 높은 학교로 나타났다. 46번 학교는 대도시 평준화 지역에 위치한 공립 남학교로 총 36학급의 대규모 학교이다. 1차년도에는 63번, 23번, 37번 학교, 2차년도의 128번, 76번, 51번 학교가 효율성이 높았지만, 3차년도에는 108번, 149번, 56번, 43번, 31번, 57번 학교의 효율성이 높은 것으로 나타나, 연도별로 효율적인 학교들은 상이한 것으로 나타났다.

〈표 3-7〉에 제시된 결과에서 3개 연도에 걸쳐 효율적으로 나타난 2개 학교의 투입·산출변수값을 제시하면 〈표 3-8〉과 같다. 각 학교들의 변수값 중 교사학력이나 가구소득, 학생당 교수학습비 지출 등은 앞서 제시한 전체 평균값보다 수치가 낮았다. 그러나 국어·영어·수학 성취도와 교사·학생·학부모의 만족도는 전체 평균보다 약간 높게 나타나 효율적인 학교들은 적은 투입으로 매우 높은 산출을 보이는 특성을 지니는 것으로 나타났다.

123 〈표 3-8〉 효율적인 학교 투입·산출변수값(3차년도)

번호	학생당 교사 수	교사 학력	가구 소득	학생당 지출	국어 성취도	영어 성취도	수학 성취도	교사 만족도	학생 만족도	부모 만족도
30	6.7	1.15	244.9	225,899.3	463.49	485.44	473.33	26.05	24.15	48.15
46	6.7	1.32	276.3	130,124.6	448.88	484.06	528.58	27.06	27.70	48.00

(2) 비효율적인 학교의 특성 및 잠재적 개선가능치

비효율적인 학교의 수가 조금씩 늘어나고 있는 가운데, 3개 연도에 걸쳐 매년 하위 20%에 포함되어 있는 학교는 19번, 65번, 70번, 94번의 4개 학교로 나타났다(〈표 3-9〉 참조). 비효율적으로 나타난 학교들은 1차년도에 비해 2차년도에 효율치가 약간 높아 졌다가 3차년도에 다시 낮아지는 경향을 보이는데, 특히 94번 학교는 1·2차년도에 비해 3차년도에 급격하게 효율치가 낮아져 가장 비효율적인 학교로 선정되기도 하였다. 이들 학교의 배경특성을 보면, 지역과 평준화 여부, 학교 규모 등에 따른 차이는 없었 지만 주로 공립의 남녀공학 학교들이 공통적으로 나타났다. 이러한 결과는 학교 배경 변인별 효율치 차이 검정 결과와도 일치하는 것으로, 설립별·남녀공학 유무에 따른 효율성 차이에 주목할 필요가 있음을 보여 준다.

1 2 3 〈표 3-9〉 비효율적인 학교배경특성(매년 하위 20%)

학교 번호	1차	2차	3차	지역	평준화 여부	설립 유형	남녀공학 여부	학교 규모
19	91.00	91.90	90.48	대도시	평준화	공립	남녀공학	대규모
65	88.68	89.64	85.27	중소도시	비평준화	공립	남녀공학	중규모
70	80.29	96.04	90.46	중소도시	비평준화	공립	남녀공학	중규모
94	96.43	91.84	77.77	중소도시	비평준화	공립	남녀공학	소규모

3개 연도에 걸쳐 비효율적으로 나타난 각 학교들이 효율적으로 운영되기 위해 개선해 야 할 영역이 무엇인지를 현점수와 개선점수, 잠재적 개선가능치를 분석하여 제시하였 으며, 각 학교들이 효율성을 높이기 위해 참조할 수 있는 학교번호도 함께 제시하였다 (〈표 3-10〉 참조). 본 연구에서는 산출극대화 최적화 방식을 채택하였기 때문에, 분석 결과에 제시된 것처럼 투입변수의 조정도 필요하지만, 이보다는 국가 차원에서 가용 자원이 결정되고 투입요소의 사용에 제약이 많은 상황을 감안하여 주로 산출변수의 개 선가능치를 중심으로 제시하고자 한다.

분석결과에 의하면, 비효율적인 학교들은 산출변수의 개선율을 약 10~29% 정도까지 개선해야 할 것으로 나타났는데, 학교별로 효율성을 높여야 할 영역이 각기 달랐다. 예컨대, 각 학교들이 가장 많이 개선해야 할 변수를 보면, 19번 학교는 국어 성취도(15.83%), 65번 학교는 학생 만족도(25.40%), 70번 학교는 수학 성취도(14.89%), 94번 학교는 학생 만족도를 16.94% 이상 높여야 효율성이 개선될 수 있다고 한다. 149번 학교의 경우, 3개 학교에서 효율성을 개선하기 위해 공통적으로 참조할 수 있는 것으로 나타났다.

〈표 3-10〉 비효율적인 학교 투입 · 산출변수 및 개선치(3차년도)

번호	구분	학생당 교원 수	교사 학력	가구 소득	학생당 지출	국어 성취도	영어 성취도	수학 성취도	교사 만족도	학생 만족도	부모 만족도
19	현재	5.0	1.55	324.64	231,348.0	402.76	448.74	466.78	22.50	25.00	47.16
	개선	5.0	1.39	324.64	152,546.2	466.51	507.74	513.85	25.92	27.52	10.08
	개선율	0	−7.31	324.64	−34.06	15.83	13.91	10.08	15.19	10.08	10.08
〈참조학교〉 33, 43, 46, 108, 149											
65	현재	6.7	1.55	318.91	47,409.9	450.02	421.43	407.45	23.93	21.2	37.08
	개선	6.7	1.27	318.91	47,410.0	518.80	498.89	476.15	28.06	26.58	50.10
	개선율	0	−17.76	0	0	15.28	18.38	16.86	17.28	25.40	35.11
〈참조학교〉 40, 46, 56, 128, 136											
70	현재	5.2	1.54	375.64	299,844.4	435.25	443.55	437.43	25.29	23.06	45.00
	개선	5.2	1.31	337.64	229,254.2	481.17	503.46	502.58	27.96	25.89	49.75
	개선율	0	−15.04	−10.12	−25.54	10.55	13.51	14.89	10.55	12.29	10.55
〈참조학교〉 56, 57, 106, 149											
94	현재	13.0	1.42	353.51	136,745.0	430.86	451.56	474.66	22.29	22.10	35.64
	개선	7.7	1.38	353.51	408,158.2	506.79	518.00	544.49	26.64	25.84	51.12
	개선율	−46.25	−2.79	0	70.15	17.62	14.71	14.71	19.53	16.94	43.44
〈참조학교〉 85, 126, 149											

④ 결론 및 제언

본 연구는 우리나라 중학교의 상대적 효율성을 DEA를 통해 분석하고자 하였다. 이를 위해 본 연구에서는 한국교육개발원의 '2005 한국교육종단연구(KELS)' 데이터의 일부를 활용하였는데, 본 연구에서 도출된 결과를 중심으로 다음과 같이 결론 및 제언을 제시하고자 한다.

첫째, 본 연구의 분석대상인 중학교의 상대적 효율성 분포를 보면, 100% 효율성을 달성하고 있는 학교가 전체 학교 수의 46~53% 정도인 것으로 나타났다. 따라서 효율적인 학교와 비효율적인 학교의 분포가 거의 유사하다고 할 수 있으나 효율치가 1차년도에 비해 2차년도에 약간 높아졌다가 3차년도에 다시 낮아지는 경향을 보이고 있다. 1차년도와 2·3차년도 효율성 분석에 사용된 투입·산출변수의 구성이 달라 이러한 연구결과를 일반화하기는 어렵지만, 본 연구에 사용된 투입·산출 분석변수들의 평균 값이 연도별로 조금씩 낮아지는 경향을 보이며, 특히 산출변수들의 값이 매년 낮아지고 있다는 점은 주시해야 한다. 국어·영어·수학 성취도 점수뿐 아니라 전반적인 학교운영에 대한 만족도가 낮아지고 있다는 점은 우리나라 중학교에 대한 질적 측면의 제고에 보다 많은 관심을 기울여야 함을 시사한다. 다만, 종단연구에 DEA를 적용하기 위해서는 DMU 및 변수가 동일한 자료를 확보할 필요가 있다.

둘째, 비정규분포를 가정하고 있는 DEA의 특성을 고려하여 학교배경특성별로 효율성 차이를 비모수검정을 통해 검증한 결과, 설립유형과 남녀공학 여부에 따른 차이가 통계적으로 유의미하게 나타났다. 공립학교에 비해서는 사립학교가, 남녀공학 학교보다는 단일학교 유형(남학교, 여학교)의 효율성이 높게 나타났다. 특히 설립유형에 따른 차이는 1·3차년도에 유의미한 차이를 보이는 것으로 나타나고 있다. 그런데 높은 효율치를 보이는 학교들의 배경특성과 비효율적인 학교들의 배경특성이 일관되게 나타나지는 않았으나 비효율적인 학교의 경우 공립의 남녀공학 학교들이 일부 포함되어 있다는 점은 공립 남녀공학 중학교의 운영에 대한 제고가 필요함을 시사한다. 본 연구에서 사용한 지역, 학교규모, 평준화 여부 등의 배경특성은 효율성에는 거의 영향을 미치지 않는 것으로 나타났다. 따라서 이들 학교를 중심으로 효율성 개선을 위한 노력을 집중해야 할 것으로 보인다.

셋째, 전반적으로 볼 때, 효율적인 학교들과 비효율적인 학교들의 효율치 분석결과가 연도별로 일관적이지는 않다. 높은 효율성(100%)을 3개 연도에 걸쳐 지속적으로 유지한 학교는 분석대상 학교 중 34개교로 전체의 24.3% 정도였다. 늘 상위 5%를 유지하는 학교는 약 2~3개에 불과했다. 3개 연도에 걸쳐 전체 평균치 이하에서 하위 20%내에 포함된 학교는 4개였고, 특히 이들 학교는 전반적으로 산출변수의 수준을 높여야 할 필요성이 있었다. 이는 본 연구에서 가정한 산출극대화 조건에 따른 것으로, 각 학교별로 각 산출변수값을 약 10~29%까지 개선해야 할 것으로 나타났으며, 학교에 따라 만족도와 성취도 수준을 개선해야 할 영역은 각기 다르게 나타났다.

이상의 결론을 바탕으로 후속 연구에 주는 몇 가지 제언을 제시하면 다음과 같다. 첫째, 중앙정부나 교육청 차원에서는 학교평가에 효율성의 관점을 도입·적용할 필요가 있다. 단순히 학생, 재정, 교사 등의 투입자원이 우수하고 여건이 풍족해서 별다른 노력을 하지 않았는데도 좋은 산출을 보이는 학교보다는 주어진 여건에서 최선을 다해서 투입수준에 비추어 더 많은 성과를, 혹은 이전보다 더 나은 성과를 거두고 있는 학교가 학교평가에서 좋은 점수를 받을 수 있도록 평가체제를 정비하고, 그러한 노력에 상응하는, 그리고 그러한 노력을 유도하는 적절한 보상체제를 확립하도록 한다. 학교평가 시 투입, 과정, 산출의 각 항목별로 평가하고 평가 후 항목별 점수를 합산하는 방식에서 벗어나 학교가 가용한 자원을 충분히 활용하여 교육의 질적 발전을 위해서 노력하였는지를 효율성 관점에서 평가하는 것으로 초점을 전환해야 할 것이다.

둘째, 단위학교 차원에서는 학교 운영 시 주어진 자원을 점증주의적 방식에 따라 지출하는 수동적인 관행에서 벗어나 학교목표 달성, 교육과정 운영을 효과적으로 지원하고, 학업성취도, 학생의 신체적·정서적 성장, 학생 및 학부모의 만족도 향상을 도모할 수 있는 방향에서 자원 활용의 효율성을 극대화하는 전략을 모색할 필요가 있다. 본 연구결과에서 드러난 바와 같이, 중학교의 경우 투입 자원을 고정한 상태에서 구성원들의 만족도와 학생들의 성취도를 극대화하는 전략을 반영하여 더욱 적극적으로 학교 운영계획을 수립·시행해야 할 것이다.

  셋째, 한국 초·중등교육의 경쟁력, 장점 및 단점을 효율성 관점에서 국제 비교하고 중·장기 교육정책의 목표와 전략을 점검할 필요가 있다. 그동안 한국 교육의 국제경쟁력을 평가하는 데는 IMD의 국가별 순위를 활용하였으나, 이 순위는 지표별 점수를 합산하는 방식이어서 효율성 관점에서 볼 때 많은 문제를 내포하고 있다. 또한 OECD 교육지표를 통해서 지표별 현황을 파악할 수는 있으나 지표별 단순비교보다는 경쟁력, 질적 수준, 효율성과 관련하여 개념과 분석틀을 더욱 정교화하는 작업이 필요하다. 국가 차원뿐만 아니라 개별학교별로도 교육의 효율성을 분석할 필요가 있다.

  마지막으로 이를 위해서 학교교육에 투입된 자원이 효율적으로 사용되고 있는지를 체계적으로, 그리고 주기적으로 평가할 필요가 있다. 앞으로 교육정보공시제가 본격적으로 시행되면 단위학교 정보에 대한 접근성이 매우 높아질 것이다. 공시항목별 공개도 필요하지만 학생, 학부모는 수많은 정보를 어떻게 해석·활용할지 혼란스러워하는 정보 과잉의 문제도 발생할 가능성도 있다. 정부와 공공기관, 특히 주요 데이터를 수집·관리하는 한국교육개발원 차원에서 이러한 정보를 체계적으로 가공하여 알기 쉽게 제공할 필요가 있다.

◆ 제**4**장

중학교 생산성 변화: MI의 적용[1]

이 장에서는 MI(Malmquist Index)를 활용하여 2005~2007년 중학교의 생산성 변화 추이와 변화요인을 분석하였다. 이를 위해 한국교육개발원의 '2005 한국교육종단연구(KELS)'에서 4개의 투입변수(학생 100명당 교원 수, 교사학력, 가구소득, 학생당 교수학습활동비) 및 6개 산출변수(국·영·수 학업성취도, 교사·학생·학부모 만족도)를 사용하였다.

❶ 연구의 배경

조직이 지속적으로 경쟁력을 제고해 나가기 위해서는 관리 및 운영과정에서 발생하는 비효율성을 정확하게 측정하고 객관적인 평가를 통해 개선전략과 개선방안을 수립하며, 이를 바탕으로 지속적인 개선활동을 추진해야 한다(박만희, 2008). 이를 위해서는 조직의 성과에 대한 합리적인 측정과 평가가 이루어져야 하는데, 조직의 성과평가 시 중요한 평가지표로 활용되는 것이 효율성(efficiency)과 생산성(productivity)이다.

최근 초·중등학교에서도 2007년도부터 학교정보공시를 통해 다양한 학교정보가

---

1) 이 장은 '김민희(2010). MI를 활용한 중학교 생산성 변화 탐색. 교육재정경제연구, 19(4)'의 일부분을 수정·보완한 것이다.

공개됨에 따라 학교 운영의 효율성과 생산성에 대한 관심이 높아지고 있다. 학교교육의 생산성에 대한 관심은 Taylor의 과학적 관리법이 출현한 1960년대에 공공분야에서 자원에 대한 경쟁이 과열되면서부터인 것으로 알려져 있는데, 최근에는 생산성을 향상시키려는 노력과 더불어 성과에 대한 책임을 강화하는 책무성이 함께 강조되고 있다. 일반적인 생산성의 개념을 초·중등학교 운영에 적용해 보면, 생산성은 '학교교육에 필요한 투입으로 최소의 비용을 투자하여 교육의 결과로서 최대의 학습결과를 창출하는 것'으로 개념화할 수 있다.

학교교육의 생산성은 교육의 성과를 나타내는 지표의 하나로, 투입량에 비해 산출량이 어느 정도인지를 나타내며 시간이 지남에 따라 달라진 기술 수준하의 투입과 산출 관계를 통해 분석할 수 있다. 그런데 이러한 생산성의 개념은 기본적으로 조직의 생산 활동에 비효율성이 존재하고 있음을 가정한다. 즉, 대부분의 조직은 일정한 기술 수준에서 주어진 생산요소의 투입에 의해 가능한 최대의 산출을 달성하지 못하고 있다는 점을 가정하고 있다. 따라서 생산성에 대한 정확한 측정과 평가는 조직의 효율성 및 비효율성 달성 정도를 측정할 수 있는 방법론의 발전과도 밀접한 관련을 지니고 발전해 왔다.

지금까지 학교교육 생산성 측정은 회귀분석을 활용한 생산함수를 통해 이루어져 왔으나, 최근 비영리조직의 생산성(효율성)을 측정하는 비모수적 방법인 DEA가 자주 활용되고 있다. DEA를 활용하여 조직의 상대적 효율성을 분석한 연구들은 주로 정부조직, 비영리기관이나 대학을 포함한 고등교육기관을 대상으로 한 연구가 대부분이었으나, 2000년 이후에는 초·중등학교의 효율성을 측정하려는 시도가 꾸준히 이루어지고 있다(천세영, 2000, 2002; 김민희 외, 2008; 김민희, 2010; 김은정 외, 2006).

학교교육의 생산성 측정방법인 DEA는 다수의 투입과 산출물의 관계를 비모수적인 방법으로 측정하여 비교대상 조직 간 상대적 효율성을 알려 주며, 전반적인 효율치뿐만 아니라 비효율요소, 비효율 정도에 관한 정보를 제공하고, 준거집단에 비추어 효율성을 개선할 방법도 알려 주는 장점을 지니고 있기 때문에 매우 광범위하게 활용되는 추세이다. 그러나 DEA는 포함된 투입과 산출요소들의 배합이나 형태가 평가대상 간에 너무 상이할 때에는 모두가 효율적으로 과대평가될 가능성이 높고, 일정 시점이나 특정 시점에서의 상대적 효율성만을 알려 주는 단점도 존재한다. 즉, 기존 DEA는 일정 시점이나 특정 시점에서 DMU의 상대적 효율성을 분석함으로써 시간의 흐름에 따른 단순한 효율성 변화비율만 분식하고 있어, 기간별 효율성 변화 추세 및 효율성 변화요인을 파악하기 어려운 한계가 있음이 계속 지적되어 왔다(유금록, 2004; 박만희, 2008). 이러한 DEA의 한계는 패널데이터(panal data)를 활용하여 시간의 흐름에 따른 생산성 변화를 기술적 효율성 변화와 기술 변화로 구분하는 DEA-맘퀴스트 지수(Malmquist Index: MI)를 적용하여 극복할 수 있는데, MI를 활용하면 순수기술효율성 변화와 규모 효율성 변화 및 기술 진보로 세분화한 생산성 변화 분석이 가능하다. 또한 DMU의 경쟁력을 향상시킬 개선방향과 대안도 제시할 수 있다. 그런데 지금까지 이 기법은 주로 기업이나 공공조직, 지방정부 등의 생산성 측정에 활용되고 있고 학교교육 부문에는 거의 적용되지 않았다.

이러한 문제의식에 따라 본 연구는 MI를 활용하여 연도별 중학교의 생산성 변화 추이를 분석하고, 이러한 생산성 변화에 영향을 미친 요인을 분석하며, 학교교육 생산성 측정에 MI 활용 가능성을 탐색하는 데 목적을 두고 수행되었다. 이를 위해 관련 연구를 바탕으로 분석모형을 설계하고, 연도별 · 학교별 학교교육 생산성 변화 추이가 어떠한지, 변화요인은 무엇이었는지, 생산성이 높은 학교와 낮은 학교의 특성은 무엇인지 분석하였다. 이러한 분석결과는 중학교의 생산성 제고를 위한 정책수립 및 분석방법론의 발전 측면에서 의미 있는 시사점을 제공할 것으로 기대한다.

❷ 연구방법

1) 분석모형

우리나라 중학교의 생산성 측정에 사용할 분석모형 및 변수에 대한 설명은 〈표 4-1〉에 제시하였다. 본 연구에서는 기존의 DEA 분석연구에서 활용되었던 변수들로 중학교

효율성 분석모형을 구안하였는데(김민희 외, 2008), 연구모형에는 총 4개의 투입변수와 총 6개의 산출변수가 포함되어 있다. 투입-산출변수들은 선행연구에 사용된 변수들 가운데 한국교육개발원의 '2005 한국교육종단연구(KELS)'에서 활용 가능한 요인들을 고려하되, 투입 및 산출의 변수 유형별로 대표적인 변수가 포함되도록 선정하였다. 투입변수는 인적 변수 2개와 물적 변수 2개가 선정되었으며, 산출변수는 학업성취도로 대표되는 인지적 산출과 만족도로 대표되는 정의적 산출을 포함하여 총 6개의 변수가 선정되었다.

123 〈표 4-1〉 변수별 투입 · 산출변수 구성 및 설명

	구분	산식	비고
투 입 변 수	학생 100명당 교원 수	교원 수 ÷ 학생 수(100명 기준)	수치가 클수록 투입이 커지도록 조정함
	교사학력	교사 평균 학력	1: 대학졸업 2: 석사졸업 3: 박사수료 이상 4: 기타
	가구소득(원)	학생 가구소득 평균	(단위: 원)
	학생당 교수학습활동비(원)	학교운영비 예산 중 교수학습활동비 ÷ 학생 수	(단위: 원)
산 출 변 수	국어 학업성취도	학교별 학생 척도점수 평균	1차년도 300점 만점
	수학 학업성취도	학교별 학생 척도점수 평균	2차년도 400점 만점
	영어 학업성취도	학교별 학생 척도점수 평균	3차년도 500점 만점
	학생 만족도	학교별 학생-교사관계 응답 평균	(총 6문항) 5점 만점
	교사 만족도	학교별 교사 응답 총점 평균	(총 7문항) 35점 만점
	학부모 만족도	학교별 학부모 응답 총점 평균	(총 17문항) 85점 만점

2) 분석대상 및 자료

우리나라 중학교의 생산성을 분석하기 위해 본 연구에서 사용된 학교 수, 교원 수, 학생 수를 지역, 평준화 여부, 설립별, 학교유형별, 학교규모별로 구분하여 제시하면 〈표 4-2〉와 같다.

〈표 4-2〉 KELS 학교 표집 결과

변인		학교 수(%)	교원 수(%)	학생 수(%)
지역별	대도시	64(42.7)	1,519(52.2)	3,689(53.4)
	중소도시	66(44.0)	1,111(38.2)	2,590(37.5)
	읍·면	20(13.3)	279(9.6)	629(9.1)
평준화 여부	평준화	86(57.3)	1,943(66.8)	4,760(68.9)
	비평준화	64(42.7)	967(33.2)	2,148(31.1)
설립별	공립	122(81.3)	2,531(87.0)	6,114(88.5)
	사립	28(18.7)	379(13.0)	794(11.5)
학교유형별	남녀공학	102(68.0)	2,298(79.0)	5,665(82.0)
	단일	48(32.0)	612(21.0)	1,243(18.0)
학교규모별	소규모(11학급 이하)	34(22.7)	873(30.1)	1,983(28.7)
	중규모(12~24학급)	47(31.3)	952(32.7)	2,487(36.0)
	대규모(25학급 이상)	69(46.0)	1,085(37.2)	2,438(35.3)
계		150(100)	2,910(100)	6,908(100)

KELS 자료에서는 중소도시, 평준화 지역, 공립학교, 남녀공학 학교, 대규모학교 규모의 학교들이 많이 표집되었다. 본 연구에서는 총 150개의 표집 학교 중 변수별 응답치가 없는 학교를 제외하고 총 115개의 학교를 분석에 사용하였다.

3) 분석방법

본 연구에서는 한국교육개발원의 '2005 한국교육종단연구(KELS)'를 통해 수집된 1차년도(2005년), 2차년도(2006년), 3차년도(2007년)의 3개 연도 학교, 교사, 학생, 학부모 설문지의 데이터의 일부를 학교별 데이터를 기준으로 하여 활용하였다. KELS의 5차년도 자료 중에서 3개 연도 자료만 활용한 이유는, MI의 특성상 동일 DMU를 대상으로 한 데이터가 요구되지만 KELS는 4차년도 이후 응답학생이 고등학교로 진학하여 연속데이터를 얻을 수가 없었기 때문이다. 본 연구에서 사용한 연도별 학교와 학생·학부모 데이터는 동일한 대상이며, 교사 데이터는 당해 연도 전집 데이터이므로 대상의 변동이 있을 수 있다. MI 분석을 위해서는 Excel 2007, EnPAS v1.0 프로그램을 사용하였다. 기술통계치 분석에는 SPSS v15.0 for windows 프로그램을 사용하였다.

❸ 연구결과

1) 기술통계

본 연구에 사용된 분석변수별·연도별 기술통계치를 제시하면 〈표 4-3〉과 같다. 학생당 교사 수는 1·2차년도는 동일하나 3차년도에는 약간 줄었고, 교사학력, 가구소득 변수들은 연도별로 평균 차이가 거의 없다. 반면, 학생당 교수학습활동비 비중은 연도별로 약간씩 높아지는 경향을 보이고 있다. 6개의 산출변수 중 학업성취도 척도점수는 연도별 만점(1차년도 300점, 2차년도 400점, 3차년도 500점) 기준으로 볼 때 1차년도에 비해 2차년도에는 약간 높아졌으나 3차년도에 다시 낮아지는 경향을 보이며 편차 또한 커지고 있다. 학생들의 교사 만족도, 교사와 학부모 만족도 변수값도 연도별로 평균이 약간씩 낮아지는 경향을 보여 주고 있다.

[123] 〈표 4-3〉 연도별 · 분석변수별 기술통계치

변수	1차년도		2차년도		3차년도	
	평균	표준편차	평균	표준편차	평균	표준편차
학생당 교사 수	6.7	0.045	6.7	0.045	5.7	0.036
교사학력	1.33	0.18	1.33	0.18	1.33	0.18
가구소득	308.29	85.32	308.29	85.32	308.29	85.32
학생당 교수학습활동비	273,272.6	343,433.6	290,223.1	388,666.6	336,613.0	492,729.6
국어 성취도	299.80	57.60	370.59	65.49	454.39	61.72
영어 성취도	297.11	57.90	380.22	74.91	477.44	64.03
수학 성취도	301.11	65.80	378.73	68.91	484.13	63.13
교사 만족도	25.31	1.83	25.02	1.70	24.53	2.83
학생 만족도	3.11	0.77	2.88	0.73	2.90	0.71
학부모 만족도	54.07	4.37	46.73	7.13	46.64	6.86

※ 단위: 명, 원, 점

2) 총요소생산성지수 분석

우리나라 중학교의 연도별 총요소생산성지수(Total Factor Productivity: TFP)를 분석한 결과를 제시하면 〈표 4-4〉 및 〈부록 4-1〉과 같다. 첫째, 전체적으로 총요소생산성지수가 1보다 커 생산성이 향상되었는데, 기하평균값을 보면 총요소생산성지수는 연평균 6.14%씩 증가하였다. 그러나 기술변화지수(Technical Change Index: TCI)를 제외한 나머지 지수값은 모두 1 이하의 값을 가지고 있는 것으로 나타났다. 즉, 중학교의 생산성이 높아진 것은 기술 변화에 의한 것이지 학교 내부의 순수기술효율성이 높아졌거나 경제적인 규모를 유지했기 때문은 아니라는 것이다.

123 〈표 4-4〉 중학교 MI 분석결과

구분	기술적 효율성변화 지수(TECI)	기술변화 지수(TCI)	순수기술효율성 변화지수 (PECI)	규모효율성 변화지수 (SECI)	총요소생산성 지수(TFP)
2005~2006	0.9858	1.0684	0.9881	0.9976	1.0532
2006~2007	0.9887	1.0819	0.9929	0.9958	1.0696
기하 평균	0.9872	1.0751	0.9905	0.9967	1.0614

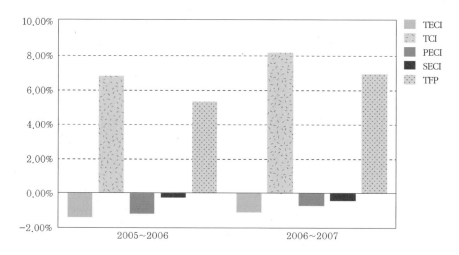

[그림 4-1] 전체 중학교 연도별 생산성 변화 추이

기술적효율성변화지수(Technical Efficiency Change Index: TECI)를 순수기술효율성 변화지수(Pure Efficiency Change Index: PECI)와 규모효율성변화지수(Scale Efficiency Change Index: SECI)로 구분하여 살펴보면, 순수기술효율성은 연평균 0.95%, 규모효율성은 연평균 0.33%씩 감소하고 있는 것으로 나타났다. 즉, 학교의 기술적 효율성 하락은 규모효율성보다는 순수기술효율성이 낮아지기 때문에 발생한다.

3) 연도별·학교별 생산성 변화 추이 분석

(1) 총요소생산성지수 분석

연도별·학교별 TFP의 변화를 분석하면 〈표 4-5〉와 같다. 총요소생산성지수가 1 이상의 값을 지니는 중학교는 2005~2006년에 총 84개에서 2006~2007년에는 87개로 증가하였고, 1 이하의 값을 지니는 학교 수는 줄어들었다. 전체 평균으로 보면 2005~2006년에 5%로 총요소생산성이 높아졌고, 2006~2007년에는 7%로 전년에 비해 2%포인트 더 상승하였다. 이렇게 평균적으로 보았을 때는 증감폭이 크게 차이가 없으나 연도별·학교별로는 생산성 증감폭이 큰 변화를 보이고 있어, 생산성이 낮아지고 있는 학교들의 생산성을 향상시킬 수 있는 대안이 필요함을 알 수 있다.

`1 2 3` 〈표 4-5〉 총요소생산성지수(TFP) 변화 추이

연도	증가학교 수	불변학교 수	감소학교 수
2005~2006	84(73.0)	8(7.0)	23(20.0)
2006~2007	87(75.7)	4(3.5)	24(20.9)
평균	100(87.0)	2(1.7)	13(11.3)

생산성이 가장 크게 증가하거나 감소한 상·하위학교를 각 3개씩 선정하여 학교배경특성을 살펴보면(〈표 4-6〉 참조), 지역과 학교 설립형태에 따른 차이가 있는 것으로 나타났다. 평준화, 학교 설립유형, 설립형태에 따른 차이는 크지 않았으나, 중소도시 이상 지역에 위치한 남녀공학 중학교의 생산성이 높았고, 중소도시 이하 읍·면 지역에 위치한 국·공립 남녀공학 학교의 생산성이 낮게 나타났다.

〈표 4-6〉 총요소생산성지수(TFP) 변화 상 · 하위학교 특성

학교번호		총요소생산성지수 상위학교			총요소생산성지수 하위학교		
		129	50	136	104	116	150
MI 분석 결과	TECI	1.00	1.00	1.01	1.00	1.00	0.89
	TCI	1.27	1.21	1.18	0.86	0.91	1.04
	PECI	1.00	1.00	1.01	1.00	1.00	0.90
	SECI	1.00	1.00	1.01	1.00	1.00	1.00
	TFP	1.27	1.22	1.19	0.86	0.91	0.93
학교 배경 특성	학교규모	대규모	중규모	소규모	소규모	소규모	중규모
	지역	중소도시	광역시	중소도시	읍 · 면	읍 · 면	중소도시
	평준화	비평준화	평준화	비평준화	비평준화	비평준화	평준화
	설립유형	국 · 공립	국 · 공립	사립	국 · 공립	국 · 공립	국 · 공립
	설립형태	공학	공학	공학	공학	공학	공학

(2) 기술적효율성변화지수, 순수기술효율성변화지수 및 규모효율성변화지수 분석

구체적인 연도별 · 학교별 TECI의 변화는 〈부록 4-1〉에 제시하였다. 전체적인 TECI 평균이 0.11% 정도 낮은 가운데, 〈표 4-7〉에 제시된 전체 학교 분석결과에 의하면, 연도별로 TECI가 높아진 학교는 2005~2006년의 27개교에서 2006~2007년에는 44개교로 증가하였다. 이에 따라 생산성 수준을 그대로 유지하거나 감소한 학교 수는 줄어들었다. 즉, 기술적 효율성 변화는 상당 수준 학교별로 조금씩 상승하고 있으나 대부분의 학교가 1보다 낮은 수치를 보임에 따라 학교 관리운영의 효율성을 높여 나갈 필요가 있음을 알 수 있다.

〈표 4-7〉 기술적효율성변화지수(TECI) 추이

연도	증가학교 수	불변학교 수	감소학교 수
2005~2006	27(23.5)	30(26.1)	58(50.4)

연도	증가학교 수	불변학교 수	감소학교 수
2006~2007	44(38.3)	26(22.6)	45(39.1)
평균	30(26.1)	31(27.0)	54(47.0)

첫째, 〈표 4-8〉에는 2006~2007년 기준으로 TECI가 가장 높은 학교와 낮은 학교를 각각 3개씩 선정하여 학교배경특성을 제시하였다. 분석결과에 의하면, TECI가 15% 이상 증가한 학교는 대부분 중규모 이상의 남녀공학이었고, 15% 이하로 감소한 학교는 중소도시 이하 비평준화 지역에 있는 국·공립 남녀공학으로 나타났다.[2] 특히 TECI가 낮은 학교는 전년도와 대비했을 때 하락폭이 큰 학교들이어서 이러한 학교들에 대한 면밀한 분석이 요구된다.

123 〈표 4-8〉 기술적효율성변화지수(TECI) 상·하위학교 특성 분석

학교번호		기술적효율성변화지수 상위학교			기술적효율성변화지수 하위학교		
		108	101	43	118	107	65
TECI		1.17	1.16	1.15	0.81	0.83	0.84
학교 배경 특성	학교규모	대규모	대규모	중규모	대규모	중규모	중규모
	지역	중소도시	중소도시	광역시	읍·면	읍·면	중소도시
	평준화	평준화	비평준화	평준화	비평준화	비평준화	비평준화
	설립유형	국·공립	국·공립	사립	국·공립	국·공립	국·공립
	공학 여부	공학	공학	공학	공학	공학	공학

둘째, PECI를 연도별로 살펴보면(〈표 4-9〉 참조), 전반적으로는 순수기술효율성 변화가 높아졌다고 할 수 있으나, 1 이하의 값을 지니고 생산성이 감소하는 학교가 증가한 학교에 비해 높은 것으로 나타났다. 이는 제한된 투입자원으로 단위학교의 잠재적 성장을 가져올 수 있는 생산능력이 낮은 것을 의미한다.

---

2) 김민희 등(2008)의 연구결과에서도 비효율적인 학교는 주로 읍·면 지역 중 비평준화 지역의 공립 남녀공학 학교들로 나타나 본 연구결과와 매우 유사한 부분을 발견할 수 있다.

123 〈표 4-9〉 순수기술효율성변화지수(PECI) 변화 추이

연도	증가학교 수	불변학교 수	감소학교 수
2005~2006	19(16.4)	59(50.9)	38(32.8)
2006~2007	34(29.3)	37(31.9)	45(38.8)
평균	29(25.0)	43(37.1)	44(37.9)

셋째, 연도별·학교별 SECI의 변화를 살펴보면, 지수평균이 연도별로 1.00으로 나타나 대부분의 학교에서 적정 규모를 유지하고 있으나(〈부록 4-1〉참조), 30% 이상의 중학교는 여전히 규모효율성이 낮다. SECI는 MI 분석에 의한 다른 지수에 비해 하락폭이 가장 낮았으나, 그럼에도 불구하고 연도별 교사학력 및 가구소득 등의 투입변수가 고정된 상태에서, 학생당 교육비는 높아졌으나 학생당 교사 수가 감소했고, 투입자원들이 산출변수 값을 높이는 것과 연결되지 못하여 규모의 비효율이 발생하고 있는 것으로 보인다.

123 〈표 4-10〉 규모효율성변화지수(SECI) 변화 추이

연도	증가학교 수	불변학교 수	감소학교 수
2005~2006	31(26.7)	46(39.7)	39(33.6)
2006~2007	35(30.2)	36(31.0)	45(38.8)
평균	20(17.2)	60(51.7)	36(31.0)

(3) 기술변화지수 분석

〈부록 4-1〉에 제시된 연도별·학교별 TCI 분석결과에 따라 그 변화 추이를 다음 〈표 4-11〉에 제시하였다. 분석결과에 의하면, TCI가 1 이상으로 높아지고 있는 중학교가 전체의 90% 이상 차지하고 있어 총요소생산성을 높이는 데 기여한 요인으로 나타나고 있다. 불변하거나 감소한 학교 수는 상대적으로 매우 작았다.

123 〈표 4-11〉 기술변화지수(TCI) 변화 추이

연도	증가학교 수	불변학교 수	감소학교 수
2005~2006	99(89.1)	1(0.9)	15(13.0)
2006~2007	96(83.5)	3(2.6)	16(13.9)
평균	106(92.2)	0(0.0)	9(7.8)

　TCI가 높은 학교와 낮은 학교를 선정하여 학교별 배경특성을 분석한 결과를 〈표 4-12〉에 제시하였다. TCI 상위학교 중 129번 학교와 50번 학교는 TFP가 가장 높은 학교와도 일치하며, TCI 하위학교 중 104번 학교와 116번 학교는 TFP도 가장 낮은 학교였다. 즉, 앞서 제시한 바와 같이 이들 학교의 TFP가 높고 낮은 것은 전적으로 TCI에 기인하는 것이라고 할 수 있다.

　기술 변화는 외부적 환경 변화로 인한 생산성 변화 정도를 의미하는데, 매우 다양한 외생적 요인을 1~2개의 변수로 나타내기 어렵기 때문에 구체적으로 왜 생산성이 높고 낮아졌는지를 분석하기란 쉽지 않다(김윤희, 하헌구, 2010). 그러나 정부정책이나 환경 변화, 물리적인 기술발전 요소 등을 통해 대략적인 요인은 살펴볼 수 있는데, 특히 학교는 특별교부금으로 지원되는 국가정책 사업이나 관련 규제 등 학교에 투입되는 사업과 환경에 많은 영향을 받게 되므로, 이러한 요인들이 영향을 미칠 것으로 추정할 수 있다.

　2005년 이후는 다양한 사업이 학교에 투입됨에 따라 학생당 교육비 등이 크게 증가하는 시기였다. 본 연구의 분석시기인 2007년에는 2006년에 비해 큰 폭으로 학생당 교육비가 상승하였고, 단위학교에서는 이를 통해 구성원의 만족도와 성취도를 높이기 위해 노력한 것으로 보인다. 그러나 TCI 향상을 가져오지 못한 중소도시 이하 비평준화 지역에 위치한 국·공립 남녀공학에 대해서는 단위학교 사업비 운영실태 분석 등 기술발전의 저해요인을 면밀하게 분석하고 관리하는 것이 필요할 것으로 보인다.

1 2 3 〈표 4-12〉 기술변화지수(TCI) 상·하위학교 특성 분석

학교번호		기술변화지수 상위학교			기술변화지수 하위학교		
		129	50	86	104	116	103
TCI		1.29	1.22	1.18	0.86	0.91	0.94
학교 배경 특성	학교규모	대규모	중규모	중규모	소규모	소규모	대규모
	지역	중소도시	광역시	중소도시	읍·면	읍·면	중소도시
	평준화	비평준화	평준화	비평준화	비평준화	비평준화	비평준화
	설립유형	국·공립	국·공립	국·공립	국·공립	국·공립	국·공립
	공학 여부	공학	공학	공학	공학	공학	공학

④ 논의 및 결론

1) 논의

본 연구에서는 우리나라 중학교의 생산성 변화를 MI를 통해 분석하였다. 본 연구에서 분석한 주요 결과를 중심으로 몇 가지 논의점을 제시하면 다음과 같다. 첫째, 분석 대상 중학교의 연평균 총요소생산성은 약 5~7% 정도 증가하고 있으며, 중학교의 TFP의 상승에 기여한 것은 기술 변화 요인으로 나타났다. 이는 기술적 효율성의 변화와 기술수준의 변화가 항상 양(+)의 관계에 있지 않음을 의미하며, 기술 진보의 요인과 기술적 효율성 증가요인은 서로 상이할 수 있음을 시사한다. 이러한 결과는 이건남(2009)이 전문계 고등학교를 분석한 결과와 유사한 것으로, 중학교도 생산성을 높이는 데 학교 내적인 관리 운영의 효율성보다는 외부환경 변화, 즉 중앙정부 중심의 다양한 정책사업이 투입되면서 전반적인 기술진보를 가져온 것으로 보인다.

TCI는 혁신 잠재력을 반영하는 것이라고도 할 수 있다(박만희, 2008). 기업에서는 신제품 및 생산공정 혁신, 새로운 경영기법, 외부충격 등 생산가능곡선을 이동시키는 요인으로부터 영향을 받는다. 학교의 경우 새로운 교수프로그램 및 학교경영기법, 외부

정책환경 변화 등을 의미한다. 그런데 이렇게 학교 외부적인 압력이 학교 변화의 견인차 역할을 하게 되면서, 새로운 학교운영 기술 변화를 시도한 학교는 그 혜택을 누리지만, 다른 학교들은 새롭게 시도되는 학교운영 기술로의 접근이 어려워 상대적으로 뒤처지는 현상도 나타나고 있다. 따라서 관리운영상의 비효율성이 나타나는 학교의 역량을 높이기 위해서는, 단위학교 구성원들이 학교 변화를 가져오는 운영 기술을 익힐 수 있도록 업무능력과 경영능력을 갖춘 학교 관리자와 실무자를 확보해야 할 뿐 아니라 이들에 대한 연수와 학교컨설팅 등을 실시할 필요가 있을 것이다.

둘째, 분석대상 중학교의 경우 규모효율성은 일정 수준 유지하고 있으나 학교 내부 관리운영의 효율성은 매우 낮다. PECI로 나타나는 관리운영 효율성은 학습 및 지식 파급 효과, 학교의 경쟁력, 비용구조 및 시설설비 가동율 개선 등의 영향을 반영하는 지수이므로 학교의 PECI가 낮다는 것은, 다시 말해 학교 내의 변화속도가 느리다는 것을 의미한다.

이러한 현상은 최근 학교 현장을 둘러싼 몇 가지 정책 환경의 변화와 관련지어 생각해 볼 수 있다. 최근 자율화, 분권화 경향에 맞추어 진행되고 있는 학교자율화, 지방교육자치제도의 변화 등은 지방과 단위학교의 권한을 높이기 위한 전략이지만, 여전히 중앙집권적으로 진행되는 각종 교육개혁 및 정책사업들은 형식적인 분권화와 타율에 의해 진행되는 자율이라는 한계에 부딪치고 있다(송기창, 2008; 오세희 외, 2010). 또한 단위학교는 각종 사업을 진행하면서 정작 교수학습에 투입되는 시간보다는 사업을 관리하고 운영하는 행정적인 업무에 시간을 뺏기게 되어 교원들의 피로감을 높이고 있다. 따라서 학교단위 책임경영을 실시하는 데에는 아직 미치지 못하고 있어 실질적인 학교 변화를 이끌어 내기에는 한계가 있고, 이러한 문제들이 학교의 기술적 효율성을 낮추는 요인으로 작용하고 있는 것으로 보인다.

셋째, 학교교육 생산성 변화를 측정하기 위해 MI를 활용할 경우, 생산성 변화 측정 및 기여요인을 제공하는 것은 가능하지만, 기술 변화를 가져온 구체적인 정책환경 요인이 무엇이었는지, 기술적 효율성을 낮추는 요인은 무엇이었는지 등을 분석하기 위해서는 회귀분석, 학교별 관찰 및 면담 등과 같은 분석결과가 보완될 필요가 있다. 또한 개별학교에 대해서는 DEA를 통해 나타난 학교별 효율성 개선가능치 등을 탐색함으로써 학교생산성을 높일 수 있는 구체적인 대안도 제시해야 할 것이다.

넷째, MI 분석 시 'KELS'를 활용하는 데는 한계가 있다. 생산성 변화 분석의 DMU는 단위학교가 되어야 하는데, KELS는 동일 학생을 대상으로 추적한 패널데이터이므로, 학교별 생산성 추이를 장기적으로 분석하기가 어렵다. 따라서 생산성 관점에서 향상도와 기여요인을 탐색하기 위해서는 현재로서는 학교정보알리미에 공시되는 자료를 확대하고 재구성하여 활용할 수 있는 방안을 강구하는 것이 바람직해 보인다.

2) 결론

본 연구는 MI를 활용하여 2005~2007년 중학교의 생산성 변화 추이를 분석하는 데 목적을 두고 수행되었다. 생산성 변화 추이는 TFP, TCI, TECI, PECI, SECI의 다섯 가지 지수를 통해 분석하였으며, 학교교육 생산성 측정에 MI 활용 가능성을 탐색하고자 하였다.

본 연구결과, 분석대상 중학교의 총요소생산성은 5~7% 정도 높아지고 있으나 그 주요한 요인이 주로 외부환경적인 기술 변화에 있으므로 학교 내부 관리운영의 효율성을 높이기 위한 노력이 동시에 경주되어야 할 것으로 나타났다. 또한 생산 변경에서 생산성을 높이지 못한 학교들을 집중적으로 점검하여 주어진 생산기술을 효율적으로 활용할 방안을 모색할 것을 제언하였다.

본 연구에서는 기존의 학교교육 효율성 측정을 위해 사용되었던 DEA의 단점을 극복하는 대안적 방법론으로서 MI를 적용한 분석을 시도하였다. 그러나 데이터의 부족으로 분석시기가 2005~2007년도의 3년으로 다소 짧아 동일 DMU의 장기적 생산성 변화 추이를 분석하기에는 미흡하였다. 따라서 향후에는 생산성 관점에서 학교정보공시 등에 학교별 정보를 수집, 탑재하는 것이 필요하며 장기적으로 생산성 변화를 분석한 연구를 축적해 나가야 할 것이다. 또한 본 연구에서는 구체적으로 학교별 MI 차이에 영향을 미치는 요인에 대한 분석은 실시하지 못하였다. 특히 기술적 효율성이 낮게 나타난 학교를 대상으로, 이에 영향을 미칠 것으로 보이는 요인에 대한 계량경제학적 분석을 통해 기술적 효율성을 개선할 정책 대안을 탐색해야 할 것이다.

부록 4-1 연도별 · 학교별 MI 분석결과

학교 번호	2005~2006년					2006~2007년				
	TECI	TCI	PECI	SECI	TFP	TECI	TCI	PECI	SECI	TFP
1	0.95	1.09	0.95	1.00	1.04	1.11	1.12	1.10	1.01	1.24
2	1.06	1.08	1.00	1.06	1.15	0.95	1.19	0.98	0.97	1.14
3	1.00	1.06	1.00	1.00	1.06	1.00	1.18	1.00	1.00	1.18
4	1.02	1.09	1.00	1.02	1.11	0.91	1.23	0.94	0.97	1.12
6	1.03	1.05	1.04	0.99	1.08	0.91	1.10	0.90	1.01	1.00
7	1.03	1.02	1.00	1.03	1.06	1.00	1.09	1.03	0.97	1.09
9	1.20	1.10	1.12	1.07	1.32	0.89	1.08	0.92	0.97	0.97
10	1.06	1.14	1.03	1.02	1.20	0.88	0.95	0.91	0.97	0.84
11	1.03	0.99	1.00	1.03	1.02	0.84	1.06	0.86	0.98	0.90
13	0.86	1.07	0.92	0.93	0.92	1.09	1.10	1.01	1.07	1.20
14	1.00	1.06	1.00	1.00	1.06	1.00	1.08	1.00	1.00	1.08
19	0.96	1.17	0.96	1.01	1.12	1.05	1.02	1.06	0.99	1.07
20	0.96	1.19	0.97	0.99	1.14	0.91	1.05	0.91	1.01	0.95
21	0.93	1.03	0.83	1.13	0.96	1.05	1.17	1.21	0.87	1.23
24	0.93	1.11	0.84	1.10	1.03	1.09	1.21	1.14	0.96	1.31
25	0.96	1.07	0.92	1.04	1.03	0.95	1.06	0.96	0.99	1.00
27	1.00	1.19	1.00	1.00	1.19	0.85	1.05	0.88	0.97	0.89
28	1.00	1.10	1.00	1.00	1.10	1.00	1.10	1.00	1.00	1.10
29	1.00	0.96	1.00	1.00	0.96	1.00	1.11	1.00	1.00	1.11
30	1.00	1.09	1.00	1.00	1.09	1.00	1.07	1.00	1.00	1.07
32	1.00	1.14	1.00	1.00	1.14	1.00	1.02	1.00	1.00	1.02
33	1.06	1.04	1.10	0.96	1.10	1.04	1.04	1.00	1.04	1.09
34	0.99	1.10	1.00	1.00	1.09	1.01	1.09	1.00	1.00	1.10
35	0.96	0.99	0.99	0.97	0.95	1.04	1.08	1.01	1.03	1.13
36	0.97	0.98	1.00	0.97	0.94	1.08	1.04	1.00	1.08	1.13

학교	2005~2006년					2006~2007년				
번호	TECI	TCI	PECI	SECI	TFP	TECI	TCI	PECI	SECI	TFP
37	0.96	1.11	0.96	1.00	1.06	1.03	1.02	1.05	0.99	1.06
38	0.96	1.14	0.97	0.99	1.09	1.02	1.04	1.08	0.95	1.06
39	1.05	1.09	1.05	1.00	1.14	0.91	1.04	0.97	0.94	0.94
40	1.00	1.08	1.00	1.00	1.08	0.96	1.27	1.00	0.96	1.21
41	0.94	1.16	0.99	0.95	1.09	1.01	1.03	1.01	1.00	1.04
43	0.90	1.11	0.88	1.02	0.99	1.15	1.05	1.14	1.01	1.21
44	0.96	1.04	1.00	0.96	1.00	0.92	1.16	0.90	1.03	1.07
45	1.00	1.17	1.00	1.00	1.17	1.00	1.04	1.00	1.00	1.04
46	1.00	1.17	1.00	1.00	1.17	1.00	1.11	1.00	1.00	1.11
47	0.98	0.99	1.00	0.98	0.96	0.97	1.07	0.95	1.02	1.03
48	1.00	1.04	1.00	1.00	1.04	0.92	1.16	0.99	0.93	1.07
49	0.98	1.03	1.00	0.98	1.00	1.01	1.13	1.00	1.01	1.14
50	1.01	1.09	1.00	1.01	1.10	1.00	1.36	1.00	1.00	1.36
51	1.00	1.08	1.00	1.00	1.08	1.00	0.97	1.00	1.00	0.97
52	1.05	1.10	1.00	1.05	1.16	1.00	1.09	1.00	1.00	1.09
53	0.98	1.07	1.00	0.98	1.05	0.95	1.20	0.94	1.02	1.15
54	1.00	1.14	1.00	1.00	1.14	0.93	1.13	0.97	0.96	1.05
55	1.03	1.11	1.00	1.03	1.14	0.91	1.21	0.99	0.92	1.10
56	1.00	0.68	1.00	1.00	0.68	0.95	1.24	1.00	0.95	1.18
57	1.01	1.09	1.00	1.00	1.09	1.01	1.02	1.01	1.00	1.03
58	1.00	1.06	1.00	1.00	1.06	1.00	1.07	1.00	1.00	1.07
62	0.95	1.02	1.00	0.95	0.96	0.96	1.16	1.00	0.96	1.12
63	0.97	1.09	1.00	0.97	1.05	1.03	1.09	1.00	1.03	1.13
65	1.14	1.01	1.12	1.02	1.15	0.84	1.06	0.88	0.95	0.89
66	1.00	1.07	1.00	1.00	1.07	1.00	1.26	1.00	1.00	1.26
67	0.91	1.10	0.91	1.01	1.00	1.01	1.12	1.01	1.00	1.13

학교번호	2005~2006년					2006~2007년				
	TECI	TCI	PECI	SECI	TFP	TECI	TCI	PECI	SECI	TFP
68	1.03	1.08	1.07	0.96	1.11	1.02	1.10	0.99	1.03	1.12
69	0.93	1.10	1.00	0.93	1.03	1.06	1.07	0.97	1.09	1.13
70	0.90	1.07	0.80	1.13	0.97	0.99	1.05	0.96	1.03	1.03
72	0.96	1.07	0.99	0.97	1.03	1.04	1.04	1.01	1.03	1.08
73	0.94	1.01	0.94	1.00	0.96	1.08	1.05	1.11	0.98	1.14
75	1.00	1.17	1.00	1.00	1.17	1.00	0.89	1.00	1.00	0.89
76	1.00	1.28	1.00	1.00	1.28	1.00	0.84	1.00	1.00	0.84
77	0.97	1.12	0.98	0.99	1.09	1.14	1.09	1.12	1.01	1.24
78	1.00	1.00	1.00	1.00	1.00	1.00	1.29	1.00	1.00	1.29
80	0.99	1.01	1.00	0.99	1.00	0.97	1.09	0.96	1.01	1.06
81	0.99	1.06	1.00	0.99	1.05	0.95	1.08	0.89	1.07	1.03
83	0.98	1.12	1.00	0.98	1.09	1.04	1.06	0.97	1.08	1.10
84	0.96	1.09	0.93	1.03	1.04	1.01	1.21	1.04	0.98	1.22
85	0.97	1.10	1.00	0.97	1.07	1.02	1.21	1.00	1.02	1.24
86	0.97	1.08	1.00	0.97	1.06	0.88	1.27	0.92	0.96	1.12
87	0.97	1.04	1.00	0.97	1.00	0.97	1.18	0.94	1.03	1.15
88	0.95	1.10	1.00	0.95	1.04	0.86	1.25	0.82	1.05	1.08
90	0.97	1.08	0.92	1.05	1.04	1.08	1.08	1.18	0.91	1.16
91	1.00	1.04	1.00	1.00	1.04	0.91	1.00	0.96	0.95	0.91
92	0.96	1.23	0.97	0.99	1.18	0.99	1.12	0.98	1.01	1.11
93	0.98	1.06	1.00	0.98	1.04	0.92	1.22	0.95	0.97	1.12
94	0.97	1.17	0.96	1.01	1.14	0.90	1.11	0.89	1.01	1.00
95	0.99	1.03	1.00	0.99	1.02	0.82	1.08	0.84	0.98	0.89
96	0.88	1.18	0.88	1.00	1.04	1.07	1.10	1.13	0.95	1.18
97	0.96	1.08	0.95	1.01	1.04	0.91	1.12	0.91	0.99	1.02
98	0.99	1.05	0.99	1.00	1.04	0.99	1.11	0.99	1.00	1.10

학교 번호	2005~2006년					2006~2007년				
	TECI	TCI	PECI	SECI	TFP	TECI	TCI	PECI	SECI	TFP
99	1.00	1.04	1.00	1.00	1.04	0.97	1.04	0.98	1.00	1.01
100	1.02	1.08	1.01	1.01	1.11	1.11	1.04	1.16	0.95	1.15
101	1.00	1.05	1.00	1.00	1.05	1.00	1.01	1.00	1.00	1.01
102	0.88	1.04	0.79	1.11	0.92	1.16	0.98	1.14	1.02	1.14
103	1.06	0.97	1.06	1.00	1.03	0.97	0.90	1.00	0.97	0.87
104	1.00	0.89	1.00	1.00	0.89	1.00	0.83	1.00	1.00	0.83
105	0.93	1.08	0.91	1.02	1.00	1.09	0.99	1.10	1.00	1.08
107	1.13	0.99	1.18	0.96	1.12	0.83	0.94	0.84	0.99	0.78
108	0.89	1.10	0.88	1.02	0.98	1.17	1.07	1.22	0.96	1.25
109	0.91	1.01	0.91	1.00	0.91	1.04	1.15	1.09	0.95	1.19
110	0.96	1.16	0.93	1.04	1.12	1.07	1.09	1.10	0.97	1.17
111	1.06	1.12	1.04	1.02	1.19	0.90	1.10	0.93	0.97	0.99
112	0.99	1.09	0.99	1.00	1.08	0.95	1.14	0.97	0.98	1.09
113	1.00	1.05	1.00	1.00	1.05	1.00	1.00	1.00	1.00	1.00
116	1.00	0.94	1.00	1.00	0.94	1.00	0.87	1.00	1.00	0.87
117	1.00	1.13	1.00	1.00	1.13	0.90	0.85	0.93	0.96	0.76
118	1.07	1.09	1.16	0.92	1.16	0.81	0.97	0.75	1.07	0.78
120	1.06	1.04	1.32	0.80	1.10	0.94	1.05	0.81	1.16	0.99
121	0.91	1.10	0.91	1.00	1.00	1.04	1.13	1.09	0.96	1.18
123	0.97	1.08	0.98	0.99	1.04	1.05	1.09	1.05	1.00	1.15
124	1.00	0.99	1.00	1.00	0.99	1.00	0.94	1.00	1.00	0.94
126	0.95	0.81	1.00	0.95	0.77	1.00	1.15	1.00	1.00	1.15
127	1.00	0.97	1.00	1.00	0.96	1.00	1.11	1.00	1.00	1.11
129	1.00	1.05	1.00	1.00	1.05	1.00	1.54	1.00	1.00	1.54
130	0.91	1.09	0.93	0.98	0.99	1.03	1.12	1.01	1.02	1.16
131	0.95	1.02	0.95	1.00	0.97	0.98	1.12	0.98	1.01	1.10

학교 번호	2005~2006년					2006~2007년				
	TECI	TCI	PECI	SECI	TFP	TECI	TCI	PECI	SECI	TFP
132	1.03	1.07	1.02	1.02	1.10	1.11	1.04	1.12	1.00	1.16
134	1.07	0.99	1.13	0.94	1.05	1.02	0.95	1.00	1.03	0.97
135	1.03	1.05	1.04	0.99	1.08	1.04	0.97	1.06	0.99	1.01
136	1.02	1.26	1.01	1.01	1.29	1.00	1.10	1.00	1.00	1.10
137	1.02	1.11	1.02	1.00	1.12	1.03	1.02	1.04	0.99	1.05
140	0.92	0.98	1.00	0.92	0.90	1.02	1.17	1.00	1.02	1.19
141	0.97	1.06	0.99	0.98	1.02	1.03	1.22	1.01	1.02	1.26
142	0.91	1.12	0.85	1.07	1.02	1.05	1.07	1.07	0.98	1.13
145	1.06	1.32	1.04	1.01	1.40	0.97	0.89	0.99	0.98	0.86
146	1.00	1.08	1.00	1.00	1.08	0.95	1.18	0.97	0.99	1.13
147	0.99	1.04	1.00	1.00	1.03	1.05	1.04	1.05	1.00	1.09
150	0.90	1.08	0.92	0.97	0.98	0.89	1.00	0.87	1.02	0.89
기하 평균	0.99	1.07	0.99	1.00	1.05	0.99	1.08	0.99	1.00	1.07

◆ 제**5**장

제주형 자율학교의 상대적 효율성[1]

　이 장에서는 제주형 초등자율학교의 상대적 효율성을 분석하였다. 이를 위해 '2012년 제주형 자율학교 관련 자료, 학교알리미 정보'에서 2개의 투입변수(교원 1인당 학생 수, 재정지원액) 및 6개 산출변수(학생 수 증가율, 영어기초학력 이상 성취비율, 교육프로그램 만족도, 교사·학생·학부모 만족도)를 선정하여 DEA 모형으로 사용하였다.

① 연구의 배경

　자율적인 학교 운영에 대한 관심이 높아지는 가운데, 공교육에 투자되는 재원의 한계로 인해 효율성(efficiency)은 학교 운영의 자율성 및 책무성과 함께 학교가 추구해야 할 중요한 가치로 인식되고 있다. 효율성이란 제한된 희소자원으로부터 최대의 효과를 얻으려는 경제원리로서 연구자에 따라 다양한 유형으로 분류되고 있는데, 초·중등학교 운영의 효율성은 학교교육에 필요한 투입으로 최소의 비용을 투자하여 교육의 결과로서 최대의 학습결과를 창출하는 것으로 개념화할 수 있다.

---

1) 이 장은 '이인회, 김민희(2015). 제주형 자율학교 상대적 효율성 분석. 한국콘텐츠논문지, 15(3)'의 일부분을 수정·보완한 것이다.

학교 운영의 자율화와 분권화가 2000년대 이후 지속적으로 추진되면서 우리나라에서는 전국적으로 다양한 학교를 운영하기 위한 노력이 진행되어 왔다. 서울 및 경기도 혁신학교, 광주시의 무지개학교, 전남 혁신학교 등은 주어진 여건하에서 학교 운영의 자율성을 단위학교에 대폭 위임함으로써 학교교육의 성과를 높이기 위한 노력으로 이해할 수 있다. 이러한 맥락에서 2007년부터 시작된 제주형 자율학교는 전국적으로 자율학교가 부각되기 이전부터 제주도에서 독자적으로 운영되어 온 학교로서의 의미를 지니고 있다. 제주형 자율학교는 제주도만이 갖는 특수성을 고려하여 학교장에게 자율권을 대폭 위임한 혁신적인 초 · 중등학교를 의미하는데, 2007년에 9개교로 출발하여 2015년 현재 총 51개교가 운영되고 있다. 이는 제주도 전체 초 · 중등학교의 28.2%에 해당하며, 현재까지 8년간 제주형 자율학교에 투입된 특별재정은 약 190억 원에 이른다.

이러한 제주형 자율학교의 운영에 대한 교육수요자의 만족도는 지정 이전의 70.6%에서 2010년 81.6%, 2012년 86.3%로 향상되었고, 사교육비 절감효과도 매년 60~70억 원으로 추산되고 있다. 나아가 혁신학교 성패에 대한 실마리도 제주형 자율학교의 운영에서 찾으려 했던 노력이 있을 만큼 혁신학교 확산에도 기여하였다고 볼 수 있다. 그러나 제주형 자율학교에 대한 장기적인 만족도와 질 높은 교육성과를 달성하고 운영의 효율성을 향상하기 위해서는 그동안 운영되어 온 제주형 자율학교에 대한 다각도의 성과 분석이 필요한 시점이다.

지금까지 수행된 제주형 자율학교와 관련한 선행연구로는 주로 자율학교 운영과 개선방안(문현식, 2010; 현순안, 2009), 교사의 인식(이혜형, 2010), 교육프로그램 분석(홍경선, 2008; 장승희, 2011)에 대한 것이었고, 성과분석과 관련해서는 강형인(2011)의 연구와 제주특별자치도교육청에서 학생, 학부모, 교직원의 만족도를 조사한 종합평가보고서가 전부이다. 따라서 기존의 연구에서는 제주형 자율학교에 대한 실질적인 효과 분석은 전혀 이루어지지 않은 상황이며 관련 연구도 매우 부족한 실정이다. 제주형 자율학교의 위상과 의미에 비추어 볼 때, 현재 시점에서 제주형 자율학교 운영에 대한 성과를 효율성 차원에서 접근하는 것은 향후 혁신학교 등 지역단위에서 이루어지는 학교 개혁 과정에 매우 유용한 정보를 제공할 수 있을 것이다.

본 연구에서는 기존의 교육생산함수, 교육투자수익율, 비용-편익 분석, 평가지표 등의 다양한 방법으로 측정되어 온 학교교육의 효율성 분석 한계를 극복하는 방법론으로 공공조직 등 비영리조직의 상대적 효율성을 측정하는 비모수적 기법인 DEA를 적용하여 제주형 자율학교의 효율성을 분석하고자 한다.

본 연구는 제주형 자율학교의 교육성과를 중심으로 DEA를 활용하여 초등학교 간의 상대적 효율성을 분석하는 데 목적이 있다. 본 연구의 DEA 분석결과는 학교수준에서 자율학교 운영의 효율성을 제고하기 위해서 어떤 노력을 기울여야 하는지에 대한 시사점을 제시할 것이다.

제주형 자율학교 운영 및 성과

제주형 자율학교는 「제주특별자치도 설치 및 국제자유도시 조성을 위한 특별법」 (이하 「제주특별법」이라고 함) 제186조 및 동법 시행령 제29~31조에 의해 규정하고 있는 특별한 학교 형태로, 제주도에서만 운영되고 있으며 제주도만이 갖는 특수성을 고려하여 학교장에게 자율권을 대폭적으로 위임한 자율학교를 의미한다. 한편, 제주특별자치도교육청(이하 '제주도교육청'이라고 함)은 제주형 자율학교를 일명 'i-좋은학교'로 명명하고 있는데, 이는 우리말에서 아이들이 좋은 학교, '나'가 좋은 학교, 감탄사 '아이!' 좋은 학교라는 의미와 국제적인(international) 학교, 재미있게(interesting) 공부하는 학교, 상상력이 풍부한(imaginative) 학생들의 학교라는 의미를 가지고 있다.

제주형 자율학교의 운영 목적은 국제자유도시에 알맞은 제주지역의 차별화된 교육 인프라 구축, 교육과정 및 학교경영의 자율권 부여로 특성화된 학교조성, 과대학교·과밀학급 해소 및 도내 지역 간 교육격차 해소, 창의적 교육과정·특성화된 프로그램 운영으로 최고 수준의 교육활동 전개의 네 가지다. 이러한 제주형 자율학교는 2년 단위로 지정·운영된다. 신규로 지정되어 2년이 지나면 제주도교육청의 종합평가를 통해 재지정이 가능하고, 4년을 초과하여 운영기간을 연장하고자 할 때에는 '자율학교의 운영 특례'는 인정되나 특별재정은 지원되지 않는다. 제주형 자율학교는 시범기인 2007년에 9개교로 출발하여 2014년 현재 총 51개교가 운영되고 있으며, 2014년까지 지난 8년간에 약 190억 원의 재정이 투입되었다. 제주형 자율학교의 구체적인 현황은 〈표 5-1〉과 같다.

1·2·3 〈표 5-1〉 제주형 자율학교 운영 현황

구분	기간	학교 수				재정지원 (천 원)
		초	중	고	총계	
제1기	2007. 3.~2009. 2.	5	3	1	9	3,590,000
제2기	2009. 3.~2011. 2.	14	6	5	25	4,465,770
제3기	2011. 3.~2013. 2.	24	8	5	37	4,953,000
제4기	2013. 3.~2015. 2.	36	10	5	51	6,177,000

강형인(2011)은 제주형 자율학교의 성과를 나타내는 기준으로 특성화 교육과정 편성 및 운영, 자율적 학생 선발을 통한 학생 수 증가, 「제주특별법」이 보장하는 자율권 활용 등을 제시하고 있다. 여기서 특성화 교육과정 편성 및 운영이란 자율학교의 장이 개발하고 운영하는 다양한 교육프로그램을 의미하지만, 제주형 자율학교에서 국제화된 교육환경을 조성하기 위해 영어교육 등 외국어교육 활성화 계획에 따라 자율학교 전 학년이 영어교육을 매일 실시하는 것과 같이 일반학교와 차별화하여 운영·편성한 교육과정을 말한다. 이러한 맥락에서 자율학교의 영어 학업성취도는 중요한 하나의 지표가 된다. 그리고 성과기준으로서의 학생 수 증가란 교육 여건이 열악한 교육 소외 지역 학교가 제주형 자율학교로 지정·운영되면서 자율적인 학생 선발권을 통해 점진적인 학생 수 증가 현상으로 나타나는 것을 의미한다.

❷ 연구방법

1) DEA 분석모형

본 연구에서 활용한 제주형 자율학교 DEA 분석모형은 [그림 5-1]과 같다. 본 연구에서는 DMU별로 동일한 자료수집이 가능한 2012년 자료를 활용하였다. 분석모형에는 2개의 투입변수와 6개의 산출변수가 포함되었고, 산출극대화 방식을 적용하여 제주형 자율학교의 상대적 효율성을 분석하였다. 투입변수는 인적 자원변수인 교원 1인당 학생 수와 물적 변수인 재정지원액이며, 정책적으로 통제 가능한 변수들이다. 산출변수는 제주형 자율학교가 지향하는 목표를 반영하는 변수로서, 정량변수로는 학생 수증가율, 영어기초학력 이상 성취비율을, 정성적 변수로는 교육프로그램 만족도, 학생·학부모·교원 만족도를 선정하였다.

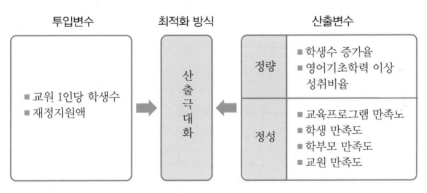

/// [그림 5-1] DEA 분석모형

DEA를 활용한 분석에서는 최적화 방식으로 산출극대화와 투입최소화를 모두 적용하기도 하지만, 본 연구에서는 의무교육단계인 초등학교 교육의 효율성을 측정하는 경우로 비용을 고정시킨 상태에서 산출을 극대화시키는 데 관심을 두는 산출극대화 방식이 적합한 것으로 판단하여 이 방식만을 적용하였다.

2) 분석대상 학교 및 변수

본 연구에서는 분석대상으로 2012년을 기준으로 하여 효율성 분석을 위한 변수 수집이 가능한 총 19개의 초등학교 단계의 제주형 자율학교를 선정하였다. 학교별 특성변인으로는 소재지(제주시/서귀포시)와 지정 연도 변인을 활용하였다. 제주시 소재 학교 수가 서귀포시 소재 학교 수보다 2배 이상 더 많으나, 지정 연도에 따른 학교 수에는 거의 차이가 없는 것으로 나타났다. 분석대상 학교의 배경변인별 분포는 〈표 5-2〉와 같다.

〈표 5-2〉 분석대상 제주형 자율학교 현황

배경변인		빈도(N)	비율(%)
계		19	100.0
소재지	제주시	13	68.4
	서귀포시	6	31.6
지정 연도	2009	9	52.6
	2011	10	47.4

본 연구의 DEA에 활용된 변수의 산출식은 〈표 5-3〉과 같다.

〈표 5-3〉 제주형 자율학교 DEA에 포함된 변수 설명

변수	변수명	변수 설명
투입 변수	교원 1인당 학생 수	총 학생 수 ÷ 교사 수 단, 교사 수 = 정규교사 + 비정규교사(기간제교사 제외)
	재정지원액	제주형 자율학교 기별, 학교별 예산 지원액
산출 변수	학생 수 증가율	전년도 대비 금년도 학생 수 증가비율
	영어기초학력 이상 성취비율	영어 국가수준 학업성취도 기초학력 이상 성취비율
	교육프로그램 만족도	학교별 창의적인 교육과정 편성·운영 응답의 총점 평균
	학생 만족도	학교별 학생 응답 총점 평균
	학부모 만족도	학교별 학부모 응답 총점 평균
	교원 만족도	학교별 교원 응답 총점 평균

투입변수 중에서 교원 1인당 학생 수는 기간제교사를 제외한 정규교사와 비정규교사를 합한 수로 산정하였고, 재정지원액은 교육청에서 각 학교별로 지원한 금액을 사용하였다. 산출변수 중에서 학생 수 증가율은 전년 대비 금년도의 학생 수 증가비율을, 교육프로그램 만족도는 학교별 창의적인 교육과정 편성·운영에 대한 응답의 총점 평균을, 그리고 학생·학부모·교원 만족도는 학교별 학생, 학부모, 교원 응답의 총점 평균을 사용하였다.

3) 분석자료 및 분석방법

본 연구는 2012년 제주형 자율학교 관련 자료를 활용하였다. 초·중등학교정보공시제도가 시행되면서 전국 단위의 표준화된 자료 수집이 가능해짐에 따라 교사 1인당 학생 수, 영어기초학력 이상 성취비율 자료는 학교알리미를 통해 확보하였다. 재정지원액은 교육청 자료를 활용하였고, 교육프로그램 만족도, 학생·학부모·교원 만족도는 각 학교별 종합평가보고서 자료를 활용하였다. DEA 효율성 분석은 EnPAS v1.0 프로그램을 사용하였고, 기술통계치 및 차이분석은 Excel 2007과 SPSS v20.0 for windows 프로그램을 사용하였다.

❸ 연구결과

1) 기술통계치

본 연구에 활용된 분석변수의 기술통계치를 평균, 표준편차, 최소값과 최대값으로 구분하여 제시하면 다음의 〈표 5-4〉와 같다. 투입변수 중 교사 1인당 학생 수는 평균 11명, 재정지원액은 7,700만 원 정도로 나타났다. 산출변수 중 학생 수 증가율은 0.9%, 교육프로그램 만족도는 93점, 영어기초학력 이상 성취비율은 99%, 학생·학부모·교원 만족도는 각각 93.5점, 89.5점, 97.6점으로 학부모 만족도가 가장 낮았고 교원 만족도가 가장 높게 나타났다.

123 〈표 5-4〉 분석변수의 기술통계치

변수	평균	표준편차	최소값	최대값
교사 1인당 학생 수	11.0684	3.94293	6.40	17.50
재정지원	77736.8421	14417.74410	59000.00	92000.00
학생 수 증가율	0.9186	0.10942	0.66	1.16
교육프로그램 만족도	93.1263	5.02359	80.10	99.50
영어기초학력 이상 성취비율	98.9737	2.50063	90.50	100.00
학생 만족도	93.5211	4.71588	81.90	99.50
학부모 만족도	89.5211	6.41895	81.00	100.00
교원 만족도	97.6368	2.88024	90.40	100.00

※ N = 19

2) DEA 분석결과

(1) 효율치 분포

제주형 자율학교의 상대적 효율치 분포를 CRS 및 VRS 결과별로 제시하면 다음의 〈표 5-5〉와 같다. 총 19개 학교의 CRS 효율치 평균은 89.38%이고, 가장 낮은 효율치를 보이는 학교는 72.23%로 나타났다. 19개 학교 중에서 100% 효율치를 달성하고 있는 학교는 4개교로 전체 학교 수의 약 21%를 차지하고 있다. 90~99.9%의 효율치를 보이는 학교 수는 6개교(31.6%), 80~89%의 효율치 대상 학교 수는 6개교(31.6%)였으며, 70~79%의 효율치에 해당하는 학교도 3개교로 약 15.8%를 차지하고 있다.

반면, VRS, 즉 학교규모를 고려했을 경우의 효율성 변화를 분석한 결과에 의하면 총 19개 학교 중 17개 학교인 89.5% 학교가 100% 효율성을 달성하고 있는 것으로 나타났다. 이러한 결과는 제주형 자율학교별 상대적 효율성 차이는 규모보다는 운영상의 문제에 기인하고 있음을 시사하고 있다.

123 〈표 5-5〉 상대적 효율치 분포

효율치	CRS		VRS	
	학교 수	비율(%)	학교 수	비율(%)
100	4	21.1	17	89.5
90~99.9	6	31.6	2	10.5
80~89	6	31.6	–	–
70~79	3	15.8	–	–
계	19	100.0	19	100.0
평균	89.38	–	99.79	–
표준편차	9.32	–	0.64	–
최대값	100.00	–	100.00	–
최소값	72.23	–	97.50	–

(2) 학교별 효율성 분석결과

학교별 DEA 분석결과를 규모수익, 산출부족분, 준거집단, 참조횟수로 구분하여 제시하면 〈표 5-6〉과 같다. 분석결과에 의하면, 효율성 분석대상 19개 자율학교 중 CRS인 학교가 4개(21.1%)이며 규모수익체감(Decreasing Return to Scale: DRS)인 학교가 15개(78.9%)로 나타났다. 규모확대를 통한 효율성 제고 방안을 수립해야 하는 규모수익체증(Increasing Return to Scale: IRS) 학교는 없는 것으로 나타난 것이 특징적이다. 즉, 제주형 자율학교의 효율성 차이는 대부분 규모요인보다는 운영상의 문제로 나타난다고 볼 수 있다. DRS로 나타난 학교는 자율학교 운영상의 효율성 향상 방안 수립을 통한 효율성 제고가 바람직하다. 특히 상대적으로 효율성이 낮은 학교들이 효율성을 높이기 위해서는 산출부족분, 즉 산출변수로 제시된 학생 수 증가율과 교육프로그램 만족도의 값을 높이기 위한 노력이 필요하다.

상대적으로 효율성이 낮은 학교들이 벤치마킹 대상으로 할 수 있는 참조횟수[2]가 가장 많은 학교는 2번과 11번 학교로 각각 5회 이상의 참조횟수를 나타내고 있다. 18번 학교는 참조횟수가 3회, 1번과 12번 학교는 2회, 9번과 14번 학교도 각각 1회씩으로 나타나 상대적으로 다른 학교에 비해 효율적으로 운영하고 있는 것으로 나타났다.

📊 〈표 5-6〉 학교별 효율성 분석결과

학교	효율성			산출부족분						준거집단	참조횟수
	CRS	VRS	규모수익	학생 수 증가율	교육 프로그램 만족도	영어 기초 학력 이상 성취 비율	학생 만족도	학부모 만족도	교원 만족도		
1	80.52	100	DRS	0	0	0	0	0	0	1	2
2	74.15	100	DRS	0	0	0	0	0	0	2	5
3	81.15	100	DRS	0.002	0.715	0	0.339	0	0	2, 9	0
4	72.23	100	DRS	0.006	8.5	0	3.9	12.4	0	2	0
5	82.83	100	DRS	0	0	0	0	0	0	5	0
6	97.87	100	DRS	0	0	0	0	0	0	6	0
7	77.14	100	DRS	0	0	0	0	0	0	7	0
8	94.45	100	DRS	0	0	0	0	0	0	8	0
9	89.7	100	DRS	0	0	0	0	0	0	9	1
10	100	100	CRS	0	0	0	0	0	0	10	0

---

2) DEA에서 효율성 측정은 준거집단과의 비교를 통해서 이루어지는데, 준거집단(reference set)을 구성하는 것은 효율성 점수가 100%인 효율적인 DMU들이다. 준거집단으로 참조된 횟수(reference frequency, 참조횟수)가 많다는 것은 효율성이 낮은 DMU가 그 DMU를 모범으로 삼을 만하다는 것을 의미한다. 효율치 분석결과는 100%이나 준거집단으로 활용되지 못한 DMU는 투입 및 산출변수의 조합이 특이해서 나온 결과일 가능성이 있다(Banxia Software, 2003).

학교	효율성			산출부족분						준거집단	참조횟수
	CRS	VRS	규모수익	학생 수 증가율	교육프로그램 만족도	영어기초학력이상성취비율	학생만족도	학부모만족도	교원만족도		
11	100	100	CRS	0	0	0	0	0	0	11	5
12	100	100	CRS	0	0	0	0	0	0	12	2
13	95.16	100	DRS	0.078	0.681	0	2.348	11.775	0	2, 11, 18	0
14	93.2	100	DRS	0	0	0	0	0	0	14	1
15	84.6	97.5	DRS	0.045	2.789	3.01	2.371	5.193	2.51	11, 14	0
16	85.55	98.6	DRS	0.215	2.557	1.39	2.951	7.842	1.34	2, 11, 18	0
17	93.31	100	DRS	0	5.7	0	5.602	6.556	0	1, 11, 12, 18	0
18	100	100	CRS	0	0	0	0	0	0	18	3
19	96.32	100	DRS	0	0.94	0	0	1.364	2.47	1, 2, 11, 12	0

(3) 참조집단 분석

앞서 제시한 바와 같이 DEA에서는 비효율적인 학교들이 참조해야 할 학교들을 참조집단으로 구분하여 정보를 제공해 주고 있다. 본 연구에서는 총 5회 이상의 높은 참조횟수를 보인 2개 학교의 특성을 분석하였다(〈표 5-7〉 참조). 2개 학교는 모두 제주시에 소재하며, 2번 학교는 2011년, 11번 학교는 2009년에 자율학교로 지정되었다. 재정지원액은 2번 학교가 9,200만 원으로 11번 학교의 5,900만 원보다 높았으나, 11번 학교는 교사 1인당 학생 수가 7.8명으로 2번 학교의 10.1명에 비해 2명 정도 적었다. 11번 학교는 대부분의 산출변수에서 2번 학교에 비해 다소 높게 나타났다. 〈표 5-7〉에 제시한 참조횟수가 높은 2개 학교는 교육프로그램 및 학생 만족도, 학부모 만족도가 다른 학교에 비해 높았는데, 특히 학부모 만족도가 전체 평균인 89.5에 비하면(〈표 5-4〉 참조) 비교적 높은 것이 특징이다.

123 〈표 5-7〉 참조집단 상위그룹 학교 특성

학교	2번 학교	11번 학교
소재지	제주시	제주시
지정 연도	2011	2009
지원액(천 원)	92,000	59,000
교사 1인당 학생 수	10.1	7.8
학생 수 증가율(%)	0.85	0.89
교육프로그램 만족도	97.3	97.9
영어 성취비율	100	100
학생 만족도	97.7	97.9
학부모 만족도	93.9	97.7
교원 만족도	100	100

(4) 학교 배경변인별 효율치 차이

앞서 제시한 학교별 효율치(CRS)가 학교 배경변인별로 어떻게 차이가 있는지 비모수검정(U검정)을 활용하여 분석하였다. 〈표 5-8〉에 제시된 분석결과에 의하면, 소재지 및 지정 연도별로 효율치 차이가 통계적으로 유의미한 것으로 나타났다. 즉, 제주시에 비해 서귀포시에 소재한 자율학교의 효율치가 상대적으로 높았고, 2009년에 지정된 학교의 효율치가 2011년에 지정된 학교에 비해 높게 나타났다.

〔123〕〈표 5-8〉 학교 배경변인별 효율성 차이 분석(비모수검정)

구분		효율치	U
소재지	제주시	86.49	6.760**
	서귀포시	95.63	
지정 연도	2009	94.24	4.507*
	2011	85.00	

* p<.05, ** p<.01

❹ 논의 및 결론

본 연구는 2012년 학교알리미에서 제공하는 자료를 활용하여 제주형 초등자율학교의 상대적 효율성을 DEA를 통해 분석하였다. 분석결과를 바탕으로 논의사항을 제시하면 다음과 같다.

첫째, 본 연구의 분석대상인 제주형 자율학교의 효율치 분포를 보면, 제주형 자율학교의 상대적 효율싱에 큰 차이가 있는 것으로 나타났다. 총 19개 학교의 CRS 효율치 평균은 89.38%였으며, 100% 효율치를 달성하고 있는 학교는 4개교뿐이었고 가장 낮은 효율치를 보이는 학교는 72.23%로 나타났다. 그러나 규모 확대를 통해 효율성 제고 방안을 수립해야 하는 IRS 학교는 없는 것으로 나타나, 제주형 자율학교의 효율성 차이를 가져오는 것은 학생 수나 재정지원액 등과 같은 규모 요인보다는 운영상의 문제로 인해 나타난다고 할 수 있다.

김현제, 윤원철(2006)의 연구에서도 학생 수나 학급 수 등과 같은 학교규모는 학교운영의 효율성 차이를 만드는 절대적인 변인이 아니라는 것을 강조하고 있다. 반면, 나민주와 김민희(2013)는 단위학교가 교육성과를 높이기 위해서는 학교 차원에서 적극적인 운영전략을 수립·시행하는 것이 중요하다고 강조하며, 학교에서 통제 가능한 변인을 어떻게 운영하는가에 따라 효율성 차이가 있다고 지적하고 있다. 따라서 영어 등 외국어교육 중심의 교육과정이나 특성화 교육프로그램을 백화점식으로 운영하는 전시적 차원의 노력보다는 교육수요자의 특성과 요구에 맞추어 프로그램을 내실있게 운영하는 개선방안이 요구된다. 예를 들어, 동일한 영어교육 특성화 교육과정을 운영하더라도 '동극'을 기반으로 하느냐 또는 '노래 부르기'를 기반으로 하느냐 하는 것은 학습자를 중심으로 한 프로그램 운영의 차이를 나타낸다. 예체능 특성화 프로그램을 운영하면서도 정규교육과정의 운영과 원활하게 연결되지 않으면 학습자에 따라 목적과 수단이 전치될 수 있고 특성화 프로그램이 소질과 적성을 계발하기보다는 부담으로 작용할 수도 있다. 따라서 다양한 특성화 프로그램보다는 소수의 프로그램이라 하더라도 지역과 학교의 특색에 맞추어 교육과정의 내용이나 주제를 통합하거나 교과를 통합하면서 자율학교의 창의적인 교육과정을 운영하는 방향으로 개선방안을 모색하는 것이 중요하다.

둘째, 제주형 자율학교의 상대적 비효율성을 개선하기 위해서는 산출변수로 제시된 교육프로그램 만족도 값을 우선적으로 개선할 필요가 있는 것으로 나타났다. 예를 들어, 〈표 5-6〉에서 가장 낮은 효율성을 나타낸 4번 학교는 학생 수 증가율, 교육프로그램 만족도 및 학부모 만족도를 현재보다 0.6~124%까지 높여야 하는 것으로 나타났다. 그러나 대부분 제주형 자율학교의 경우 학생 및 학부모 만족도를 높여야 효율성이 높아지는 것으로 나타나, 교육프로그램의 운영 개선뿐만 아니라 프로그램의 질적 수준 향상을 통한 수요자 만족도 제고를 위한 노력이 요구된다.

셋째, 본 연구의 참조집단 분석결과에 따르면 비효율적인 자율학교들이 참조해야 할 학교들은 교육프로그램 만족도, 학생 만족도 및 학부모 만족도가 다른 학교에 비해 높게 나타났는데, 특히 학부모 만족도가 높은 것이 특징적이었다. 진동섭 등(2005)에 의하면, 학부모 집단의 사회경제적 지위는 교장과 교사의 결합 유형 및 결합의 정도에 영향을 주며, 이들의 요구와 주장 그리고 프로그램 반응도와 교육활동 참여도는 학교 운영에 중요한 영향을 미친다. 본 연구에서 분석한 효율성은 학교 간 상대적 효율성으로 학교 차원에서 주어진 여건과 환경에서 학교운영의 효율성을 제고할 수 있는 여지가 있다는 것을 전제로 한다. 따라서 단위학교 차원에서는 학부모의 특성과 요구를 반영하여 학교운영 계획을 수립하고 학교를 효율적으로 운영할 필요가 있다.

넷째, 비정규분포를 가정하고 있는 DEA의 특성을 고려하여 제주형 자율학교의 특성변인별 효율치 차이를 비모수검정을 통해 검증한 결과, 학교소재지와 자율학교 지정 연도에 따른 차이가 통계적으로 유의미하게 나타났다. 즉, 제주시에 비해 서귀포시에 소재한 사율학교의 효율치가 상대적으로 높게 나타났다. 김민희(2010)와 김무영 등(2011)의 연구에서도 학교효과 혹은 효율성은 학교소재지에 따른 차이가 발견되었다. 전자는 충북을 시지역과 군지역으로, 후자는 전국을 수도권과 비수도권, 광역시와 도를 구분하여 일반고등학교의 상대적 효율성을 분석하였다. 반면, 우리나라 중학교의 소재지를 대도시, 중소도시와 읍·면으로 구분한 김은정 등(2006)의 연구에서는 소재지의 특성변인이 효율성에 거의 영향을 미치지 않은 것으로 나타났다. 이상린 등(2011)은 상대적 효율성 분석에서 학교소재지를 지역에 따라 구분하는 것에 신중을 기해야 한다고 주장한다. 한편, 본 연구의 결과, 2009년에 지정된 자율학교의 효율성이 2011년도에 지정된 학교에 비해 높게 나타났다. 그러나 지정 연도를 학교의 특성변인으로 한 선행연구가 거의 없는 상황에서 이러한 결과를 비교하거나 일반화하기에는 한계가 있다. 따라서 제주형 자율학교의 특성변인에 따른 효율성 차이에 관해서는 보다 심층적인 연구가 요구되며, 시계열 분석을 통해 중·장기적인 효과를 지속적으로 점검할 필요가 있다.

이상의 논의를 바탕으로 본 연구의 결론을 제시하면 다음과 같다. 첫째, 그동안 정부나 교육청은 투입자원을 확충하여 학교 교육력 제고를 위해 노력해 왔으나, 점차 단위학교 차원에서 효율성을 높이기 위한 노력을 확대할 필요가 있다. 본 연구에 따르면 (특히 초등학교의 경우) 학교운영의 효율성을 향상시키기 위해서는 학생 수나 재정지원액 등과 같은 규모 요인보다는 운영 요인에 보다 초점을 두어야 한다.

둘째, 향후 지역단위의 자율학교 또는 혁신학교 운영의 효율성을 높이기 위해서는 학생 및 학부모 만족도를 높여야 하고 교육프로그램의 운영 개선뿐만 아니라 프로그램의 질적 수준 향상을 통한 교육수요자의 만족도를 제고하기 위한 노력이 필요하다. 특히 학부모의 특성을 분석하여 그들의 요구를 합리적으로 반영하여 학교운영 계획을 수립하고 학교를 효율적으로 운영해야 한다.

마지막으로 학교운영의 효율성을 높이기 위해서는 지역단위 자율학교 또는 혁신학교 평가에 효율성 관점을 도입·적용할 필요가 있다. 이를 위해서는 무엇보다 단위학교에서 가용한 자원을 충분히 활용하여 교육성과를 달성했는지를 효율성 관점에서 평가하는 방향으로 초점을 전환해야 한다.

제**3**부

고등학교의
효율성 분석

일반고등학교의 상대적 효율성: 대학진학 관련 교육성과를 중심으로[1)]

이 장에서는 대학진학 관련 교육성과를 중심으로 전국 일반고등학교의 상대적 효율성을 분석하였다. 이를 위해 '2011년 일반고등학교 에듀데이터(EDD)'를 사용하였으며, 10개의 투입변수와 4개의 산출변수를 선정하고, 산출변수 및 통제가능 투입변수의 적용 유무에 따라 세 가지 DEA 분석모형을 설정하였다.

① 연구의 배경

2007년 제정된 「교육관련기관의 정보공개에 관한 특례법」에 따라 초·중등학교에 대한 다양한 정보가 학교정보공시를 통해 공개되고 있다. 2008년부터는 전국단위 학업성취도 평가 결과가, 2010년부터는 대학수학능력시험 결과 등이 공개되어 그에 관

---

1) 이 장은 '나민주, 김민희(2013). 일반고등학교의 상대적 효율성 분석: 대학진학관련 교육성과를 중심으로. 교육재정경제연구, 22(2)'의 일부분을 수정·보완한 것이다.

한 논쟁이 뜨겁다. 학생과 학교의 정보가 공개됨으로써 학부모의 알 권리를 충족하고 학교선택권이 높아질 것이라는 기대감도 크지만, 지역 간·학교 간 서열화를 부추기고 교육의 형평성을 저해할 것이라는 우려도 높다. 학교정보공개를 둘러싼 논란이 여전하지만, 이제는 단위학교 차원에서 주어진 여건하에서 학교를 어떻게 더욱 효율적으로 운영해야 할 것인지에 대해 진지하게 고민하고 실천해야 할 시점이다. 특히 일반고등학교2)의 경우 다양한 유형의 학교가 설치되면서(「초·중등교육법시행령」 제90조, 제91조) 학력 제고와 대학진학 등에 따른 학교 운영 성과에 관심이 높아지고 있다.

이와 관련하여 학교교육의 자율성, 책무성 및 질 개선을 목적으로 학교평가가 시행되고 있다. 학교평가는 학교가 사회적으로 표명한 교육목표를 성공적으로 달성하고 있고 교육활동의 수행 자체가 사회적으로 수용될 수 있으며 교육수요자의 요구에 만족스럽게 부합하고 있는가에 중점을 두고 있다(조성구, 주철안, 2012). 학교평가를 위한 다양한 평가모형이 제안·실행되고 있으나, 일반적으로 학교평가는 체제이론(system theory)을 바탕으로 평가영역을 설정하고 영역별로 평가지표를 선정하는 망라적 접근방법을 취해 왔다. 체제모형을 기반으로 하는 학교평가는 투입-과정-산출의 모든 측면에서 주요 지표들을 망라함으로써 학교를 총체적으로 평가하려는 경향이 있다. 그러나 과연 모든 학교가 이 모든 평가지표들을 충족해야만(혹은 모든 지표에서 우수 판정을 받아야만) 교육활동을 제대로 수행할 수 있는지는 명확하지 않다. 오히려 이러한 나열적이고 망라적인 학교평가는 가용자원의 제한성을 고려하지 못한 것으로, 각 학교가 처한 환경에 가장 적합한 교육활동을 통해 학교교육을 특성화·다양화하는 데 방해요인으로 작용할 가능성도 높다. 이에 따라 최근에는 학생들이 얼마나 변화·성장했는가를 평가하는 부가가치적 접근방법이 학교교육의 성과를 측정하는 대안으로 제안되고 있고, 특히 학교운영의 효율성에 대한 관심이 높아지고 있다(나민주 외, 2011).

---

2) 「초·중등교육법 시행령」 제76조의2에서는 교육과정 운영과 학교의 자율성을 기준으로 고등학교를 네 가지 유형, 즉 일반고등학교, 특수목적고등학교, 특성화고등학교, 자율고등학교로 구분하고 있다. '일반고등학교'는 특정 분야가 아닌 다양한 분야에 걸쳐 일반적인 교육을 실시하는 고등학교를 말한다.

그렇다면 효율적으로 학교를 운영한다는 것은 무엇인가? 학교운영의 효율성은 어떻게 측정할 수 있는가? 효율성이란 목표와 성과, 즉 투입과 산출 간의 관계를 비율로 측정하는 경제적 개념(반상진, 2001; 윤정일 외, 2008)이므로 학교교육의 목표와 성과를 계량화하는 과정을 거치게 된다. 학교운영의 효율성에 대한 관심은 Taylor가 과학적 관리법을 제안한 이래 공공분야에서 자원획득을 향한 경쟁이 과열되면서부터 높아진 것으로 알려져 있다. 그동안 학교교육의 생산성을 향상시키려는 노력이 진행되었고, 책무성 개념도 함께 활용되었다(강영삼, 2001). 그러나 교육부문에서 효율성 평가는 교육에 투입되는 변인과 효율성 계산을 위한 산출물의 다양성, 고려해야 할 요인의 복잡성 등의 제약조건으로 인해 쉽게 진전되지 못하였다(강영삼, 2001; Hanushek, 1995).

그럼에도 불구하고 학교교육의 효율성을 높이기 위한 노력은 교육의 투입과 산출을 평가하기 위한 유목 분류 체계화, 효율성의 개념 정립, 효율성 측정방법 정교화 등으로 이어졌다. 특히 학교운영의 효율성을 측정하기 위한 계량적 방법 측면에서는 교육생산함수나 중다회귀분석 등 기존 분석방법을 넘어서 비영리조직의 상대적 효율성을 측정하는 비모수적 기법인 DEA가 적용되고 있다. 학교는 다양한 목적을 추구하는 복합기관이므로 학업성취도와 같은 단일변수로 학교교육의 효율성을 측정하는 것보다는 인지적·정의적·신체적 측면을 종합적으로 측정하거나, 또한 학생, 학부모, 교사와 같은 다양한 관련 당사자의 관점에서 교육산출을 정의하고, 다수의 투입요인과 다수의 산출물 간의 관계를 통해서 분석하는 것이 더 타당하기 때문이다(김민희 외, 2008).

지금까지 DEA를 활용한 연구는 주로 고등교육기관을 대상으로 하였기 때문에 초·중등학교에 이 기법을 적용한 연구는 그다지 많지 않았다. 특히 고등학교를 대상으로 효율성을 분석한 국내 연구는 몇 편에 불과하다. 예컨대, 충남지역 고등학교를 대상으로 한 천세영(2000), 서울시 고등학교를 대상으로 한 김은정(2005)과 김현제와 윤원철(2006), 일반계 및 전문계, 특성화 고등학교의 효율성을 분석한 김무영 등(2011)과 김민희(2010) 등이 대표적이다. 그런데 기존의 선행연구는 분석대상과 분석모형 측면에서 한계가 있다. 먼저, 분석대상 측면에서 고등학교의 소재지가 서울(김은정, 2005; 김현제, 윤원철, 2006), 충청(천세영, 2000; 김민희, 2010) 등으로 한정되어 있어서 전국적인 차원으로 일반화하기에는 제약이 따른다.

다음으로 분석모형 측면에서는 첫째, 가용한 데이터 한계 때문에 DEA 모형에 포함된 변수에 제약이 있었다. 고등학교를 대상으로 한 다수의 연구는 4년제 대학진학률(천세영, 2000; 김은정, 2005; 김현제, 윤원철, 2006)과 국가수준 학업성취도 평가점수(김민희 외, 2008; 이상린 외, 2011; 김무영 외, 2011)를 사용하였다. 이 두 자료는 고등학교의 중요한 성과이기는 하지만, 가장 핵심적이고 질적 측면이 반영된 산출자료인 대학수학능력시험 성적을 활용하지 못했고, 투입 측면에서 학업성취에 영향을 주는 요인인 학생배경을 제대로 반영하지 못했다.

또한 학교 운영의 효율성에 영향을 미치는 변인 혹은 학교별 효율성 차이를 가져오는 요인을 심층적으로 분석하는 데는 한계가 있다. 예를 들어, 학교의 효율성이 낮은 원인이 되는 투입·산출변수는 분석되었으나, 학교 입장에서 볼 때 그 변수가 일종의 주어진 여건인가, 전략적으로 선택할 수 있는 변수인가를 고려하는 것이 부족했다. 효율성 분석모형에 포함되어야 할 변수인가, 아니면 효율성에 영향을 주는 학교의 특성변인인가에 관한 논의도 부족하였다. 그리고 효율성에 영향을 주는 다양한 요인, 예컨대 설립유형, 평준화와 같은 학교특성에 따른 차이, 그리고 교과교실제, 수준별 이동수업, 교장공모제 등과 같은 정책적 요인에 따른 효율성 차이를 종합적·체계적으로 분석하는 데도 한계가 있었다.

최근 한국교육학술정보원(KERIS)에서는 학교정보공시, 국가수준 학업성취도 평가, 수능자료, 초·중등교육통계자료 등을 연계·통합한 에듀데이터 서비스(EDDS)를 제공하기 시작하였다.[3] 이 자료를 활용하면 전국 단위의 학교정보자료를 통해 일반고등학교 효율성을 분석할 수 있다. 그동안 DEA에서는 연구에 따라 다른 투입·산출변수가 활용되었는데, 어떤 투입변수와 산출변수를 분석모형에 포함시키는지에 따라 다른 결과를 보이고 있어 이는 변수의 선택에 있어 이론적·경험적 배경이 매우 중요함을 보여 준다. 따라서 DEA를 활용한 선행연구들을 종합하여 효율성 분석을 위한 선정변

---

3) 자세한 내용은 에듀데이터 서비스(EDDS) http://edss.moe.go.kr를 참조한다.

수 및 모형의 타당성을 높일 필요가 있다. 또 효율성에 영향을 줄 수 있는 다양한 학교 특성 및 정책변수에 따른 효율성 차이를 밝힘으로써 교육정책에 대한 시사점을 도출할 필요가 있다.

이러한 문제의식에 따라 본 연구는 우리나라 학교교육에서 가장 관심이 높은 일반 고등학교의 대학진학 관련 교육성과를 중심으로 다양한 투입변수와 산출변수를 활용 하여 학교 간 상대적 효율성을 분석하는 데 목적을 두었다. 또 학교특성과 정책 관련변 인을 사용하여 학교 간 효율성 차이에 영향을 미치는 요인을 토빗분석을 사용하여 탐 색하였다. DEA 분석결과는 가용자원 활용의 효율성 제고를 촉진할 수 있는 학교평가 모형설계에 활용될 수 있다. 또 학교수준에서는 학교운영의 효율성 제고를 위해서 어 떤 노력을 기울여야 하는지 시사점을 도출할 수 있고, 효율성 영향요인 분석결과는 중 앙정부 및 지방 수준에서 학교교육의 효율성 제고 방안을 모색하는 기초자료로 활용될 수 있다. 마지막으로 표준화된 학업성취도 평가, 수학능력시험 자료와 학교운영의 다 양한 변수를 연계한 학교효율성 분석결과는 향후 에듀데이터, 학교정보공시 등 국가 수준의 교육통계자료 DB의 신뢰도 및 활용도 제고에도 기여할 것이다.

이 연구에서 고등학교 단계의 효율성에 주목한 이유는 첫째, 국제 비교 차원에서 볼 때 이미 오래전부터 초등교육이나 고등교육에 비해서 중등교육에 대한 투자가 상대적 으로 양호한 편이기 때문이다. 2009년 현재 한국의 학생 1인당 교육비는 OECD 평균의 92.3% 수준이나, 초등교육은 OECD 평균의 86.3%, 중등교육은 100.9%, 고등교육은 69.3%로서 학교단계별로 차이가 있다(OECD, 2012). 2001년 OECD 평균 대비 학생 1인 당 교육비 수준은 초등교육 76.6%, 중등교육 79.2%, 고등교육 65.8%였다.[4] 둘째, 일 반고등학교에 초점을 맞춘 이유는 고등학교 단계의 가장 많은 학생이 재학하고 있을

---

4) 우리나라는 교육에 대한 꾸준한 투자 증대로 학생 1인당 공교육비가 2001년 기준 5,035달러(미국달러 의 PPP 환산액)에서 2005년 6,212달러, 2009년 8,542달러로 증가하였다. 교육단계별로 보면 초등교육 단계 학생 1인당 공교육비는 2001년(3,714달러)보다 2008년(5,420달러) 79.3% 증가하였고, 중등교육 단계는 82.2%(2001년 5,195달러→2009년 9,399달러)가 증가하였다(OECD, 2012).

뿐만 아니라[5], 최근 몇 년간 교육정책의 핵심대상이었기 때문이다. 이명박 정부에서는 대선의 주요 공약으로 고교다양화 방안을 제시하였고, 그 이후 자율형 사립고등학교, 자율형 공립고등학교, 기숙형 고등학교 등을 확대하였다. 또 국가수준 학업성취도 평가, 고교평준화, 교과교실제, 수준별 이동수업, 교장공모제와 같은 정책을 통해 교육의 다양화와 만족도 제고를 위해 노력하였다.

② 연구방법

1) DEA 분석모형

본 연구에서는 다음 [그림 6–1]과 같이 투입과 산출변수를 구분하여 산출극대화 방식에 의해 일반고등학교의 상대적 효율성을 분석하기 위해 산출변수 및 통제가능 투입변수의 적용 유무에 따라 세 가지 DEA 분석모형을 설정하였다. 모형 1은 산출변수 중 1차 성과지표, 즉 대학수학능력시험의 언어, 수리, 외국어 표준점수 평균만을 사용한 모형이다. 모형 2는 산출변수 중 1차 성과와 2차 성과인 4년제 대학진학률 지표를 모두 포함한 모형이다. 모형 3은 투입변수 가운데 단위학교에서 자율적으로 통제하기 어려운 변수를 통제불가능 변수로 처리한 모형이다. 모형 3의 경우, 10개의 투입변수 중 비정규직 교사 수, 총세출[6] 대비 교수학습비 비중, 총세출 대비 장학금 비율 등 세 가지 변수를 통제가능 변수로 처리하고 나머지 7개 변수는 통제불가능 변수로 처리하였다.

---

5) 2012년 현재 고등학교 수는 2,352개이고 이 가운데 일반고등학교는 1,529개로 65.0%이다. 고등학생 수는 1,935,704명이고, 이 가운데 일반고등학교 재학생은 1,381,130명으로 71.4%를 차지하고 있다(한국교육개발원, 2012).
6) 학교별 총세출액은 공립과 사립의 경우 인건비 포함 여부에 따라 규모가 달라질 수 있으므로 향후 이 부분을 조정한 분석이 요구된다.

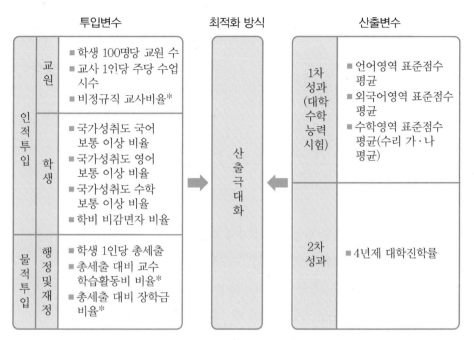

* 학교 차원에서 통제 가능한 전략변수

[그림 6-1] DEA 분석모형

　　본 연구의 분석대상은 2011년 기준으로 총 1,490개 전국의 일반고등학교 전집이다. 이 중에서 효율성 측정을 위한 변수가 수집되지 못한 학교를 제외하고 총 1,339개교가 최종 분석대상에 포함되었다. 분석대상 일반고등학교 배경변인별 분포는 〈표 6-1〉 과 같다. 도지역, 국·공립, 일반고, 남녀공학, 평준화 지역의 학교가 더 많다.

〈표 6-1〉 분석대상 고등학교 현황

배경변인		빈도(N)	비율(%)
계		1,339	100.0
소재지	시	549	41.0
	도	790	59.0
설립 유형	국·공립	750	56.0
	사립	589	44.0

배경변인		빈도(N)	비율(%)
고등학교 유형	일반고	1,238	92.5
	자율고	101	7.5
남녀공학 여부	남녀공학	697	52.1
	비공학	642	47.9
평준화 여부	평준화	801	59.8
	비평준화	538	40.2

본 연구의 DEA에 활용된 투입변수 중에서 총 교사 수는 기간제교사를 제외한 정규교사와 비정규교사를 합한 수로 하였고, 교수학습활동비는 복식부기에 의해 산출된 교과활동비 및 선택적 교육활동비를 사용하였다. 산출변수 중 수리 표준점수 평균은 수리 가와 수리 나 영역 표준점수를 합한 평균값으로 사용하였다.

2) 분석자료 및 분석방법

본 연구는 2011년 일반고등학교 에듀데이터 자료를 활용하였다. 초·중등교육정보 공시제도가 시행되면서 전국 단위의 표준화된 자료 수집이 가능해짐에 따라 그동안 자료수집의 한계로 분석이 불가능했던(김민희, 2010) 전국의 일반고등학교 전집 자료를 활용할 수 있게 되었다. DEA, 토빗분석, 기술통계치는 Frontier Analyst Professional v.3.2, Excel 2007, SPSS v.20.0, STATA/SE v10.0 등의 프로그램을 사용하였다.

본 연구에서는 일반고등학교의 상대적 효율성에 영향을 미치는 요인을 분석하기 위해 절단회귀모형인 토빗분석을 실시하였다. 토빗분석에 포함될 효율성 영향변수는 정책변인과 학교특성변인의 총 10개이다. 지금까지는 주로 자료수집의 한계로 인해 학교특성변인을 중심으로 효율성 차이에 대한 토빗분석을 실시하였으나, 에듀데이터 구축으로 다양한 정책변인을 포함할 수 있게 되었다. 정책변인은 최근 정부에서 추진하는 주요 정책요인인 교과교실제, 수준별 이동수업, 영어교육프로그램, 교장공모제 등으로, 일반고등학교 간 상대적 효율성이 각각의 정책변인에 따라 영향을 받는지를 분석하였다.

　다음으로 학교특성변인은 소재지(특별광역시/도), 설립유형(국·공립/사립), 고교유형(일반고/자율고), 남녀공학 여부(남녀공학/비공학), 평준화 여부(평준화/비평준화), 교과교실제(유/무), 수준별 이동수업(유/무), 영어교육프로그램(유/무), 교장공모제(유/무), 학교규모(학생 수) 등이다. 본 연구에서는 학교특성변인만 투입하였을 때, 학교특성변인과 정책변인을 동시에 투입하였을 때의 두 가지 모형을 설정하여 DEA 모형별로 어떠한 영향관계가 나타나는지를 분석하였다.

123 〈표 6-2〉 일반고등학교 효율성 DEA에 포함된 변수 설명

변수	변수명	변수 설명
투입 변수 (10개)	학생 100명당 교사 수	총 교사 수×100÷학생 수 단, 총 교사 수=정규교사 + 비정규교사(기간제교사 제외)
	교사 1인당 주당 수업시수	총 수업시수÷교사 수
	비정규직교사 비율	비정규교사 수÷총 교사 수
	국어 보통 비율	국어: 국가수준 학업성취도 평가 보통 이상 비율
	수학 보통 비율	수학: 국가수준 학업성취도 평가 보통 이상 비율
	영어 보통 비율	영어: 국가수준 학업성취도 평가 보통 이상 비율
	학비 비감면자 비율	[(총학생 수 − 학비감면자 수) ÷ 총학생 수]×100
	총세출 대비 교수학습활동비 비율	(총교수학습활동비 ÷ 총세출액)×100 단, 교수학습활동비 = 교과활동비＋선택적교육활동비 (복식부기에 의한 세출결산임)
	학생 1인당 총세출(천 원)	총세출액÷학생 수
	총세출 대비 장학금 비율(천 원)	총세출액÷장학금액
산출 변수 (7개)	언어 평균	언어영역 표준점수 평균
	수리 평균	(수리 가·나 영역 표준점수 평균)÷2
	외국어 평균	외국어영역 표준점수 평균
	대학진학률	4년제 대학진학률

③ 연구결과

1) 기술통계치

본 연구에 활용된 분석변수의 기술통계치를 평균, 표준편차, 최소값, 최대값으로 구분하여 제시하면 〈표 6-3〉과 같다. 투입변수 중 학생 100명당 교사 수는 평균 7.5명, 교사 1인당 주당 수업시수는 17시간, 국가수준 학업성취도 평가 시 보통 비율은 국어 83%, 수학 79%, 영어 81%로 나타났다. 학비 비감면자 비율은 학교별 약 85%로 나타났고, 학생 1인당 총세출액은 435만 원 정도였다. 학교별 비정규직교사 비율은 평균 20%, 총세출 대비 교수학습비 비중은 18%, 총세출 대비 장학금 비중은 3% 정도였다.

산출변수 중 대학수학능력시험에서 언어 표준점수 평균은 98.27점, 수리 표준점수 평균은 95.18점, 외국어 표준점수 평균은 97.37점이며, 4년제 대학진학률은 53%로 나타났다. 투입과 산출변수 중에서 학교별 편차가 가장 큰 변수는 학생 1인당 총세출액이었고, 그다음으로는 수학 보통 비율, 대학진학률 등으로 나타났다.

〈표 6-3〉 분석변수의 기술통계치

변수	평균	표준편차	최소값	최대값
학생 100명당 교사 수	7.47	4.67	4.66	90.91
교사 1인당 주당 수업시수	17.21	1.59	10.00	24.00
국어 보통 비율	83.26	14.71	9	100
수학 보통 비율	79.12	16.63	4	100
영어 보통 비율	81.29	15.63	7	100
학비 비감면자 비율	84.77	11.15	13.95	100.00
학생 1인당 총세출	4,355.16	2,669.62	529.09	20,622.91
비정규직 교사 비율	20.72	10.43	0	61.11
총세출 대비 교수학습비 비율	17.72	9.74	0.79	58.52
총세출 대비 장학금 비율	3.15	3.74	0.02	34.23

변수	평균	표준편차	최소값	최대값
언어 평균	98.27	10.06	62.0	128.0
수리 평균	95.18	15.07	36.0	130.0
외국어 평균	97.37	11.21	65.0	127.0
대학진학률	53.20	15.36	7	96
학생 수	1,013.69	462.52	11	2,176

※ N = 1,339

　분석대상 변수 간의 상관관계를 분석한 결과, 대부분의 변수 간에는 p<.01 수준에서 유의미한 상관관계가 있는 것으로 나타난 가운데, 학생 100명당 교사 수와 다른 변수 간에는 음(−)의 상관이 높은 것으로 나타났다(자세한 수치는 생략). 총세출 대비 장학금 비중과 교사 1인당 주당 수업시수, 총세출 대비 교수학습비 비중과 수학 보통 비율 및 영어 보통 비율 간에는 유의미한 상관을 보이지 않았다. 학비 비감면자 비율과 국·영·수 보통 비율, 언어·수리·외국어 평균 간에는 양(+)의 상관을 보이는 점이 특징적이다.

2) 분석모형별 DEA 결과

(1) 효율치 분포

　모형 1, 2, 3의 세 가지 분석모형별 DEA 결과는 〈표 6−4〉와 같다. 그런데 모형 3은 모형 2와 완전히 동일한 효율치를 보이는 것으로 나타났다. 따라서 이후 분석결과를 제시하는 내용에서는 모형 2와 3은 구분하지 않고 하나로 제시한다.[7]

　1,339개의 일반고등학교에 대한 상대적 효율성 분석결과, 모형 1의 경우 100% 효율

---

[7]　본 연구에서는 산출극대화 조건에 의해 DEA를 실시하였기 때문에 투입변수 설정 여부에 따른 효율치 차이가 나타나지 않은 것으로 보인다. 투입최소화 조건을 활용하는 데 목적을 둔 연구에서는 이 부분을 적용하여 효율치 차이를 비교 분석할 수 있을 것이다.

성을 달성한 학교는 총 319개(약 24%)로 나타났으며, 모형 2, 3의 경우에는 총 425개
(32%)로 늘어났다. 즉, 대학수학능력시험 이외에 4년제 대학진학률 성과를 모두 고려
했을 경우 상대적으로 높은 효율성을 달성하는 학교가 늘어난다. 모형 1과 모형 2, 3의
경우 91~91.99% 범위에 있는 학교비율이 각각 43%, 44%로 가장 많았는데, 대학수학
능력시험의 성과만을 고려한 모형 1에서 61~70% 범위 내에 있는 학교도 2개로 나타
나 모형 2, 3의 결과와는 다소 차이를 보이고 있다.

〈표 6-4〉 분석모형별 효율치 비교

효율치	모형 1	모형 2, 3
100	319(23.8)	425(31.7)
91~99.9	576(43.0)	595(44.4)
81~90	387(28.9)	285(21.3)
71~80	55(4.1)	34(2.5)
61~70	2(0.1)	-
평균	93.04	94.49
표준편차	6.2033	5.7324
최대값	100.00	100.00
최소값	67.98	71.21
계	1,339	1,339

(2) 총 변수별 개선가능치

〈표 6-5〉에 제시한 바와 같이 총 1,339개의 일반고등학교 중에서 100%의 효율성을
나타내는 학교는 DEA 모형 1과 모형 2, 3에서 각각 24%, 32%에 불과하다. 즉, 나머지
76%, 68%의 학교는 효율성을 개선해야 할 필요성이 있는 학교들이다. 변수별 총 개선
가능치를 분석한 결과, 대부분의 투입변수는 현재 수준보다 다소 줄이고 산출변수는
높여야 하는 것으로 나타났다. 모형 1의 경우 투입변수는 변수에 따라 1.8~19%, 모
형 2, 3의 경우 변수에 따라 1.6~20% 정도 줄이고, 산출변수는 모형별로 각각 10~

13%, 8~13% 정도 높여야 효율성을 개선할 수 있는 것으로 나타났다. 특히 투입변수는 비정규직교사 비율을 줄이고, 산출변수는 수리 표준점수 평균 또는 대학진학률을 개선해야 할 필요성이 높게 나타났다.

`123` 〈표 6-5〉 DEA 분석변수별 총 개선가능치

변수	변수명	모형 1	모형 2, 3
투입변수 (10개)	학생 100명당 교사 수	−3.97	−3.65
	교사 1인당 주당 수업시수	−3.88	−2.62
	비정규직 비율	−18.67	−20.30
	국어 보통 비율	−3.52	−2.82
	수학 보통 비율	−2.45	−1.63
	영어 보통 비율	−2.36	−2.22
	학비 비감면자 비율	−1.5	−1.91
	총세출 대비 교수학습활동비 비율	−7.33	−6.43
	학생 1인당 총세출(천 원)	−1.79	−2.09
	총세출 대비 장학금 비율(천 원)	−19.63	−15.18
산출변수 (4개)	언어 평균	10.58	8.46
	수리 평균	12.39	9.76
	외국어 평균	11.92	9.65
	대학진학률	−	13.29

(3) 참조집단 분석

DEA에서는 비효율적인 학교가 참조해야 할 학교를 참조집단으로 구분하여 정보를 제공해 주고 있다. 본 연구에서는 모형 1과 모형 2, 3에서 모두 동일하게 50회 이상의 높은 참조횟수를 보이는 152개교를 대상으로 참조집단 분석을 실시하였다. 〈표 6-6〉에는 높은 참조횟수를 보이는 학교의 특성별 분석결과가 나타나 있다. 도 비평준화 지역에 소재한 국·공립, 남녀공학, 일반고등학교가 상대적으로 효율성이 높았다. 교과교실제, 수준별 이동수업, 영어프로그램, 교장공모제 등은 시행하지 않는 학교가 더 많

고, 수준별 이동수업을 실시하는 학교가 더 많았다.

그러나 전체 분석대상 학교 수와 비교할 경우, 도 지역, 국·공립, 남녀공학, 비평준화 고등학교의 비율은 전체 비율에 비해 높았지만, 일반고의 비율(90.0%)은 분석대상 학교 수 기준 비율(92.5%)보다 약간 낮았다. 또, 교과교실제 미시행 학교 비율(80.0%)은 전체 분석대상 학교 수 기준 비율(69.2%)보다 높았고, 수준별 이동수업 시행 학교 비율(73.3%)은 전체 기준 비율(89.4%)보다 낮았고, 영어교육 프로그램 미시행 학교의 비율(53.3%)는 전체 기준 비율(47.9%)보다 낮았으며, 교장공모제 미시행 학교의 비율(90.0%)은 전체 기준 비율(90.7%)과 비슷했다.

123 〈표 6-6〉 참조집단 상위그룹 학교특성 분포(총 152개교)

학교 특성변인		빈도(N)*	비율(%)	전체 분석대상 학교 수 기준 비율(%)
지역	특별광역시	9	30.0	41.0
	도	21	70.0	59.0
설립 유형	국·공립	18	60.0	56.0
	사립	12	40.0	44.0
고등학교 유형	일반고	27	90.0	92.5
	자율고	3	10.0	7.5
남녀공학 여부	남녀공학	22	73.3	52.1
	비공학	8	26.7	47.9
평준화 여부	평준화	10	33.3	59.8
	비평준화	20	66.7	40.2
교과교실제	시행	6	20.0	30.8
	미시행	24	80.0	69.2
수준별 이동수업	시행	22	73.3	89.4
	미시행	8	26.7	10.6
영어교육프로그램	시행	14	46.7	52.1
	미시행	16	53.3	47.9

학교 특성변인		빈도(N)*	비율(%)	전체 분석대상 학교 수 기준 비율(%)
교장공모제	시행	3	10.0	9.3
	미시행	27	90.0	90.7

※ N = 30(참조횟수 50회 이상인 학교)

(4) 학교 특성변인별 효율치 차이

앞서 제시한 모형 1, 모형 2, 3 효율치가 학교 특성변인별로 어떻게 차이가 있는지 비모수검정(U검정)을 활용하여 분석한 결과, 대부분의 특성변인별 차이는 나타나지 않았으나 평준화 여부에 따른 차이는 $p < .001$ 수준에서 통계적으로 유의한 것으로 나타났다. 학교소재지, 설립유형, 고교유형, 남녀공학 여부에 따른 차이는 나타나지 않았다 (〈표 6-7〉 참조).

123 〈표 6-7〉 학교 특성변인별 효율치 차이 분석(비모수검정)

구분		모형 1	모형 2, 3
소재지	시지역	93.67	94.72
	도지역	92.59	94.32
	U	204364.00	214306.00
설립 유형	국·공립	93.31	94.57
	사립	92.69	94.38
	U	208731.50	214916.00
고교 유형	일반고	92.99	94.50
	자율고	93.50	94.37
	U	59633.00	61914.50
남녀공학 여부	남녀공학	93.04	94.49
	비공학	93.03	94.49
	U	214746.50	210151.00
평준화 여부	평준화	93.88	95.07
	비평준화	91.78	93.63
	U	564798.50***	203598.50

*** $p < .001$

3) 토빗분석 결과

DEA 모형 1, 모형 2, 3에서 도출된 효율치를 종속변수로 하고, 10개의 변수를 독립변수로 하는 토빗분석을 통해 학교 간 상대적 효율성에 영향을 미치는 요인을 분석하였다. 토빗모형은 선행연구에서 사용한 학교특성변인 및 정책변인으로 구분하여 추가로 변수를 투입하는 방식을 취하였다(〈표 6-8〉 참조).

〈표 6-8〉 분석모형별 토빗분석 결과

변수	모형 1		모형 2, 3	
	학교특성변인	정책변인	학교특성변인	정책변인
상수	92.710(118.06)***	94.989(80.79)***	95.336(116.25)***	97.748(79.43)***
지역 (시 = 0, 도 = 1)	0.162(0.31)	0.331(0.61)	0.7614(1.40)	0.782(1.38)
설립 유형 (국·공립 = 0, 사립 = 1)	−0.676(−1.48)	−0.494(−1.04)	−0.062(−0.13)	0.042(0.09)
남녀공학 여부 (남녀공학 = 0, 비공학 = 1)	−0.684(−1.49)	−0.594(−1.30)	−0.788(−1.65)	−0.690(−1.44)
평준화 여부 (평준화 = 0, 비평준화 = 1)	−1.235(−2.24)*	−1.471(−2.57)**	−1.179(−2.05)*	−1.284(−2.16)*
학생 수	0.002(4.48)***	0.003(5.09)***	0.001(2.08)*	0.0017(2.96)**
고등학교 유형 (일반고 = 0, 자율고 = 1)	−	0.654(0.69)	−	0.086(0.09)
교과교실제 (미시행 = 0, 시행 = 1)	−	−0.683(−1.48)	−	−0.175(−0.36)
수준별 이동수업 (미시행 = 0, 시행 = 1)	−	−2.232(−2.91)**	−	−2.218(−2.74)**

변수	모형 1		모형 2, 3	
	학교특성변인	정책변인	학교특성변인	정책변인
영어교육프로그램 (미시행 = 0, 시행 = 1)	–	−0.149(−0.34)	–	−0.675(−1.48)
교장공모제 (미시행 = 0, 시행 = 1)	–	0.708(0.82)	–	0.736(−0.82)
Pseudo R^2	0.0060	0.0078	0.0021	0.0039
χ^2	46.17***	60.33***	15.18**	27.89**
Log-likelihood	−3829.9961	−3822.9143	−3544.3619	−3538.0081

※ ( ) 안은 t값, * p<.05, ** p<.01, *** p<.001

　모형 1과 모형 2, 3에 대한 토빗모형별 분석결과, 일반고등학교 간의 상대적 효율성에 통계적으로 유의미한 영향을 미치는 배경변인은 평준화 여부 및 학생 수[8]였고, 정책변인은 수준별 이동수업 여부였다. 배경변인 중에서 평준화 여부 및 학생 수 변인은 추가로 정책변수가 투입되어 변인 간 영향력을 통제한 상태에서도 그 영향력이 줄어들지 않은 것으로 나타나 우리나라 일반고등학교의 효율성 차이를 설명할 수 있는 가장 의미 있는 변수임을 알 수 있다.

　수준별 이동수업을 시행하지 않는 학교의 효율성이 높은 점은, 앞서 참조횟수가 높게 나타난 학교특성변인 분석결과와는 다소 다른 측면이 있다. 이는 참조횟수가 높은 효율적인 학교의 경우, 효율성이 낮은 학교에 비해 수준별 이동수업이 내실 있게 이루어지고 있으나, 전체적인 경향성 측면에서는 수준별 수업이 내실 있게 운영되고 있다고 보기는 어려운 것으로 해석할 수 있다. 다만, 고교 유형, 교과교실제, 영어교육 프로

---

8) 학생 수 변인을 토빗분석에 포함한 이유는 다음과 같다. 평준화 지역의 학교가 대부분 대도시에 위치해 있고 규모가 크기 때문에 상대적으로 효율성이 높게 나타날 수 있다. 때문에 이를 평준화 효과로 해석할 수 있는 오류를 보완하기 위하여 학생 수 변인을 규모의 경제를 나타내는 대리변수로 포함하였다.

그램, 교장공모제 등의 정책효과는 나타나지 않았는데, 국가에서 정책적으로 시행하는 프로그램(사업)의 영향력에 대해서는 장기간의 관찰과 분석이 필요하다.

④ 결론 및 제언

1) 결론

DEA 산출극대화 모형을 적용하여 대학진학 관련 교육성과를 중심으로 우리나라 전체 일반고등학교의 상대적 효율성을 분석한 결과를 제시하면 다음과 같다. 첫째, 일반고등학교 간 효율성에 상당한 차이가 있는 것으로 나타났다. 100% 효율치를 보인 학교는 분석모형 1에서는 23.8%, 분석모형 2와 3에서는 31.7%였다. 학교 간 효율성 격차는 분석모형 1에서는 평균 93.04%, 최고 100%, 최저 67.98%이고, 분석모형 2와 3에서는 평균 94.49%, 최고 100%, 최저 71.21%이고, 표준편차는 각각 6.203%, 5.732%였다. 이는 일부 지역을 대상으로 연구한 김은정(2005), 김현제, 윤원철(2006), 김민희(2010)의 결과와도 유사하다. 각 연구에서 사용한 DEA 모형의 분석변수가 달라서 일반화하기는 어려우나, 대학 관련 교육성과를 중심으로 한 일반고등학교의 효율성은 학교별로 상당한 차이가 있다고 할 수 있다.

둘째, 일반고등학교의 비효율성을 개선하기 위해서는 모든 투입 및 산출변수를 조절할 필요가 있으나, 변수별 개선가능치를 보면 투입변수로는 비정규직 교원비율, 총세출 대비 장학금 비율을, 산출변수로는 수학능력시험 수학과목, 4년제 대학진학율을 우선적으로 개선할 필요가 있는 것으로 나타났다. 변수별 잠재적 개선가능치 분석에서 투입변수 중에서는 비정규직 교사 비율을 가장 많이 줄여야 하는 것으로 나타났다(분석모형 1에서 -18.67%, 분석모형 2, 3에서 -20.30%). 학교 내 비정규직 교사의 문제가 사회 이슈화되고 있는 상황에서 이들이 학생교육에 미치는 영향을 감안할 때 교원 수급 및 인력을 적정 관리할 수 있는 중·장기적 계획이 필요하다. 총세출 대비 장학금 비율의 개선가능치는 분석모형별로 각각 -19.63%, -15.18%였다. 산출변수의 개선가능치는 수능의 수리 표준점수 평균은 분석모형별로 각각 12.39%, 9.76%였다. 언어와 외국어 과목도 비슷한 수준의 개선가능치를 보여 주었고, 이 산출변수들의 개선가능치는 잎에서 언급한 변수를 제외한 일반 투입변수들보다 높은 것으로 나타났다. 앞에서 언급한 두 가지 투입변수를 제외하면, 투입변수들의 개선가능치는 −1.50∼−7.33%까지 분포되어 있다.

셋째, 학교특성변인과 정책변인들이 일반고등학교 효율성에 주는 영향력은 변인에 따라 다소 차이가 있으나, 그렇게 크지 않은 것으로 나타났다. 선행연구에서는 학교효과(혹은 효율성)에 영향을 미치는 변수로 소재지, 설립유형, 남녀공학 등에 따라 효율성 차이가 나타났으나(김민희, 2010; 이상린 외, 2011; 김무영 외, 2011; Kirjavainen & Loikkanen, 1998; Bradley et al., 2001), 본 연구에서는 그러한 변인에 따른 효율성 차이는 발견되지 않았고, 평준화 여부, 수준별 이동수업이 중요한 변인으로 나타나고 있다는 점이 특징적이다. 집단 간 비모수검정(U검정) 결과 분석모형 1에서, 그리고 토빗분석 결과는 모든 분석모형에서 비평준화 지역보다는 평준화 지역의 일반고등학교들이 더 효율적인 것으로 나타났다. 토빗분석 결과, 수준별 이동수업을 시행하지 않는 학교가 시행하는 학교보다 더 효율적이었다. 그 외 남녀공학, 자율고 여부, 교과교실제 시행, 영어교육프로그램, 교장공모제 등에 따른 학교 간 상대적 효율성의 차이는 발견되지 않았다.

본 연구에서는 교과교실제, 수준별 이동수업, 영어교육프로그램, 교장공모제 등 국가에서 의지를 가지고 추진했던 다양한 정책변인이 학교 간 효율성 차이에 미치는 영향력을 분석하였으나, 정책변인들 가운데 학교 간 상대적 효율성 차이에 영향을 미치는 것은 수준별 이동수업이었고, 다른 정책변수들의 효과는 없는 것으로 나타났다. 그러나 정책을 시행한 시기 등을 고려하면 이러한 정책변수들이 효과가 없다고 단정하기는 어렵다. 본 연구가 일반고등학교 전집 자료를 활용했다는 점에서 일부 지역만을 대상으로 한 기존 연구보다 일반화 가능성은 높으나, 2011년도의 단일시점 측정자료만 활용했다는 점에서 한계가 있다. 학교특성변인에 따른 학교효율성의 차이나, 정책변인의 영향력에 관해서는 좀 더 심층적인 연구가 필요할 것이다. 특히 정책변인의 영향력은 중·장기적인 효과가 있을 것이므로 시계열 분석을 통한 지속적인 점검이 필요하다.

또한 비평준화 지역보다는 평준화 지역의 일반고등학교가 더 효율성이 높은 것으로 나타났다. 그러나 우리나라에서 비평준화는 주로 도지역에서 실시되고 있고 평준화 지역에 있는 일반고등학교는 주로 학생 수가 많기 때문에 어느 정도 규모의 경제가 작용했다고 볼 수 있다. 학교 간 효율성 차이가 크게 나타난 본 연구의 결과 역시 학교규모(재학생 수)가 영향을 미치는 것으로 나타났다. 이는 이상린 등(2011), 김무영 등 (2011), 김민희(2010) 등의 연구와 일치하는 결과이나, 김민희 등(2008), Kirjavainen과 Loikkanen(1998)에서는 학교규모가 효율성에 영향을 미치지 않은 것으로 나타났다. 앞으로 일반고등학교의 적정 규모에 관한 더욱 심층적인 연구가 필요하다.

2) 제언

본 연구에서는 선행연구에서 가용자료의 한계 등으로 포함되지 못했던 표준화된 국가수준 학업성취도 평가결과, 대학수학능력시험 결과 등 공신력 있는 전국 단위의 자료를 사용함으로써 분석모형의 타당성을 높였다. 일반고등학교 전집 자료를 활용하였기 때문에 그 결과의 일반화 가능성 또한 높다. 본 연구결과는 학교운영의 효율성을 측정할 수 있는 분석모형의 설계뿐만 아니라 학교운영의 효율성을 높이기 위해서는 어떠한 개선노력을 기울여야 하는지에 대해서도 시사하는 바가 크다. 연구결과가 주는 시사점과 향후 과제를 정리하면 다음과 같다.

첫째, 그동안 중등교육의 발전을 위해서 국가 차원에서 투입자원을 적정수준으로 확충하기 위해서 노력해 왔으나, 앞으로는 이와 더불어 단위학교 차원에서 효율성을 높이기 위한 노력을 확대할 필요가 있다. 이 연구에서 나타난 바와 같이 대학진학 관련 교육성과를 높이기 위해서는 학교 차원에서 적극적인 운영전략을 수립·시행하는 것이 중요하다. 특히 학교에서 통제 가능한 대표적 변수로 선택한 비정규직 교원, 장학금, 교수학습비 등을 어떻게 활용하는가에 따라 효율성 차이가 있으므로 투입자원의 적정규모와 활용 개선방안을 모색해야 할 것이다. 산출 측면에서는 특히 대학수학능력시험의 수학과목과 4년제 대학진학률을 높이기 위한 노력이 필요하다. 그 방향은 교과교실제, 영어교육 프로그램, 수준별 수업과 같은 제도적 개선노력보다는 과목별 교수학습방법 개선 등 학력신장을 위한 내실 있는 프로그램 운영, 진로진학지도 활성화,

대학진학률을 높이기 위한 차별화된 접근(중하위권 학생의 진로, 입학사정관 지원을 위한 포트폴리오 관리 등)과 같은 학교 교육과정의 개선노력이 더 중요한 것으로 보인다. 정부 차원에서도 일반고등학교가 교수학습의 질적 수준을 높일 수 있는 자율적 환경을 조성·지원하는 것이 중요하다.

그러나 우리 교육의 질적 수준과 경쟁력을 더욱 높이기 위해서는 국가 및 지방 차원에서 투입자원을 적정수준까지 확충하여 교육여건을 개선·유지하기 위한 노력도 반드시 병행해야 한다. 이 연구에서 분석한 효율성은 학교 간 상대적 효율성으로 학교 차원에서 주어진 여건과 환경에서 학교운영의 효율성을 제고할 수 있는 '여지'가 있다는 의미이므로, 국가 차원에서 투입자원을 적정화하기 위한 노력은 중요하지 않다는 의미로 해석되어서는 안 된다. 앞으로 학교평가 결과가 공개되고 정보공시제가 시행되면 학교 차원의 효율성 제고 방안에 관한 관심과 논란이 확대될 것이다. 학교 간 차이보다는 학교 내 차이가 크다는 학교효과 연구결과들에 근거할 때, 동일한 고등학교라도 지역특성, 학생구성, 학부모 배경 등에 따라 교육의 투입-과정-산출의 이상적인 조합은 크게 달라질 수 있다. 학교 차원에서는 최적의 조합을 이루도록 학교운영 계획을 수립하고 학교를 효율적으로 운영할 필요가 있다. 앞으로 지방교육자치제, 학교단위책임경영(SBM)이 더 확대되면 단위학교 차원의 자율성과 책무성도 더욱 강화될 것이다. 학교에서는 DEA를 활용하여 벤치마킹 대상학교와 자기학교를 상대적으로 비교하여 어느 정도 효율적인지를 분석하고, 투입변수나 산출변수의 적정 조합을 찾아냄으로써 구체적인 효율성 제고전략을 수립할 수 있을 것이다.

둘째, 학교의 교육역량을 반영하는 방향으로 학교평가제도를 개선할 필요가 있다. 그동안 학교평가는 체제모형을 기반으로 투입-과정-산출의 여러 측면에서 단위학교를 종합적으로 진단할 수 있는 평가지표를 선정하고, 지표별 점수를 합산하거나 지표별 상대평가점수를 합산하는 방식이 주종을 이루었다. 또 현실에서는 대학진학률, 특히 명문대학 입학자 수를 기준으로 학교를 평가하거나 선택하는 경향도 있었다. 최근에는 국가수준 학업성취도(미달 비율)를 기준으로 학교 순위를 매기는 시·도교육청도 있다. 이러한 상황에서 일반고등학교들은 성적이 우수한 학생을 선별·선발하기 위해 노력해 왔다. 다양한 형태의 학교가 생겨나면서 그 학교들의 효과가 우수학생 선점효과(이른바 cream-skimming)가 아닌지에 관한 논란이 있다. 학교의 교육력은 '우수학생을 얼마나 보유하고 있는가'가 아니라 '학생들을 얼마나 성장시켰는가'에 있기 때문에, 학교운영의 효율성과 학교의 부가가치 교육역량을 학교평가를 위한 가장 중요한 기준으로 삼아야 할 것이다.

셋째, 고등학교의 상대적 효율성 분석모형을 정교화할 필요가 있다. 상대적 효율성은 어떤 투입 · 산출변수를 선정하느냐에 따라 그 결과에 상당한 차이를 보인다. 그러나 일반고등학교의 교육성과를 대학진학 관련변수로 한정했다는 점에 한계가 있다. 학교의 교육성과는 대학진학 이외에도 인격형성, 자아개념, 만족도, 사회성, 신체발달, 진로발달, 창의성 등 매우 다양하므로, 일반고등학교에 적용해야 할 교육성과에 관한 심층적 논의를 바탕으로 더욱 포괄적으로 산출변수를 선정할 필요가 있다. 투입변수의 측면에서 보면, 기존 DEA에서는 인적 · 물적 자원으로 구분하여 관련변수를 선정하였으나, 이 연구에서 시도한 바와 같이 학교 차원의 자율결정권을 중심으로 여건변수와 전략변수를 구분하고, 기존 교원당 학생 수, 학급당 학생 수, 학생당 교육비와 같은 여건/규모변수보다는 학교 차원에서 통제 가능한 전략적 변수들을 분석모형에 많이 반영할 필요가 있다. 상대적 효율성 분석에서는 학교들이 주어진 여건하에서 얼마나 노력하고 있는가를 비교 · 분석하는 데 초점을 둘 필요가 있다. 또 학생들의 학업적 · 가정적 배경변인을 적절히 반영하여 효율성 분석모형을 설정해야 한다. 학생들의 고등학교 입학성적(혹은 중학교 성취도), 가정의 사회경제적 배경변인으로 중식감면학생비율을 활용한 분석모형을 설정해 볼 수 있다. 학교의 시설 · 설비 관련 투입변수도 추가할 필요가 있다.

마지막으로 국가수준에서는 학교, 교원, 학생 관련 자료를 좀 더 체계적으로 수집 · 제공할 필요가 있다. 본 연구에서 다양한 변수와 영향요인을 활용하여 전국 수준에서 일반고등학교의 상대적 효율성을 분석하고 그 시사점에 관해 논의할 수 있었던 것은 KERIS의 에듀데이터를 통해 관련 자료를 활용할 수 있었기 때문이다. 에듀데이터를 활용함으로써 국가수준 데이터의 신뢰도와 활용도가 매우 높아졌다. 그러나 학교 효율성 분석모형 설계에 반영할 수 있는 에듀데이터 항목은 여전히 제한적이다. 특히 학교교육의 효율성에 가장 큰 영향을 미치는 교사변수(학력, 경력, 연구대회입상자, 교원평가 결과 등), 정성적 교육성과 자료(만족도 등)는 여전히 활용하기가 어렵다. 교사변수와 관련된 데이터 활용도가 높아지는 시점이므로 교사역량을 나타내는 다양한 변수를 개발 · 연계하여 수집 · 관리할 필요가 있다.

충청북도 일반고등학교의 효율성: DEA와 토빗모형 적용[1]

이 장에서는 충청북도 내 42개 일반고등학교를 대상으로 대학진학에 따른 효율성 차이를 분석하고 이에 영향을 미치는 요인을 탐색하였다. 이를 위해 '2009 학교알리미'에 공시된 학교정보를 활용하여 3개의 투입변수(학급당 학생 수, 교사 1인당 학생 수, 학생 1인당 교육비) 및 3개 산출변수(국가수준 학업성취도 평가점수, 학업중단학생비율, 대학진학률)를 선정하였고, 토빗모형을 통해 효율성 영향요인을 분석하였다.

① 연구의 배경

2007년 제정된 「교육관련기관의 정보공개에 관한 특례법」에 근거하여 초·중등학교에 대한 다양한 정보가 학교정보공시를 통해 공개되고 있다. 또한 2008년에는 전국 단위 학업성취도 평가가 실시되어 공개됨으로써 그 결과를 놓고 논쟁이 뜨거웠다. 학생과 학교의 정보가 공개됨으로써 학부모의 알 권리를 충족하고 학교선택권이 높아질

---

1) 이 장은 '김민희(2010). DEA와 Tobit모형을 활용한 충청북도 일반계고등학교 효율성 분석. 한국교육, 37(3)'의 일부분을 수정·보완한 것이다.

것이라는 기대감도 크지만 지역 간·학교 간 서열화를 부추기고 교육의 형평성을 저해할 것이라는 우려도 높다. 학교의 정보공개를 둘러싼 논란은 여전히 제기되고 있지만, 이제 단위학교 차원에서는 주어진 여건하에서 학교를 어떻게 보다 효율적으로 운영해야 할 것인지에 대해 보다 진지하게 고민하고 실천해야 할 과제를 안게 되었다.

그렇다면 효율적으로 학교를 운영한다는 것은 무엇인가? 학교 운영의 효율성은 어떻게 측정할 수 있는가? 효율성이란 목표와 성과, 즉 투입과 산출 간의 관계를 비율로 측정하는 경제적 개념(반상진, 2001; 윤정일 외, 2008)이므로 학교교육의 목표와 성과를 계량화하는 과정을 거치게 된다. 학교운영의 효율성에 대한 관심은 Taylor의 과학적 관리법이 출현한 1960년대에 공공분야에서 자원에 대한 경쟁이 과열되면서부터인 것으로 알려져 있는데, 이에 따라 학교교육의 생산성을 향상시키려는 노력이 진행되었고 책무성 개념도 함께 활용되고 있다(강영삼, 2001). 그러나 교육체제에서 교육의 효율성 평가는 교육에 투입되는 변인, 효율성 계산을 위한 산출물의 다양성, 고려해야 할 요인의 복잡성, 불충분한 연구관심 등의 제약 조건으로 인해 실제 교육 상황에서는 쉽게 진행되지 못하고 있다(강영삼, 2001; Hanushek, 1995). 그럼에도 학교교육의 효율성을 높이기 위한 노력은 교육의 투입과 산출을 평가하기 위한 분류체제, 효율성 개념, 효율성 측정방법 등으로 분화되어 꾸준히 개발, 적용되어 오고 있다.

특히 학교 운영의 효율성을 측정하기 위한 계량적인 방법 측면에서는, 기존의 생산함수나 회귀분석 등을 넘어서 최근 들어 비영리조직의 상대적 효율성을 측정하는 비모수적 기법인 DEA로 발전하고 있다. 학교는 다양한 목적을 추구하는 복합적 기관이다. 학업성취도와 같은 단일변수로 학교교육의 효율성을 측정하는 것보다는 인지적·정의적·신체적 측면을 종합적으로, 또 학생, 학부모, 교사와 같은 다양한 관련 당사자의 관점에서 교육 산출을 정의하고, 다수의 투입요인과 다수의 산출물 간의 관계를 통해서 분석하는 것이 더 타당하다(김민희 외, 2008).

지금까지 DEA를 활용한 연구는 주로 고등교육기관을 대상으로 하였기 때문에 초·중등학교에 이 기법을 적용한 연구는 그다지 많지 않은 편인데, 충남지역 고등학교를 대상으로 한 천세영(2000)의 연구, 서울시 고등학교를 대상으로 한 김은정(2005)과 김현제, 윤원철(2006)의 연구, 그리고 전국의 중학교를 대상으로 한 김민희 등(2008)의 연구가 대표적이다. 이러한 연구결과에 의하면, 우리나라 초·중등학교의 효율성 격차는 매우 큰 것으로 드러나고 있다. 그런데 기존의 선행연구는 DEA 모형 변수의 차이, 표준화된 변수 사용의 한계, 각 학교의 효율성 차이에 영향을 미치는 요인 파악이 미흡한 한계점을 지니고 있다.

이러한 문제의식에 따라 본 연구는, 타 지역에 비해 일반고등학교 비율이 높고 최근 학력제고를 위해 정책적 지원을 시도하고 있는 충청북도 내 일반고등학교의 사례를 선정하여 다양한 투입변수와 산출변수를 활용한 학교 간 상대적 효율성 분석에 일차적인 목적을 두고 수행되었다. 또한 학교 배경변인을 사용하여 학교 간 효율성 차이에 영향을 미치는 요인을 토빗모형을 사용하여 탐색하였다. 본 연구에서는 표준화된 국가수준 학업성취도 평가결과 및 대학진학률 자료를 사용함으로써 기존의 연구에 비해 분석자료의 타당성을 높이고자 하였다. 본 연구결과는 학교 운영의 효율성을 측정할 수 있는 모형과 변수의 선정, 타당한 효율성 분석방법 제시 및 고등학교 운영의 효율성을 높이기 위해 어떠한 개선 노력을 기울여야 하는지에 대한 정책적 시사점을 도출하는 데 기여할 것이다.

❷ 연구방법

1) 분석모형

(1) 효율성 분석모형

DEA를 활용하여 연구를 수행할 경우 주요 쟁점은 DMU에 가장 적합한 투입요소와 산출물을 선택하는 문제이다(유금록, 2004). 이를 위해서는 첫째, 투입·산출 변환과정을 설명하는 개념적 모형을 투입요소와 산출물 선정을 위한 근거로 사용해야 하며 가능한 사전에 개발된 이론모형을 참조할 필요가 있다. 둘째, 효율성에 영향을 미치는 환경적 요인(environmental factor)도 투입요소 및 산출물에 포함시켜야 하는데, 예컨대 학생들의 사회경제적 환경과 같은 환경변수를 투입요소로 포함할 수 있다. 그러나 현실적으로는 자료의 이용가능성에 의해 투입요소와 산출물 선정이 제한받는 경우가 많으므로 대리변수(proxy)를 사용할 수도 있다.

본 연구에서는 충청북도 내 일반고등학교의 효율성을 측정하기 위해 앞서 분석한 선행연구의 결과를 참고하여 총 3개의 투입변수와 3개의 산출변수를 사용하는 DEA 모형을 설정하였다. DMU는 일반적으로 일정한 산출물을 생산하기 위해 자원을 소비하기 때문에 자원이 투입요소에 포함되어야 하므로, 본 연구에서는 인적 자원과 물적 자원으로 구분하여 투입변수를 선정하였다. 인적 자원으로는 학급당 학생 수, 교사 1인당 학생 수를 사용하였고, 물적 자원으로는 학생 1인당 교육비를 사용하였다. 산출 변수는 학교의 성과를 나타내는 지표로 구성되는데, 본 연구에서는 분석대상이 일반고등학교라는 점을 감안하여 표준화된 지표인 국가수준 학업성취도 평균점수(충청북도교육청, 2009) 및 4년제 대학진학률을 사용하였다. 이 외 학교 정서성과를 알 수 있는 대리변수인 학업중단학생비율을 산출변수로 포함하여 학교교육의 성과를 측정하고자 하였다.

DEA는 최적해를 구하는 방식에 따라 투입방향모형과 산출방향모형으로 구분되는데, 본 연구에서는 일정 수준의 투입요소가 주어졌을 때 어느 정도까지 산출을 달성해야 하는가에 관심을 둔 산출방향모형인 산출극대화(output maximization) 방식을 택하고자 한다. 의무교육단계는 아니지만 고등학교 교육의 경우 아직까지도 상급행정기관에 의해 대부분의 가용자원이 결정되고 투입요소의 사용에 제약이 많기 때문에, 비용을 고정시킨 단계에서 산출을 극대화시키는 방식이 적합하다고 보았다(김민희 외, 2008; Banxia software, 2003). 충청북도 내 일반고등학교 효율성 분석을 위한 DEA 모형별 투입, 산출변수와 산식을 제시하면 〈표 7-1〉과 같다.

123 〈표 7-1〉 충청북도 일반고등학교 효율성 분석모형

변수명				산식
투입 변수	인적	학급당 학생 수(명)	CLS	학생 수 / 학급 수
		교사 1인당 학생 수(명)	SPT	학생 수 / 교원 수
	물적	학생 1인당 교육비(천 원)	SEF	총학교세출결산 / 학생 수
산출 변수	국가수준 학업성취도 평가점수		NATS	국어 + 영어 + 수학점수 평균
	학업중단 학생비율(%)		CUL	학업중단학생 수 / 총학생 수×100
	대학진학률(%)		FUGR	4년제 대학진학률

(2) 토빗모형

일반적으로 종속변수에 영향을 미치는 요인들을 분석하기 위해서는 회귀모형을 사용힌다. 그러나 DEA에 의한 효율성 점수는 0과 1 사이의 값만을 갖기 때문에 일반적인 통상최소자승법(OLS)을 사용하면 회귀계수가 불일치 혹은 편의 추정치(inconsistent and biased estimates)를 갖게 되므로 이러한 문제를 극복하기 위해서는 토빗모형을 사용해야 한다(Maddala, 1991; McDonald & Moffitt, 1980). 이 모형은 종속변수가 하한보다 작거나 상한보다 크면 관찰되지 않으므로 절단회귀모형이라고도 불린다. 최근에는 국내·외적으로 DEA 효율성 관련 영향요인 분석 시 이 모형을 적용한 연구들이 산출되고 있어 그 활용도가 높아지는 추세이다(김미란, 2009; 성낙일, 홍성우, 2008; 이종구 외, 2009; Bradley et al., 2001; Kirjavainen & Loikkanen, 1998). 그러나 로지스틱 회귀분석과 마찬가지로 토빗분석에서는 R^2 대신 Pseudo R^2 값이 제공되는데, 이를 통해 모형적합성을 논하기는 어렵기 때문에 토빗분석 시에는 회귀계수 추정치(coefficient estimate)의 유의성을 가지고 연구결과를 해석, 추론해야 하는 한계를 지닌다.

본 연구에서도 DEA를 통해 충청북도 내 일반고등학교 효율치를 분석한 후, 분석결과의 특성을 반영하여 이에 영향을 미치는 요인을 탐색하기 위해 토빗모형을 활용하고자 한다. 토빗모형에 포함될 영향변수는 소재지(시/군), 설립유형(국·공립/사립), 설립형태(남녀공학/비공학), 평준화 여부(평준화/비평준화) 등으로, 일반적으로 학교 효율성에 영향을 미치는 학교 배경변인으로 선정하였다. 본 연구에서 사용한 토빗모형은 다음과 같이 설정될 수 있다.[2]

$$y_i^* = \beta' x_i + u_i,$$
$$y_i = L_{1i} \text{ if } y_i \leq L_{1i},$$
$$y_i = y_i^* \text{ if } L_{1i} < y_i^* < L_{2i},$$

---

2) 토빗모형의 활용에 대해서는 Athanassopoulos와 Triantis(1998), 혹은 이종구 등(2009)을 참조한다.

$$y_i = L_{2i} \text{ if } y_i^* \geq L_{2i} \qquad\qquad \text{[식 7 - 1]}$$

여기서 y_i는 DMU의 효율성 점수, β는 미지의 모수 벡터, x_i는 효율성에 영향을 미치는 설명변수(본 연구에서는 5개), u_i는 평균이 0, 분산이 σ^2인 정규분포를 갖는 잔차, L_{1i}와 L_{2i}는 효율성 점수의 상하한선, y_i^*는 직접 관찰되지 않으므로 잠재변수임. y_i는 잠재변수 y_i^*가 1 미만 또는 1 이상의 값인지 여부에 따라 y_i^*를 결정하는 데 사용됨. 1 이상의 y_i^*에 대해서는 1의 값으로 절단됨(censored).

2) 분석대상

본 연구의 분석대상은 충청북도 내 총 42개의 일반고등학교 전집이다. 충청북도 내 일반고등학교를 선택한 이유는, 첫째, 최근 공개된 학업성취도 평가에서 충청북도 고등학교들이 낮은 순위를 기록하여 학력저하의 문제가 제기되고 있는 어려운 상황이며, 둘째, 우수 인재들의 타 시·도 유출 및 대학진학률 감소 등으로 고등학교 운영상 어려움을 겪고 있고(강상무, 2009; 충청북도교육청, 2009), 셋째, 최근 학력제고를 위한 도교육청 차원의 정책 지원을 기울이고는 있으나 학교에 대한 객관적인 정보가 제한되어 효율적 운영에 대한 정보가 많이 필요하다고 보았기 때문이다. 2010년 현재 충청북도 내 일반고등학교는 총 45개인데, 졸업생을 배출하지 못하여 효율성 측정의 산출변수인 대학진학률을 조사할 수 없는 신설학교 3개교를 제외한 42개교가 분석대상에 포함되었다.

분석대상 고등학교의 배경별로 기술통계치를 제시하면 〈표 7-2〉과 같다. 충청북도 내 일반고등학교 중 시지역에 소재한 학교는 26개교이며 군지역에 있는 학교는 16개교로 시지역 고등학교가 군지역 고등학교보다 많다. 국·공립학교와 사립학교는 각각 29개교와 13개교로 국·공립학교가 많았고, 설립형태로 보면 남녀공학이 남학교와 여학교에 비해 많다. 평준화 여부에 따라서는 비평준화 지역의 학교가 25개교로 평준화 지역의 17개교보다 많다. 충청북도 내 일반고등학교의 학급 수는 24.2학급, 학생 수는 854명이며, 교원 수는 평균 47명이다.

〈표 7-2〉 분석대상 고등학교 현황

구분		학교 수(%)	평균
소재지	시지역	26(61.9)	-
	군지역	16(38.1)	-
설립 유형	국·공립	29(69.0)	-
	사립	13(31.0)	-
설립 형태	남학교	9(21.4)	-
	여학교	8(19.0)	-
	남녀공학	25(59.5)	-
평준화 여부	평준화	17(40.5)	-
	비평준화	25(59.5)	-
학교규모 학생 수(명)			854.02
학급 수(학급)			24.17
교원 수(명)			47.02

출처: 한국교육학술정보원(2010). 학교알리미(http://www.schoolinfo.go.kr).

3) 분석자료 및 분석방법

본 연구는 학교알리미에 탑재된 '2009년도 초·중등교육정보공시자료' 중 충청북도 일반고등학교들의 학교현황, 학생현황, 교원현황, 학교예산현황 자료를 활용한다. 객관적 자료수집의 한계상 정보공시 자료에 탑재되지 않은 변수는 별도의 자료를 확보하거나 대리변수를 활용하는 방법을 취하였다.

학교 간 상대적 효율성 분석을 위한 DEA는 Frontier Analyst Professional v3.2와 Excel 2007 프로그램을 사용하였다. DEA 효율치는 산출극대화 조건하에서 CCR과 BCC[3] 조건을 적용하여 산출하였고, CCR/BCC를 통해 규모효율성을 측정하였다. 비효

---

3) CCR이란 DEA에서 규모불변수익을 가정하는 수리적 모형으로서 Charnes, Cooper, Rhodes가 처음 고안하였기 때문에 이들의 머리글자를 따서 붙여진 명칭이다. 반면, BCC는 DEA에서 규모에 따라 수익이

율적 학교의 개선치는 잠재적 개선가능치를 구하여 각 변수 간 조정비율을 제시하였다. 학교별 기술통계는 SPSS v17.0, 토빗분석은 STATA/SE v10.0 프로그램을 활용하였다.

❸ 연구결과

1) DEA에 의한 효율성 분석

본 연구에서 사용한 변수의 기술통계치를 〈표 7-3〉에 제시하였다. 본 연구대상 학교의 투입변수 중 학급당 학생 수는 평균 33.4명이며, 교사 1인당 학생 수는 17명, 학생 1인당 교육비는 4,158천 원으로 나타났다. 산출변수 중 학업중단학생비율은 평균 2.4%, 4년제 대학진학률은 평균 63.4%였고, 국어와 영어, 수학에 대한 국가수준 학업성취도 평균점수는 51.7점이었다. 그런데 학급당 학생 수는 최소 7.3명에서 최대 39.5명까지 차이가 있고, 교사당 학생 수도 최소 2명에서 20명까지 분포되어 있어 학교별 여건의 차이가 매우 크다는 것을 알 수 있다.

123 〈표 7-3〉 분석변수의 기술통계치

변수명				평균	표준편차	최소값	최대값
투입변수	인적	학급당 학생 수(명)	CLS	33.4	6.0	7.3	39.5
		교사 1인당 학생 수(명)	SPT	17.0	4.0	2.0	20.6
	물적	학생 1인당 교육비(천 원)	SEF	4158.1	2630.1	1747.2	13897.0
산출변수		학업중단학생비율(%)	CUL	2.4	4.9	0.0	25.6
		4년제 대학진학률(%)	FUGR	63.4	17.4	11.1	89.1
		국가수준 학업성취도 평균점수	NATS	51.7	14.2	16.4	79.4

달라지는 변동규모수익을 의미하여 Banker, Charnes, Cooper에 의해 고안되어 이들의 머리글자를 따서 붙여졌다(유금록, 2004; Cooper et al., 2004).

특히 학교별로 학생 1인당 교육비 차이가 큰 것으로 나타나는데, 이는 교육비특별회계에 의해 배분되는 재원은 학교별로 유사하지만 지방자치단체 지원금, 목적사업비및 학부모부담수입, 기타 이전수입 등에서 학교별로 차이가 있기 때문이다.

본 연구에서 설정한 CCR/BCC 조건에 따라 충청북도 일반고등학교 효율성 분석 결과를 〈표 7-4〉에 제시하였다. 분석결과에 의하면, 100% 효율성을 달성한 학교는 CCR조건하에서 10개교이지만, 규모를 고려한 BCC 조건하에서는 15개로 효율적인 학교수가 늘어난다. CCR 조건하에서 효율치 평균은 81.3%였지만, BCC 조건하에서는 효율치 평균도 88%로 나타나, 규모를 고려했을 때는 전체 일반고등학교의 효율치가 높아짐을 알 수 있다. 그런데 각 조건하에서 50~60%의 효율치를 보이는 학교도 있는 것으로 나타나 학교 간 편차가 매우 크다는 것을 알 수 있다.

또한 〈표 7-4〉에는 규모효율성(scale efficiency: SE)이 함께 제시되어 있다. 규모의효율치는 일반적으로 CCR 조건하에서 산출된 효율치를 BCC 조건하의 효율치로 나눈값으로 '순수 규모효율성'이라고도 불린다. 중등학교에 대한 적정 규모가 항상 관심으로 대두되기 때문에 규모가 효율성과 어느 정도 관련이 있는지를 분석할 필요가 있다(김민희 외, 2008). 〈표 7-4〉에 제시된 모형별 규모효율성의 값이 100%인 학교(CRS)는기술과 규모에서 모두 효율적인 학교이며, IRS로 표시된 학교는 모두 '규모'의 효율성이 문제가 되는 학교들이다. DRS로 표시된 학교들은 기술적 효율성이 낮은 경우이다.[4] 분석모형별로 규모와 기술 모든 측면에서 100%의 효율성을 달성하고 있는 학교는 총 42개교 중 18개교이며, 규모효율성이 문제가 되는 학교는 8개, 기술적 효율성이문제가 되는 학교는 16개로 충청북도의 일반고등학교는 일부는 규모와 기술 측면에서효율성을 개선해야 할 필요성이 있는 것으로 나타났다.

규모수익별로 학교들의 특성을 제시한 〈부록 7-1〉에 의하면, CRS로 나타난 학교들

---

[4] 기술효율치(BCC)가 규모효율성(SE)보다 작다면 기술적인 요인에 의해 비효율이 발생하는 반면, 반대의 경우라면 규모에 의해서 비효율이 발생한다고 해석한다(윤홍주, 2008). CRS, IRS, DRS로 표시된 학교의 특성은 〈부록 7-1〉에 제시하였다.

은 대부분 시지역, 평준화 지역의 공립학교였다. 규모의 효율성이 문제가 되는 IRS에 해당하는 학교들은 학급 수가 매우 적고 학생 수와 교원 수도 적은 학교들이어서 적정 규모에 대해 관심을 기울여야 할 것으로 나타났다. DRS에 해당하는 학교들의 특성은 일관되지는 않았다.

또한 DEA 분석에서는 비효율적인 학교들이 효율성을 개선하기 위하여 참조할 수 있는 학교의 정보를 알려 준다. 〈표 7-4〉에 제시된 준거집단 및 참조횟수 분석결과에 의하면, 효율성이 낮은 학교가 참조할 수 있는 학교 중에서는 18번, 11번, 16번, 23번 학교의 참조횟수 및 준거집단 빈도가 가장 높은 것으로 나타났다.

123 〈표 7-4〉 학교별 효율치 분석

번호	CCR	BCC	SE	규모수익	준거집단	참조횟수
1	75	100	75	IRS	1	0
2	100	100	100	CRS	2	3
3	100	100	100	CRS	3	4
4	91	91	100	CRS	3, 6, 14	0
5	93	93	100	CRS	3, 6, 10, 14	0
6	100	100	100	CRS	6	9
7	100	100	100	CRS	7	0
8	97	100	97	IRS	8	1
9	85	86	99	DRS	11, 18, 23	0
10	100	100	100	CRS	10	6
11	100	100	100	CRS	11	13
12	76	100	76	IRS	12	1
13	84	100	84	IRS	13	2
14	100	100	100	CRS	14	10
15	75	78	96	IRS	13, 14, 16, 18	0
16	100	100	100	CRS	16	12
17	96	96	100	CRS	3, 6, 14	0

번호	CCR	BCC	SE	규모수익	준거집단	참조횟수
18	100	100	100	CRS	18	14
19	82	82	100	CRS	6,10	0
20	59	61	96	IRS	2, 11, 13, 16, 18	0
21	57	65	88	DRS	11, 14, 16	0
22	90	90	100	CRS	3, 6	0
23	100	100	100	CRS	23	10
24	54	68	79	DRS	11, 16	0
25	72	81	88	IRS	2, 8, 10, 11, 12, 14	0
26	66	100	66	IRS	26	0
27	53	61	87	DRS	11, 16, 18, 23	0
28	87	87	100	CRS	6, 10, 18	0
29	86	88	98	DRS	6, 11, 14, 23	0
30	79	91	87	DRS	11	0
31	65	65	100	CRS	2, 6, 10, 11, 14, 18	0
32	66	73	90	DRS	11, 16	0
33	74	89	83	DRS	16, 18, 23	0
34	71	85	84	DRS	11, 16	0
35	69	76	90	DRS	16, 18, 23	0
36	74	88	85	DRS	11, 16, 23	0
37	92	92	100	CRS	6, 10, 11, 14, 18	0
38	74	90	82	DRS	16, 18, 23	0
39	60	66	92	DRS	14, 18	0
40	70	83	85	DRS	18, 23	0
41	70	81	87	DRS	18, 23	0
42	74	90	82	DRS	16, 18, 23	0
평균	81.3	88.0	92.3	–	–	–
표준편차	14.982	12.433	8.974	–	–	–

학교 배경변인별로 DEA 분석결과의 차이를 제시하면 〈표 7-5〉와 같다. 대부분의 학교가 CCR보다는 BCC에서 효율치가 높은 것으로 나타난 가운데, 학교 배경변인 중 설립유형 변인에 따른 차이가 통계적으로 유의미한 것으로 나타났다. 즉, 충청북도 내 국·공립학교는 규모를 고려한다 할지라도 사립학교에 비해 효율성이 높다고 할 수 있다. 학교소재지, 설립형태, 평준화 여부 등에 따른 차이는 나타나지 않았다.

〈표 7-5〉 분석모형별·배경변인별 효율치 분석

구분		CCR	BCC	SE
소재지	시지역	84.6538	90.8077	92.9231
	군지역	75.9375	83.4375	91.2500
	U	143.000	154.000	182.500
설립 유형	국·공립	87.5862	91.9310	95.3448
	사립	67.3846	79.2308	85.4615
	U	43.500***	71.500**	51.500***
설립 형태	비공학	82.7273	89.8182	92.0909
	남녀공학	80.8387	87.3548	92.3548
	U	157.500	152.500	167.500
평준화 여부	평준화	83.7647	90.1176	92.7059
	비평준화	79.6800	86.5600	92.0000
	U	191.500	209.000	209.000

* p<.05, ** p<.01, *** p<.001

〈표 7-6〉에는 CCR과 BCC 조건하에서 효율성이 모두 100%로 나타난 9개 고등학교의 특성과 함께 투입·산출변수의 기여도가 함께 제시되어 있다. 100%의 효율성을 보이는 고등학교는 모두 공립학교였고, 대부분 시지역에 위치하고 있으나 설립유형 및 평준화 여부는 일관성이 있지는 않았다. 효율성을 높이는 데 기여한 변수를 보면, 투입변수 중에서는 학생당 교육비가 16~100%까지 기여하고 있었고, 교원당 학생 수와 학급당 학생 수도 최소 13~90%의 기여도를 나타내고 있다. 산출변수로는 2번과 3번 학

교의 경우 학업성취도 결과가 높아 효율성을 높이는 데 기여한 반면, 11번 학교는 낮은 학업중단비율과 높은 대학진학률이 효율성에 기여하고 있는 것으로 나타났다.

〈표 7-6〉 효율성이 높은 고등학교의 투입·산출변수 기여도

번호	배경변인				투입변수			산출변수		
	소재지	설립 형태	설립 유형	평준화 여부	학급당 학생 수	교원당 학생 수	학생당 교육비	학업 중단 비율	대학 진학률	학업 성취도
2	시	공립	공학	평준화	92	–	80	–	–	100
3	시	공립	공학	평준화	–	–	100	–	–	100
6	시	공립	비공학	비평준화	–	–	100	5	20	76
7	시	공립	공학	평준화	–	29	71	–	100	–
10	시	공립	비공학	비평준화	33	51	16	–	99	1
11	시	공립	비공학	비평준화	32	49	19	100	100	–
14	시	공립	공학	비평준화	42	37	21	–	–	–
16	군	공립	공학	비평준화	–	13	87	60	–	40
18	군	국립	공학	비평준화	–	79	21	–	100	–

규모효율성 측면에서 가장 비효율적으로 나타난 하위 5개 학교, 즉 20번, 21번, 24번, 27번, 31번 학교의 특성을 배경변인별로 보면(〈표 7-7〉 참조), 공립학교가 2개, 사립학교가 3개이고, 21번 학교를 제외한 나머지 학교들이 모두 군지역의 비평준화 지역에 위치하고 있으나, 설립유형 및 학교규모 변인(학급 수, 학생 수, 교원 수) 등이 모두 다르게 나타나 일반적인 경향을 찾기가 어려웠다. 이는 〈표 7-5〉에 제시한 학교 배경변인별 효율치 차이 분석결과와는 상이한 결과로, 토빗모형에 의해 학교 간 효율성 차이에 영향을 미치는 요인을 보다 면밀하게 분석할 필요가 있음을 알려 준다.

〈표 7-7〉에는 규모를 고려했을 때에도 비효율적으로 나타난 학교가 효율성을 높이기 위해서는 어떠한 개선 노력을 기울여야 하는지에 대한 정보가 제시되어 있다. 예컨대, 21번 학교가 효율성을 개선시키기 위해서는 투입변수 중에서 학생당 교육비는 조

정할 필요가 없지만, 교원당 학생 수를 15.13명에서 11.04명으로 27% 낮추어야 하며, 학급당 학생 수는 29명에서 23명으로 18% 낮추어야 하는 것으로 나타났다. 산출변수 중에서는 학업성취도는 65% 이상, 대학진학률은 53% 이상 높여야 하지만 학업중단학 생비율은 53% 이상 낮추어야 한다. 대부분의 학교는 교원당 학생 수와 학급당 학생 수를 낮추어야 하며, 학업성취도와 대학진학률을 50% 이상 높여야 할 것으로 나타났다.

〈표 7-7〉 비효율적 학교특성 및 개선가능치(BCC 조건)

번호	소재지	설립형태	설립유형	평준화여부	학급수	학생수	교원수	개선가능치	투입조정치			산출조정치		
									학생당교육비	교원당학생 수	학급당학생 수	학업성취도	대학진학률	학업중단비율
20	군	공립	비공학	비평준화	9	254	19	현재치	4605.3	13.37	28.2	38.32	45.1	3.18
								조정치	4605.3	13.37	28.2	62.5	73.56	0
								개선율	0	0	0	63.1	63.1	-3177.9
21	시	사립	공학	비평준화	12	348	23	현재치	5958.9	15.13	29	22.67	32.9	14.12
								조정치	5958.9	11.04	23.72	37.6	50.48	9.2
								개선율	0	-27.02	-18.21	65.87	53.43	-53.43
24	군	사립	공학	비평준화	15	482	30	현재치	7634.5	16.07	32.1	27.71	52	6.28
								조정치	6164.17	11.72	24.89	52.36	75.96	4.3
								개선율	-19.26	-27.05	-22.45	88.96	46.08	-46.08
27	군	사립	공학	비평준화	18	577	36	현재치	10396.5	16.03	32.1	43.69	50.8	1.64
								조정치	3941.47	13.62	32.1	71.56	83.2	1
								개선율	-62.09	-14.99	0	63.79	63.79	-63.79
31	군	공립	공학	비평준화	15	497	32	현재치	2851.8	15.53	33.1	43.46	52.4	2.15
								조정치	2851.8	15.53	33.1	66.65	80.36	1.4
								개선율	0	0	0	53.36	53.36	-53.36

2) 토빗모형에 의한 효율성 영향요인 분석

　　본 연구에서는 앞서 DEA 분석결과에서 도출된 조건별 효율성 값을 종속변수로 하고 네 가지 학교 배경변인을 독립변수로 하는 토빗모형을 통해 학교 간 효율성 차이에 영향을 미치는 요인을 분석하였다.

123 〈표 7-8〉 토빗모형에 의한 효율성 영향요인 분석결과

구분	CCR	BCC	SE
상수	93.8183(19.62)***	99.7873(17.81)***	104.010(19.93)***
소재지 (시 = 0, 군 = 1)	−20.4984(−3.43)***	−19.1279(−2.62)*	−9.45349(−1.60)
설립 형태 (국 · 공립 = 0, 사립 = 1)	−26.3204(−6.28)***	−20.950(−4.22)***	−18.0740(−4.15)***
설립 유형 (비공학 = 0, 남녀공학 = 1)	3.22158(0.67)	1.31388(0.24)	2.00796(0.42)
평준화 여부 (평준화 = 0, 비평준화 = 1)	5.17136(0.94)	8.44680(1.25)	0.684884(0.13)
Pseudo R^2	0.1107	0.0766	0.0830
χ^2	33.06***	19.75***	18.52***
Log−likelihood	−132.80503	−119.00756	−102.32998

※ ( ) 안은 t−값, * p<.05, ** p<.01, *** p<.001

　　〈표 7-8〉에 제시된 분석결과에 의하면, 모든 모형에서 설립형태 변인이 p <.05 수준에서 학교 간 효율성 차이에 가장 유의미한 영향을 미치는 것으로 나타나고 있으며, 소재지 변인도 CCR 조건 및 BCC 조건에서 영향이 나타나고 있다. 예컨대, 충청북도 일반고등학교의 경우 시지역에 소재한 국 · 공립학교가 사립학교에 비해 20% 정도 효율적으로 운영되고 있다고 할 수 있다. 평준화 여부, 남녀공학 여부 등의 변인의 영향은 나타나지 않았다.

④ 논의 및 결론

　본 연구에서는 최근 공개된 한국교육학술정보원(2010)의 학교알리미 정보를 활용하여 충청북도 내 총 42개의 일반고등학교의 효율성 및 영향요인을 분석하였다. 이를 위해 DEA를 활용하여 학교 간 효율치 분석을 실시한 후, 토빗모형을 통해 이에 영향을 미치는 요인을 찾고자 하였다. 본 연구의 주요 결론을 중심으로 논의 및 제언을 다음과 같이 제시하고자 한다.

　첫째, 충청북도에 소재한 일반고등학교들의 상대적인 효율성 차이가 큰 것으로 나타났다. 100% 효율성을 달성하고 있는 학교가 많지 않은 가운데 DEA 분석 시 산출극대화에 따른 조건별(CCR/BCC)로도 효율치 차이가 큰 것으로 나타났다. 이는 DEA가 DMU 간 상대적 효율성을 측정하는 방법이므로 분석에 포함된 투입·산출변수의 조합에 따라 그 결과가 상이하게 나타나기 때문이다. 본 연구에서는 선행연구 결과를 중심으로 초·중등학교 효율성 분석에 가장 많이 사용되는 변수 중에서 투입변수로 학급당 학생 수, 교원당 학생 수, 학생당 교육비를, 산출변수로는 국가수준 학업성취도 평균 및 4년제 대학진학률, 학업중단학생비율을 선정하였다. 그런데 2009년 현재 '학교알리미'에 공시된 정보가 아직 정확하지 않고 많은 자료가 탑재되어 있지 않기 때문에 교원들의 학력, 경력, 학생들의 학업성취도 표준점수, 만족도 등 효율성 분석에 기본적으로 사용되는 변수들에 제한이 있어 본 연구결과에도 해석상의 어려움이 있다. 따라서 향후 학교알리미에는 교원 관련 정보 및 학생들의 학업성적과 관련된 표준화된 자료가 더 많이 공시되어야 할 것이다.

　그럼에도 충청북도 내 일반고등학교 간 효율성 차이가 크게 나타난 결과는 학교운영의 효율성에 보다 주목할 필요가 있음을 시사한다. 본 연구에서는 산출극대화 조건을 가정하고 있으므로 비효율적인 학교들은 투입자원을 고정시킨다고 하더라도 학업성취도 및 대학진학률을 높이는 동시에, 학업중단학생비율은 낮추는 등 학교의 성과에 보다 집중적인 지원과 관심을 기울일 필요가 있다. 출산율 저하로 인한 학령인구 감소, 낮은 국가수준 학업성취도 평가순위, 대학진학률 감소, 타 시·도로의 인재 유출 등의 문제를 겪고 있는 충청북도의 경우 학교운영의 '효율성'에 관심을 두고 기존의 고등학교 정책을 재점검하며 목표와 전략을 새롭게 구성해야 할 것으로 보인다.

둘째, 본 연구에서 설정한 DEA 분석모형별로 학교 간 효율성에 차이가 있는 것으로 나타났다. 본 연구에서는 투입자원을 고정시킨 상태에서 산출을 극대화하는 것을 기본가정으로 한 후 CCR 및 BCC 조건을 추가한 분석을 시도하였다. 그런데 DEA는 DMU의 수와 모형에 포함된 변수의 영향을 많이 받기 때문에 해석상의 상당한 주의를 기울여야 함을 앞서 지적한 바 있다. 본 연구도 CCR 조건하에서는 효율치가 상당히 낮았지만, 규모를 고려한 BCC 모형에서는 100%의 효율치를 보이는 학교가 다수 있어 이러한 학교들의 특성에 대한 추가 분석이 요구된다.

본 연구 결과에 의하면 CCR과 BCC 조건, 그리고 규모효율성 측면에서 학교 간 효율성은 큰 분포 차이를 보이는 것으로 나타난다. 국내 선행연구 중에서 초·중등교육기관에 대한 규모효율성을 분석한 결과가 없어 본 연구의 결과와 비교 분석하기는 어렵지만, 충청북도 내 일반고등학교는 학교의 '규모'와 '기술'에 따른 효율성 차이가 존재하고 있다는 점은 분명하다. 특히 규모가 문제시되었던 IRS 해당학교들은 학급 수와 학생 수가 매우 적은 곳이어서 적정 규모에 대한 논의가 더욱 필요한 것으로 나타났다. 따라서 이론적으로는 향후 초·중등교육기관의 효율성 분석 시 '기술적 효율성'과 '규모효율성'을 세분화하여 학교 간 효율성 차이를 보다 면밀히 구분할 필요가 있으며, 실천적으로는 학교 간 효율성 차이를 가져오는 '기술'과 '규모'에 대한 구체적 탐색이 요구된다.

셋째, 본 연구에서는 '규모수익'에 따른 충청북도 내 일반고등학교별 효율성 차이를 분석하였다. IRS로 나타난 학교들은 적은 학급 수와 학생 수가 문제시되기는 했다. 하지만 규모를 고려했을 경우에도 효율성이 높은 학교들의 특성을 분석한 결과에 의하면, 산출변수로 제시한 국가수준 학업성취도 및 진학률뿐만 아니라 다양한 투입변수도 학교의 효율성을 높이는 데 기여하고 있는 것으로 나타났다. 즉, 고등학교 운영의 효율성은 학업성취도나 대학진학률과 같은 일반적인 결과뿐 아니라 교원당 학생 수, 학급당 학생 수, 학생당 교육비와 같은 다양한 투입변수가 상호작용하는 가운데 얻어지는 것이다. 본 연구를 통해 학생 수, 학급 수 등과 같은 학교규모가 학교 운영의 효율성의 차이를 만드는 절대적인 변인은 아니며(김현제, 윤원철, 2006; 윤홍주, 2008), 다양한 투입과 산출변인을 고려한 학교정책이 강구되어야 함을 다시 한번 확인할 수 있다(〈부록 7-2〉에 제시된 산포도 참조).

넷째, 토빗모형을 적용한 분석결과에 의하면, 충청북도 일반고등학교의 효율성에 설립유형이 가장 큰 영향을 미치고 있었다. 즉, 충청북도의 경우 시지역에 소재한 국·공립고등학교가 사립고등학교에 비해 효율성이 높은 것으로 나타나고 있다. 이러한 결과는 김은정(2005), 김현제, 윤원철(2006)의 연구에서 서울시 소재 사립학교의 효율성이 높게 나타났고, 김민희 등(2008)이 중학교를 대상으로 한 연구, Kirjavainen과 Loikkanen(1998)이 핀란드 중등학교를 대상으로 분석한 연구에서도 사립학교의 효율성이 높은 것으로 나타난 결과와는 매우 대조를 보인다. 그러나 Bradley 등(2001)의 연구에서는 영국의 경우 공립학교가 사립학교에 비해 효율적인 것으로 나타나 설립형태 및 유형에 따른 효율성 차이가 국가별로 어느 정도 존재하고 있고, 그러한 차이를 가져오는 원인에 대한 탐색이 요구된다.

충청북도 일반고등학교 중 국·공립학교의 효율성이 높게 나타난 점은 여러 측면에서 해석이 가능하다. 먼저, 충청북도에는 사립고등학교에 비해 국·공립고등학교 수가 2배 이상 많다는 점이 DMU 간 상대적 효율성을 측정하는 DEA 결과에 영향을 미쳤을 수 있는데, 이는 충청북도와 유사한 특성을 지닌 타 시·도에 동일한 투입-산출변수를 적용하여 그 결과를 비교 분석해 봄으로써 증명이 가능할 것이다. 다음으로는 충청북도 내 국·공립고등학교가 대부분 규모가 큰 시지역에 위치하고 있기 때문에 사립학교에 비해 출발부터 인적 자원이 우수하며 기술적인 측면에서도 우월하기 때문이라는 해석이 가능하다. 이는 향후 '학교알리미' 정보에 학생들의 이전 성취도를 통제할 수 있는 객관적인 자료가 더 확보된다면 분석이 가능할 것이다.

마지막으로, 본 연구 결과를 바탕으로 후속연구를 위한 제언을 연구내용 및 분석방법 측면으로 구분하여 제시하면 다음과 같다. 먼저, 연구내용 측면에서는 국내 초·중등교육기관의 효율성 분석 사례연구가 축적될 필요가 있으며 타 시·도와의 비교연구 또한 요구된다. 분석방법 측면에서는 제한적으로 사용한 산출변수 이외에 학교알리미를 통해 학교 간 상대적 효율성 측정에 필요한 보다 객관적이고 비교 가능한 학교데이터(예컨대, 학업성취도 표준점수)가 공시되어야 하며, 초·중등학교의 효율성 측정을 위한 투입-산출변수의 이론적 타당화 등의 작업이 지속적으로 이루어져야 할 것으로 보인다.

또한 분석방법 측면에서는 초·중등교육기관의 효율성 측정을 위한 분석방법론 개선 등에 대한 포괄적인 접근이 이루어져야 할 것을 제언하고자 한다. DEA 중에서도 단위조직 운영의 기술적 비효율성을 보다 정확하게 측정하는 확률변경분석(Stochastic Frontier Analysis)이나, 최근 들어 많이 논의되고 있는 부가가치모형(value-added model) 등을 학교의 효율성과 책무성 분석에 활용하는 방안도 강구할 수 있을 것이다.

부록 7-1 규모수익별 학교 특성

번호	규모수익	소재지	설립 유형	설립 형태	평준화 여부	학급 수	학생 수	교원 수
1	IRS	시	공립	비공학	비평준화	30	1089	55
2	CRS	시	공립	남녀공학	평준화	40	1170	57
3	CRS	시	공립	남녀공학	평준화	30	1152	58
4	CRS	시	공립	남녀공학	평준화	31	1166	59
5	CRS	시	공립	비공학	평준화	39	1466	71
6	CRS	시	공립	비공학	비평준화	30	1072	58
7	CRS	시	공립	남녀공학	평준화	30	1137	60
8	IRS	군	공립	남녀공학	비평준화	27	885	53
9	DRS	군	공립	남녀공학	비평준화	18	612	34
10	CRS	시	공립	비공학	비평준화	33	1108	66
11	CRS	시	공립	비공학	비평준화	33	1115	67
12	IRS	군	공립	남녀공학	비평준화	13	410	26
13	IRS	군	공립	남녀공학	비평준화	4	91	12
14	CRS	시	공립	남녀공학	비평준화	7	173	15
15	IRS	군	공립	남녀공학	비평준화	3	65	8
16	CRS	군	공립	남녀공학	비평준화	3	22	11
17	CRS	시	공립	비공학	평준화	37	1397	71

번호	규모수익	소재지	설립 유형	설립 형태	평준화 여부	학급 수	학생 수	교원 수
18	CRS	군	국립	남녀공학	비평준화	13	429	35
19	CRS	군	공립	남녀공학	비평준화	20	677	37
20	IRS	군	공립	비공학	비평준화	9	254	19
21	DRS	시	사립	남녀공학	비평준화	12	348	23
22	CRS	시	공립	비공학	평준화	36	1379	68
23	CRS	시	공립	비공학	비평준화	30	1082	60
24	DRS	군	사립	남녀공학	비평준화	15	482	30
25	IRS	군	공립	남녀공학	비평준화	32	1013	62
26	IRS	군	공립	남녀공학	비평준화	6	184	14
27	DRS	군	사립	남녀공학	비평준화	18	577	36
28	CRS	군	공립	남녀공학	비평준화	25	845	48
29	DRS	시	공립	비공학	평준화	36	1422	75
30	DRS	시	사립	비공학	비평준화	30	1097	56
31	CRS	군	공립	남녀공학	비평준화	15	497	32
32	DRS	시	사립	남녀공학	비평준화	30	1015	56
33	DRS	시	사립	비공학	평준화	30	1151	56
34	DRS	시	사립	남녀공학	평준화	30	1137	56
35	DRS	시	공립	남녀공학	평준화	31	1123	58
36	DRS	시	사립	비공학	평준화	30	1128	56
37	CRS	시	국립	남녀공학	평준화	19	694	46
38	DRS	시	사립	남녀공학	평준화	30	1148	56
39	DRS	군	사립	남녀공학	비평준화	12	406	22
40	DRS	시	사립	비공학	평준화	30	1130	56
41	DRS	시	사립	비공학	평준화	36	1360	68
42	DRS	시	사립	비공학	평준화	30	1161	57

부록 7-2   학교규모(학생 수)와 산출변수 간 산포도

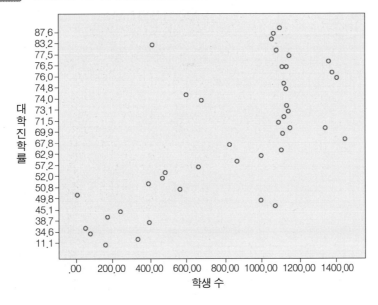

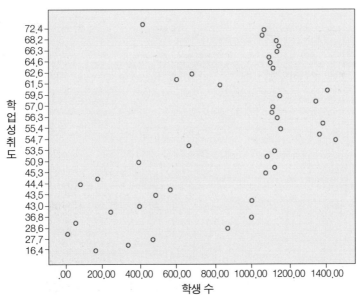

제**4**부

대학과
교육청의
효율성 분석

제**8**장

대학의 연구생산성[1]

이 장에서는 일반대학을 대상으로 연구생산성에 따른 효율성 차이를 분석하고 이에 영향을 미치는 요인을 탐색하였다. 이를 위해 '대학정보공시'에 공시된 정보를 활용하여 3개의 투입변수(교수 수, 대학원생 수, 연구비 수혜액) 및 2개 산출변수(학술지 게재 논문 수, 기타 실적)를 선정하였고, 토빗모형을 통해 연구생산성의 효율성 차이에 영향을 미치는 요인을 분석하였다.

① 연구의 배경

1990년대 후반 이후 우리나라 대학교육정책의 큰 특징 중 하나는 대학의 연구 기능을 높이기 위한 지원을 대폭 강화한 데 있다. 학문 후속세대 양성을 목표로 시작된 두뇌한국21사업(BK21)이 가장 대표적인 연구지원정책 중 하나이고, 한국학술진흥재단(현 한국연구재단)을 중심으로 이루어지는 학술연구조성사업, 교육과학기술부의 특성화장려연구사업, 목적기초연구사업, 우수연구센터지원사업 등 다양한 정책연구 과제

---

1) 이 장은 '김민희, 나민주(2010). DEA를 활용한 대학의 연구생산성 제고방안 탐색. 교육재정경제연구, 19(2)'의 일부분을 수정·보완한 것이다.

등에서 연구역량을 강화하기 위한 재정이 지원되고 있다. 개별 대학 차원에서도 교수 업적평가 및 승진 심사 혹은 정년보장 심사 시 학술논문 및 저서 수를 대폭 강화하거나 다양한 인센티브를 제공하고 있고, 채용방식을 다양화하여 최고의 연구력을 지닌 우수교수 확보를 위해 노력을 경주하고 있다.

그 결과, 지난 10여 년간 양적 측면에서 대학의 연구 산출은 비약적으로 발전하였다. SCI 논문 총 수를 기준으로 한국은 10위권을 꾸준히 유지하고 있다. 또한 1990년대 초반만 하더라도 500위권에 드는 대학이 없었으나, 2007년에는 19개 대학으로 늘어났다(최정윤 외, 2007). 그러나 여전히 한국 대학의 연구생산성과 경쟁력은 낮은 수준에 머물러 있다는 인식이 상존한 가운데, 다른 한편으로는 양적 경쟁 위주의 분위기에서 대학교 수 간에 지나치게 경쟁적 연구 풍토가 조성되거나, 승진을 위한 연구업적 늘리기에 급급하여 강의를 소홀히 하는 등 상당한 문제를 야기하고 있다.

한국 대학의 연구생산성을 양적·질적 측면에서 세계 일류 수준으로 높이기 위해서는 대학의 연구생산성에 관한 체계적인 분석을 통해서 관련 요인을 추출하고, 대학 차원은 물론 국가 차원에서 생산성 제고를 위한 종합적인 지원방안을 수립·시행할 필요가 있다. 이를 위해서는 실증적 분석을 통해서 대학의 연구생산성을 분석하는 작업이 선행되어야 한다. 지금까지 대학의 연구 역량을 강화하고 연구를 활성화하기 위한 다양한 방안이 제시되었으나(고영만, 2007; 교육과학기술부, 2008b; 민철구, 2002; 송완흡, 2008; 양혜영, 이미영, 2009; 유현숙 외, 2002), 대부분 연구생산성의 개념적 엄밀성이 부족하여 실제 유용성 측면에서 많은 한계를 지니고 있다.

한편으로 대학의 생산성(혹은 효율성)에 관한 연구가 수행되어 왔으나(김성훈, 이호섭, 2008; 나민주, 2004; 박태종, 1997; 안태식, 1998; 이호섭, 2008; 이홍배, 이상호, 2001; 황보창수, 2000), 이 연구들은 연구생산성에 초점을 맞추기보다는 대학생산성의 포괄적인 틀 속에서 연구생산성을 분석하고 있어 그 결과의 해석 및 활용에 한계가 있다. 또한 대학의 연구생산성 분석을 위한 객관적인 자료를 수집, 활용하는 데도 많은 제약이 있었다. 본 연구는 대학의 연구생산성을 분석하기 위한 모형을 선정한 후, 대학정보공시 자료를 활용하여 대학의 연구생산성을 분석함으로써 연구생산성 현황 및 관련요인을 밝히고, 대학의 연구생산성을 제고하기 위한 방안을 탐색하는 데 목적이 있다. 이를 위해 공공기관의 상대적 효율성 분석에 가장 많이 활용되는 DEA 및 토빗분석을 활용하였으며, 관련 분야의 전문가협의회를 실시하였다.

② 연구방법

1) 분석모형

대학의 연구생산성 분석을 위해 본 연구에서는 다음과 같은 모형을 설정하였다. 분석모형은 앞 장에서 선행연구 고찰을 통해 얻은 결과를 바탕으로 3개의 투입변수와 2개의 산출변수를 모두 포함한 것이고, 최적화 방식은 교육조직의 특성을 반영하여 투입최소화를 적용하지 않고 산출극대화(output maximization)로 처리하였다. DEA는 CCR과 BCC 조건하에서 효율치를 산출한 후 규모효율성(scale efficiency)을 추정하였다. 이후 토빗분석을 통하여 대학의 연구생산성에 영향을 미치는 요인을 탐색하였다. 본 연구에서 설정한 분석모형은 [그림 8-1]과 같다.

[그림 8-1] 대학 연구생산성 분석모형

2) 변수 및 분석범위

대학 연구생산성 분석에 활용된 변수는 투입변수 3개와 산출변수 2개를 합하여 총

5개이다. 투입변수는 교수 수, 대학원생 수, 연구비 수혜액[2]이며, 산출변수는 연구실적을 대표하는 학술지 게재 논문 수(국내외), 기타 실적(저서, 특허 등)이다. 각 변수들은 총액, 즉 절대값으로 분석하였는데, 이러한 변수들은 대학의 연구생산성(산출물)을 제고하는 데 있어 교수, 학생, 재정 중 어떠한 변수에 대학이 더 많은 노력을 기울여야 하는지에 대한 정보를 얻기 위한 것이다. 변수와 관련된 자료는 대학알리미(http://www.academyinfo.go.kr)의 대학정보공시 2008년도 결산자료를 활용하였다.

〈표 8-1〉 대학 연구생산성 분석변수 설명

변수		산식	비고
투입	교수 수(명)	절대값	전임교원 수
	대학원생 수(명)	절대값	석사, 박사, 석 · 박사통합과정을 합한 총 대학원생 수
	연구비 수혜액(천 원)	교내외 연구비 총액	교내외 연구비 수주액 총액
산출	학술지 논문 수(점)	학술지 논문 수	국내외 학술지 논문 총합계 점수
	기타 실적(점)	저서, 특허 수	저서 · 특허에 대한 총합계 점수

대학 연구생산성에 영향을 미치는 요인을 분석하기 위해 본 연구에서는 절단회귀모형으로 알려진 토빗모형을 사용하였다. 토빗모형에 포함된 영향변수는 일반적으로 대학별 연구 역량 차이에 영향을 주는 외적 배경변수들로 알려진 설립형태(국 · 공립/사립), 소재지(수도권/비수도권), 규모(총 재학생 수), 교수당 대학원생 수, 교수당 연구비 수혜액, 전임교원 강의담당 비율 등이다(박태종, 1997; 안태식, 1998; 이홍배, 이상호, 2001; 홍성욱, 2002; 이호섭, 2008).

---

2) 대학정보공시에 탑재된 연구비 수혜액은 결산정보가 아닌 2008년 계약(협약) 금액으로서, '현금'만 포함된 금액이다.

3) 분석방법

DEA 효율치 분석에는 Frontier Professional Analyst v.3.2, 기타 통계 분석은 Excel 2007, SPSS v17.0 for windows, 대학 연구생산성 차이에 영향을 미치는 요인을 분석하기 위한 토빗모형은 STATA v.10.0 프로그램을 각각 사용하였다.

먼저, 대학별로 투입·산출변수별 평균 및 표준편차를 구하였고, 분석모형과 최적화 방식에 따른 DEA 효율치를 분석하였다. 아울러 효율치에 공헌한 변수(contribution), 참조횟수(reference count)를 분석하여 효율성이 높은 대학의 특성을 분석하였고, 비효율적인 대학(학과)의 경우 잠재적 개선가능치(potential improvement)를 산출하여 비효율요인을 탐색하였으며 효율성을 높일 수 있는 전략을 탐색하였다.

대학 연구생산성에 영향을 미치는 요인은 대학 설립 유형(국·공립/사립), 대학소재지(수도권/비수도권), 대학규모(총 재학생 수), 교수당 대학원생 수, 교수당 연구비, 교수당 전공수업시수 등으로 구분하여 토빗모형을 통해 분석하였다. 토빗모형에 포함된 변수 코딩 및 단위는 〈표 8-2〉와 같다.

|1|2|3| 〈표 8-2〉 토빗모형 포함 변수

구분	변수 코딩 및 단위
설립 유형(국·공립/사립)	국·공립 = 0, 사립 = 1
소재지(수도권/비수도권)	수도권 = 0, 비수도권 = 1
규모(총 재학생 수)	명
교수당 대학원생 수	명
교수당 연구비	천 원
교수당 전공수업시수	시간

③ 연구결과

1) 기술통계

본 연구의 분석대상인 대학별 통계는 〈표 8-3〉과 같다. 전체 대학은 국·공립대학 24개교, 사립대학 105개교의 총 129개교이다.[3] 소재지별로는 수도권이 50개교, 비수도권이 79개교이고, 규모별로는 대규모 대학이 51개교, 중·소규모 대학이 78개교이다.

〈표 8-3〉 분석대상 대학의 분포

학과	계	설립 유형		소재지		규 모	
		국·공립	사립	수도권	비수도권	대	중·소
대학수	129	24	105	50	79	51	78
비율(%)	100	18.6	82.4	38.8	61.2	39.5	60.5

※ 재학생 수를 기준으로 대규모는 1만 명 이상, 중·소규모는 1만 명 미만

본 연구에 사용된 분석변수별 기술통계치는 〈표 8-4〉와 같다. 대학의 교수 수는 평균 413명이며, 대학원생 수는 881명, 연구비 수혜액은 221억 원, 학술지 논문 실적은 457점, 기타 실적은 68점이었다.

〈표 8-4〉 연구생산성 분석변수별 기술통계치

	변수	평균	표준편차	최소	최대
투입	교수 수(명)	413.3	353.81	15	1,797
	대학원생 수(명)	881.4	1267.67	6	8,182
	연구비 수혜액(천 원)	22,161,847.1	43,039,477.2	6,000	354,890,893
산출	학술지 논문 실적(점)	457.61	543.49	5.60	3,016.8
	기타 실적	68.01	139.12	1.60	139.12

---

3) 본 연구는 전체 대학 중 물리학과와 경제학과가 설치된 대학 129개만을 분석대상으로 하였다.

2) 효율치 분포 분석

DEA의 CCR 조건과 BCC 조건하에서 대학의 효율치 분포를 제시하면 〈표 8-5〉와 같다. 분석결과에 의하면 100% 효율치를 달성하고 있는 대학은 전체 129개 대학 중 CCR 조건하에서는 8개교였으나 BCC 조건하에서는 13개교로 나타났다. 즉, 규모를 고려할 경우 전체 대학의 효율성은 높아진다. CCR 조건과 BCC 조건하에서 전체 대학의 효율치는 21~70% 범위 내에 위치한 편포를 보이고 있다.

123 〈표 8-5〉 효율치 분포 분석

효율치	국 · 공립(24개교)		사립(105개교)	
	CCR	BCC	CCR	BCC
100	1	3	7	10
90~99	–	–	1	2
80~89	1	–	4	5
70~79	1	1	3	5
60~69	–	2	11	16
50~59	3	4	20	14
40~49	10	10	21	21
30~39	7	4	26	21
20~29	1	–	10	11
10~19	–	–	2	–
평균	47.25	54.34	50.86	54.90
표준편차	17.19	20.34	20.33	22.21
최대값	100.00	100.00	100.00	100.00
최소값	28.09	31.31	17.18	20.21

대학을 설립유형으로 구분하여 효율치 평균을 분석한 결과, 국 · 공립대학보다는 사립대학의 효율성이 약간 높은 것으로 나타났다. 국 · 공립대학 24개교의 효율치 분포

를 보면, CCR 조건하에서 효율치 100%를 달성한 대학은 1개교이고, BCC 조건하에서는 3개교가 100%를 보이고 있다. 각 조건하에서 국·공립대학의 효율치는 40~49% 범위 내에 있는 학교가 가장 많은 것으로 나타났다. 이에 비해 사립대학에서 100% 효율치를 보이는 학교는 CCR 조건하에서는 7개교, BCC 조건하에서는 10개교로 나타나 국·공립대학에 비해 효율성이 높은 대학이 많았다. 사립대학은 대부분의 학교 효율치가 약 30~59% 범위 내에 분포하고 있다. CCR 조건하에서는 국·공립대학 효율치 평균이 47%이고 사립대학은 51%로 나타나 사립대학이 국·공립대학에 비해 효율성이 약간 높게 나타났다. 그러나 기관의 '규모'를 고려한 BCC 조건하에서는 국·공립대학과 사립대학 간 효율성에 차이가 없는 것으로 나타나, 국·공립대학의 경우 '규모'에 따른 효율치 차이가 매우 큰 것을 알 수 있다.

3) 규모효율성 분석

〈표 8-6〉은 전체 대학의 설립유형별 규모효율성(scale efficiency)을 제시한 것이다. 규모의 효율치는 일반적으로 CCR 조건하에서 산출된 효율치를 BCC 조건하의 효율치로 나눈 값으로 '순수 규모효율성'이라고도 불린다. 규모효율성은 고등교육기관, 특히 대학에 대한 적정 규모가 항상 관심으로 대두되고 있기 때문에 규모가 효율성과 어느 정도 관련이 있는지를 분석할 수 있도록 해 준다. 규모효율성 분석결과, 국·공립대학의 경우 전체의 약 8%가 CRS를 달성하였고, DRS에 위치한 대학은 없었다. 반면, IRS에 해당하는 대학이 전체의 91.7%로 나타나 대부분 비효율성의 원인이 '규모'에 있음을 보여 준다.

사립대학은 전체 분석대상 대학 중 약 17%의 대학이 CRS를 달성한 것으로 나타났다. 74.3%는 IRS 상태를 보이는 가운데, DRS에 해당하는 대학이 약 8.6% 정도로 나타나 국·공립대학과 마찬가지로 대학의 규모로 인한 비효율성이 나타나고는 있으나, 일부 대학의 경우 운영기술상의 문제로 인한 비효율도 발생하는 것으로 나타나 차이를 보였다. 즉, 연구생산성과 관련지어 볼 때 우리나라 대학은 전반적으로 기술적인 문제보다는 적정한 규모를 유지하지 못해 연구생산성이 낮다고 볼 수 있다.

📑 〈표 8-6〉 규모효율성 분석

구분	국·공립(비중)	사립(비중)
CRS	2(8.3%)	18(17.1%)
IRS	22(91.7%)	78(74.3%)
DRS	0(0.0%)	9(8.6%)
계	24(100.0%)	105(100.0%)

※ CRS(규모수익불변, Constant Return to Scale, CCR = BCC): 모든 생산요소를 동시에 증가시킬 때 산출량
이 이에 비례하여 동일하게 증가하는 경우. 투입과 산출 측면에서 효율성을 달성하고 있는 조직임.
　IRS(규모수익체증, Increasing Return to Scale, BCC<SE): 모든 생산요소를 동시에 증가시킬 때 산출량이 더 증
가하는 경우. 규모수익체증인 기관은 '적정 규모 유지'를 통한 효율성 제고방안을 수립하는 것이 바람직함.
　DRS(규모수익체감, Decreasing Return to Scale, BCC>SE): 모든 생산요소를 동시에 증가시킬 때 산출량이 더
감소하는 경우. 규모수익체감인 경우 규모의 비경제(Diseconomics of Scale)가 존재한다고 볼 수 있음. 규모수
익체감인 기관은 '운영상(기술상)의 효율성 향상방안 수립'을 통한 효율성 제고가 바람직함.

4) 참조횟수 분석

우리나라 전체 대학의 연구생산성이 전반적으로 낮게 나타난 가운데, 개별 대학 중
비효율적으로 나타난 대학이 효율성을 높이기 위해 가장 많이 참조(벤치마킹)할 수 있
는 대학을 제시하면 〈표 8-7〉과 같다.[4] 국립대학 중에서는 TU54대학이 유일하며, 대
부분 사립대학이 높은 참조횟수를 보이는 것으로 나타났다. 사립대학 중에서는 TU113
대학이 114번으로 참조횟수가 가장 높게 나타났고, 소규모 사립대학인 TU84대학과
TU40대학 등도 높은 참조횟수를 보이고 있다. 참조횟수가 높게 나타난 대학들은 설립
유형 이외에 소재지와 규모에 따른 일관된 경향을 보이지는 않았다. 즉, 우리나라 전체
대학의 연구생산성은 설립유형에 따른 차이가 크다고 할 수 있다.

---

4) 여기서는 DEA의 BCC 조건하에서 효율성을 분석한 결과를 중심으로 제시한다.

〈표 8-7〉 참조횟수 상위대학 분석(BCC)

대학명	참조횟수	대학특성		
		설립유형	소재지	규모
TU113	114	사립	수도권	대규모
TU84	57	사립	비수도권	소규모
TU40	57	사립	수도권	대규모
TU28	45	사립	비수도권	중규모
TU54	27	국립	비수도권	대규모

5) 비효율요인 및 개선가능치 분석

여기서는 전체 대학 중 연구생산성 측면에서 가장 비효율적으로 나타난 국·공립대학과 사립대학 1개씩을 선정하여, 이들 대학의 비효율요인 및 개선가능치 분석결과를 제시한다.

〈표 8-8〉 하위대학 비효율요인 및 개선가능치 분석(BCC)

구분		TU29대학(국·공립)		TU88대학(사립)	
		현재	개선	현재	개선
투입	전임교수 수(명)	188	188	656	565.8
	(개선율 %)	0		−13.75	
	대학원생 수(명)	317	317	1,077	1,077
	(개선율 %)	0		0	
	연구비 총액(천 원)	10,962,343	2,427,770.47	16,696,682	11,564,608.76
	(개선율 %)	−77.85		−30.74	
산출	학술지 논문 실적(점)	157.4	511.32	319.9	1,583.05
	(개선율 %)	224.85		394.86	
	기타 실적(점)	9.6	73.3	38.2	214.25
	(개선율 %)	663.56		460.86	
참조집단		TU28, TU72, TU113		TU54, TU113	

〈표 8-8〉에 의하면, 국·공립대학 중 TU29대학의 효율성이 31.31%로 가장 낮았는데, 현재 투입수준에서 연구비 수혜액은 다소 줄이면서 연구실적은 600% 이상 늘려야 동일한 투입요소를 유지하면서 산출을 극대화시킬 수 있는 것으로 나타났다. 사립대학 중에서는 TU88대학이 20.21%로 가장 비효율적으로 나타났는데, 이 대학의 경우 투입변수 중 전임교수 수와 연구비 수혜액은 줄이면서 상대적으로 산출변수인 연구실적 점수를 390% 이상 높여야 효율성을 달성할 수 있는 것으로 나타났다. 〈표 8-8〉에 제시한 참조집단 대학들은 비효율적인 대학과 유사한 규모와 투입자원을 가지면서 산출을 높이고 있으므로, 비효율적인 대학에서는 이들 대학의 특성과 정보를 벤치마킹하여 효율성을 높여 나갈 전략을 구상할 수 있다.

6) 연구생산성 영향요인 분석

지금까지 제시한 결과에 의하면 전체 대학의 연구생산성은 대학별로 큰 차이를 보이고 있다. 이러한 차이에 영향을 미치는 요인이 무엇인지 분석하기 위해 절단회귀모형으로 알려진 토빗분석을 실시하였다. 토빗분석에 포함된 변수들은 선행연구에서 대학별 연구 역량 차이에 영향을 주는 변수들로 알려진 설립유형(국·공립/사립), 소재지(수도권/비수도권), 규모(총 재학생 수), 교수당 대학원생 수, 교수당 연구비 수혜액, 전임교원 강의담당 비율 등이다.

〈표 8-9〉에 제시된 분석결과에 의하면, CCR 조건하에서 대학 규모의 영향이 나타난 것 외에 대학 연구생산성 차이에 따른 변수들의 영향력은 나타나지 않았다. 즉, 우리나라 전체 대학의 경우 규모가 클수록 연구생산성이 5.6%가량 높아진다. 그러나 BCC 조건하에서 대학 연구생산성에 통계적으로 유의한 영향력을 보이는 변수는 없었다. 이러한 결과를 근거로 추정해 볼 때, 전통적으로 대학의 연구생산성에 영향을 미치는 요인은 대학 외적 배경특성보다는 연구비 지원시스템이나 연구업적 기준 등의 대학 내 연구관리 운영상의 특성이 강하게 작용하고 있는 것으로 보인다.

📑 〈표 8-9〉 대학 연구생산성 영향요인 분석

구분	CCR	BCC
상수	56.052(5.05)	55.256(4.25)
설립유형	2.072(0.41)	−0.133(−0.02)
소재지	−3.569(−0.88)	−6.899(−1.46)
규모	5.573(2.50)*	3.436(1.32)
교수당 대학원생 수	1.268(1.20)	1.665(1.35)
교수당 연구비 수혜액	−0.000(−0.79)	−0.000(−0.25)
전임교원 강의담당 비율	−0.200(−1.15)	−0.014(−0.07)
Pseudo R^2	0.0102	0.005
χ^2	11.22	6.04
Log−likelihood	−545.98044	−547.55377

※ ( ) 안은 t값, * p<.05

❹ 논의 및 결론

지금까지 연구생산성 및 관련 요인에 관한 논의와 분석결과를 바탕으로 대학의 연구생산성 제고방안을 제시하면 다음과 같다.

1) 대학별 발전전략의 차별화

국가 차원에서는 투입을 적정 수준으로 향상시키고 연구산출의 질적 수준을 높이는 산출극대화 전략이 필요하나, 대학 차원에서 선택할 수 있는 대안은 상황 및 여건에 따라 달라져야 한다. 연구생산성 및 관련 요인 분석에서 나타난 가장 큰 특징은 투입, 산출, 효과성의 여러 측면에서 대학 간 격차가 매우 크다는 점이다. 교수 수, 학생 수, 연구비와 같은 투입 측면, 그리고 논문 수, 저서 수, 특허와 같은 산출 측면에서 대학 간 격차가 점차 확대되고 있다. 뿐만 아니라 연구생산성에서도 대학 간 격차는 크게 나타나고 있다. 연구 생산이 100%인 대학은 전체의 10% 정도이고 나머지 대학들은 10~99%까지 다양하게 분포되어 있다.

비효율치 및 개선가능치 분석결과에 의하면, 연구생산성을 개선하기 위한 방법도 대학별로 다르다. 예컨대, 효율성이 하위인 국·공립대학은 연구비를 줄이면서 연구실적을 대폭 확대하는 전략[5])이 필요한 반면, 사립대학 중 가장 효율성이 낮은 대학은 투입변수 중 교수 수와 연구비를 높이는 전략이 필요하다. 따라서 연구생산성을 높이기 위한 전략 역시 대학별로 차별화되어야 한다. 모든 대학이 모든 교수에게 동일한 연구업적 기준을 제시하고 비슷한 방식으로 지원하는 것보다는 대학여건과 교수들의 상황을 고려한 전략이 필요하다.

2) 대학평가 및 재정지원제도의 전환

대학별 전략적 선택을 지원하기 위해서는 대학평가와 재정지원제도의 변화가 필요하다. 예컨대, 대학교육에 커다란 영향을 미치고 있는 언론기관 대학평가의 경우, 모든 대학을 대상으로 평가지표별 상대평가 점수를 종합하는 방식으로 순위를 발표하고 있다. 각 대학들은 모든 평가지표에서 순위를 높이기 위해서 온갖 노력을 다하고 있다. 이러한 상황이 지속되면서 대학 간 특성화보다는 동질화 현상이 심화되고 있다. 언론기관은 대학을 적절한 방식으로 유형화하여 동일 유형 내에서 순위를 매기거나, 종합점수가 아닌 분야별 순위를 발표하는 방식으로 순위평가 방식을 전환할 필요가 있다. 무엇보다도 언론기관의 대학순위 발표에 대학, 학부모, 학생, 정부, 국민이 의연하게 대처하는 성숙한 자세도 필요하다.

정부재정지원사업, 예컨대 교육역량강화사업의 경우 지역, 규모, 기능 등을 중심으

---

5) 연구비 규모를 절대적으로 줄이는 것이 아니라 상대적으로 연구실적을 연구비 수혜액 수준으로 상승해야 한다는 의미로 해석해야 한다. 연구비 규모는 연구생산성 증가에 가장 영향을 미치는 요인이다.

로 대학을 몇 개 집단으로 유형화하고 동일 유형 내에서 대학 간 경쟁을 통해서 재정지원액을 배분하는 방식을 적용하고 있다. 그러나 지표별로 대학 간 상대평가 점수를 산출하고 지표별 점수를 합산하는 방식이 사용되고 있어서 대학별 특성을 반영하는 데는 한계가 있다. 특히 학문계열별 특성을 고려하지 않고 있어서 학과 구성에 따라 대학의 유불리가 지나치게 영향을 받고, 취업률이나 여건이 유리한 계열을 중심으로 대학구조조정이 이루어지는 결과를 가져올 것으로 예상된다.

정부재정지원사업에서는 대학들이 자신의 상황과 여건에 대한 판단을 근거로 발전전략을 수립할 수 있도록 상대평가보다는 절대평가, 가용한 재원을 얼마나 효율적으로 사용하고 있는가 하는 효율성의 관점, 이전에 비해서 얼마나 개선되고 있는가 하는 향상도의 반영, 그리고 투입 수준과 산출 수준을 비교하여 대학이 창출한 부가가치를 고려하는 관점 등을 반영하는 방향으로 평가제도를 전환할 필요가 있다. 특히 학문분야별로 대학 간 경쟁이 이루어질 수 있도록 대학 전체 비교방식이 아니라 학문분야별 비교방식이 도입되어야 할 것이다.

3) 교수업적 평가제도의 보완

대학의 연구생산성을 높이기 위해서는 무엇보다도 대학별 교수업적 평가제도를 보완하는 것이 중요하다. 본 연구에서 설정한 대학별 효율치 차이에 영향을 주는 요인을 토빗분석한 결과, 통계적으로 유의한 영향요인은 나타나지 않았다. 즉, 전통적으로 대학의 연구 효율성이나 생산성에 영향을 미치는 요인으로 지적되어 온 대학 배경변인들, 설립형태, 소재지, 규모, 교수당 학생 수, 교수당 연구비, 강의담당비율 등은 본 연구의 분석결과에서는 그 영향이 나타나지 않았다. 이는 본 연구에서 설정한 영향요인 이외에 또 다른 배경요인들이 더 많이 포함되어야 했거나 분석대상 단위의 수가 너무 적었기 때문에 나타난 결과로 해석할 수 있다. 그러나 이러한 이유보다는 우리나라 대학의 연구생산성은 대학의 외적 요인이 아닌 학교별 승진규정, 성과급(교내연구비, 인센티브), 업적평가 기준 등 연구지원 여건에 따른 내적 차이에 훨씬 더 큰 영향을 받고 있기 때문으로 보는 것이 더 타당하다.

교육, 연구, 봉사로 구성되어 분야별 점수를 산출하고 모든 교수에게 동일 의무를 부과하여 상호경쟁을 조장하는 현행 교수업적 평가제도는 연구업적의 양적 성장에는 공헌하였으나, 연구의 질적 수준을 높이는 데는 한계에 달한 것으로 보인다. 최근 들어 대학의 논문산출 증가율이 둔화되고 있기 때문이다. 따라서 연구산출이 일정 수준에 도달한 우수대학의 경우에는 질적 측면에서 우수하고 창의적이며 영향력이 높은 연구가 나올 수 있도록 평가제도를 보완할 필요가 있다. 1년 단위 평가제도를 개선하여 3년 내지 5년 단위로 평가하여 중·장기적인 기초연구를 지원할 필요도 있다. 연구 관련 투입자원이 열악하고 산출수준과 연구생산성이 낮은 대학은 연구분야보다는 교육분야를 특성화하는 전략도 필요하다. 같은 대학에서도 학문분야에 따라 혹은 교수에 따라 연구업적평가의 대상과 목표치를 달리하는 방안도 고려할 수 있다.

대학 이외에도 기업, 공공연구기관과 같은 사회기관들이 연구를 수행하고 있으나, 대학은 지식의 지속적인 축적과 분배는 물론 그러한 역할을 담당할 인력을 양성하는 기능을 복합적으로 수행하는 국가 연구개발체제의 핵심기관이다. 기초·응용·개발의 연구단계별로 볼 때, 특히 대학은 기초연구 수행에서 중추적인 역할을 담당해 왔고, 응용 및 개발연구에서도 그 영역과 역량을 넓히고 있다. 대학의 연구 경쟁력과 생산성은 국가발전의 원동력이자 대학 생존 및 발전의 최대자원이라 할 수 있다. 본 연구에서는 DEA를 활용하여 효율성 개념을 중심으로 연구생산성 및 관련 요인을 실증 분석하고, 대학의 연구생산성 제고 방안을 탐색하였다. 연구생산성 제고 방안을 중심으로 주요 결론을 제시하면 다음과 같다.

첫째, 대학별로 차별화된 연구생산성 제고전략이 수립되어야 한다. 이 연구에서 밝혀진 가장 두드러진 현상은 대학에 따라 연구의 여건, 산출, 생산성 측면에서 커다란 격차가 있다는 점이다. 따라서 생산성을 높이기 위한 전략도 대학별로 달라져야 한다. 대학에 따라 투입 측면에서 교수 수, 대학원생 수, 연구비 규모, 산출 측면에서 논문, 기타 연구업적 등 산출물 수준과 관련된 전략을 수립하고 상황 및 여건에 따라 대안을 달리 선택해야 한다.

둘째, 대학별 전략적 선택을 지원하기 위해서는 대학평가와 재정지원제도의 변화가 필요하다. 현재와 같은 지표별 점수 합산방식, 상대평가 위주의 순위발표식 대학평가,

특히 언론기관의 순위발표는 각 대학의 전략적 선택을 방해하고 대학 간 동질성을 촉진할 가능성이 매우 높다. 정부재정지원사업에서도 학문계열별 특성을 반영하고, 상대평가보다는 절대평가, 변화도 평가, 효율성 평가, 부가가치평가 등의 관점을 적용할 필요가 있다.

셋째, 대학의 연구생산성을 높이기 위해서는 무엇보다도 대학별 교수업적 평가제도를 보완하는 것이 중요하다. 우리나라 대학의 연구생산성은 대학의 외적 요인이 아닌 학교별 승진규정, 성과급(교내연구비, 인센티브), 업적 평가기준 등 연구지원 여건에 따른 내적 차이에 훨씬 더 큰 영향을 받고 있기 때문이다. 따라서 연구산출의 양적 수준이 일정 수준이 도달한 우수대학의 경우에는 질적 측면에서 우수하고 창의적이며 영향력이 높은 연구가 나오도록 1년 단위 평가제도를 개선하여 3년 내지 5년 단위로 평가할 필요가 있다.

본 연구에서는 대학별 연구생산성을 실증적으로 분석하였으나, 여러 가지 제한점이 있어서 앞으로 더욱 정교한 연구생산성 분석모형 및 분석방법을 활용한 후속연구가 기대된다. 첫째, 분석자료의 측면에서 더욱 다양한 대학정보를 활용한 연구가 필요하다. DEA를 위해서는 계량화된 자료가 필요한데, 대학정보공시에 입력된 자료가 매우 제한적이어서 전체 대학의 연구생산성 변수 선정 및 측정 또한 제한적으로 이루어질 수밖에 없었다. 학과, 학문단위별로 자료수집이 필요하고, 단년도 자료뿐만 아니라 종단적 자료를 활용한 연구가 필요하다.

둘째, 생산성(효율성) 분석을 위한 새로운 연구기법을 적용할 필요가 있다. 본 연구에서 사용한 DEA는 비영리조직의 상대적 효율성을 측정하기 위한 통계방법으로 알려져 있으나 한계점 또한 존재한다. 특히 분석에 포함된 변수만을 대상으로 한 상대적 효율성만 측정하기 때문에 그 해석 또한 매우 제한적이며 정책적 시사점을 도출하기가 쉽지 않다. 또한 특정 조직의 생산성과 효율성은 단일 시점의 횡단면 자료가 아닌 종단적·시계열적 자료를 통해 보다 장기적으로 분석되어야 함에도 불구하고 DEA에서는 이러한 관점을 반영하기가 어렵다. 따라서 향후 분석에서는 MI 등을 보완적으로 사용하여 연구생산성의 변화과정 및 연도별 효율성 추이 등을 보다 면밀하게 밝혀내야 할 것이다.

대학재정의 효율성[1]

이 장에서는 일반대학의 재정운영 효율성 차이를 분석하고 이에 영향을 미치는 요인을 탐색하였다. 대학재정의 효율치는 산출극대화 조건하에서 총 3개의 분석모형(종합모형, 교육모형, 연구모형)을 구안하여 CCR과 BCC를 분석하고 규모효율성을 측정하였다. 이를 위해 '대학알리미'에 공시된 학교정보를 활용하여 6개의 투입변수(인건비, 운영비, 학생 1인당 교육비, 장학금, 연구비 수혜액) 및 3개 산출변수(취업률, 충원율, 연구실적)를 선정하였고, 각 모형별로 각기 다른 변수를 포함하였다. 대학별 대학재정 효율치 차이의 영향요인은 토빗모형을 적용하여 분석하였다.

1 연구의 배경

최근 대학을 둘러싼 급격한 사회경제적 변화로 인해 개별 대학은 존립의 위기에 직면해 있다고 해도 과언이 아니다. 저출산 추세에 따라 2019년부터 학령인구가 대학 입학정원보다 감소하기 시작하여 이후 지속적으로 감소될 것으로 예측되고 있다. 더욱이 연간 평균 천만 원에 이르는 대학교육 비용에도 불구하고 낮은 대학교육의 질로 인

---

1) 이 장은 '이정미, 김민희(2010). 대학재정의 효율성 분석. 교육행정학연구, 28(4)'를 수정 · 보완한 것이다.

해 국내의 입학자원은 급속히 해외 대학으로 유출될 것으로 예상되고 있다. 입학자원의 급격한 감소는 대학의 학생 미충원율을 증가시켜 앞으로 머지않아 경쟁력이 낮은 상당수 대학이 존폐 위기에 직면하게 될 것임을 시사한다. 이러한 실정에서 대학의 질적 수월성을 제고하기 위한 기본 전략으로서 충분한 재원을 확보하고, 확보된 재정을 효율적으로 운영하는 문제는 대학 및 국가의 전략적 목표로서 부각되어 왔다.

대학재정 운영의 효율성과 관련해서는 지금까지 상당한 연구 성과가 축적되어 왔다. 선행연구들은 우리나라 대학재정의 운영 현황에 대한 이해를 높이고 대학재정의 문제점을 파악하게 함으로써 대학재정의 효율성 제고를 위한 정책적 시사점을 제공하였다는 데 의의가 있다. 그러나 선행연구들의 연구 내용 및 방법과 관련하여 다음과 같은 점들에 대해 검토가 필요하다.

첫째, 대학재정의 효율성에 관한 개념 정립의 문제이다. 그동안의 연구는 대학재정의 효율성에 관하여 산발적이고 자의적인 분석과 평가가 대종을 이루고 있고, 효율성에 관한 개념 정립이 불명확함에 따라 체계적이고 타당한 분석 자료가 축적되지 못했다(나민주, 2004; 나민주, 김민희, 2005). 효율성은 제한된 희소자원으로부터 최대의 효과를 얻으려는 경제 원리로서 투입과 산출, 그리고 그 관계를 중심으로 논의될 필요가 있다.

둘째, 대학재정의 성과로서 효율성을 측정하는 방법론에 있어서의 문제이다. 기존의 연구들은 대학의 재정을 분석하고 효율성을 평가하는 데 있어서 대학의 수입과 지출에 관한 소수 항목들에 대한 단순비율분석이 대종을 이루어 대학의 산출 수준을 고려하지 않은 문제를 가진다. 효율성은 제한된 희소자원으로부터 최대의 효과를 얻으려는 경제 원리로서 투입에 대한 산출의 비율로 설명된다는 점에서 볼 때, 대학의 산출 수준을 고려하지 않은 수입과 지출에 관한 분석만으로는 대학의 효율성을 제고하기 위한 충분한 정보를 제공하지 못한다(오범호, 2008). 필요한 것은 각 대학의 재정 규모와 재정 능력에 대한 정보 제공을 넘어서 각 대학이 주어진 여건에서 효율적 운영을 통해서 최대의 성과를 산출하고 있는지를 분석하는 것이다. 이를 위해 기존의 전통적 효율성 분석도구들의 한계를 개선한 타당성 높은 대안인 DEA를 활용할 필요가 있다.

이러한 필요성에 더하여, 본 연구는 DEA를 활용하여 대학재정 운영의 효율성을 평가·분석한 후, 향후 대학재정 운영의 효율성을 개선하기 위한 정책적 과제를 도출하는 것을 목적으로 한다. 이러한 목적을 달성하기 위해 대학의 유형별로 재정 운영 효율성은 어느 정도이며, 비효율요인은 무엇인지를 분석한다. 구체적으로, 전체 대학별·대학규모별 효율치 분석, 대하 배경변인별 효율치 차이 분석, 규모효율성 분석, 분석모형별 참조횟수 분석, 효율치 영향요인 분석 등을 실시한다.

❷ 연구방법

1) 분석모형

대학재정의 효율성 분석을 위한 DEA 모형 설정을 위해 선행연구를 참고하여 투입변수와 산출변수를 선정하였는데, 산출의 경우에는 '교육'과 '연구'의 두 영역으로 구분하여 변수를 선정하였다. 교육과 연구에 관련된 변수 선정 시 국·공립대학과 사립대학의 세입·세출 내역, 규모, 실제 운영과정 등을 고려하였다.

투입변수와 산출변수, 그리고 분석방법 등을 포함한 구체적인 대학재정 효율성 분석모형은 [그림 9-1]과 같다. 먼저, 투입변수는 인적 자원과 물적 자원으로 나누어 선정하되, 대학재정 운영의 효율성은 물적 자원, 즉 금전의 활용과 관련되어 있으므로 금전적 단위로 표현한 변수로 선정하였다. 산출변수는 교육영역과 연구영역으로 구분하여 각각 별개의 변수들을 선정하였다. 대학재정 효율성은 교육과 연구, 재정적 자원을 종합적으로 고려하여 분석하되, 몇 가지 대안적인 모형을 설정하여 분석하여야 한다.

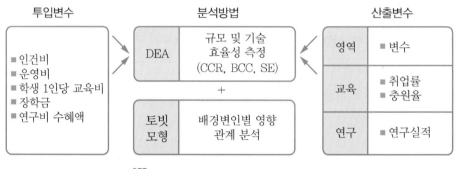

[그림 9-1] 대학재정 효율성 분석모형

2) 측정변수

대학재정 효율성 분석을 위한 투입변수와 산출변수는 모형의 간결성을 위해 최소한의 대표적인 변수로 선정하는 것이 바람직하다. 그동안 대학운영의 효율성을 측정하기 위해 대표적인 지표로 언급되어 온 변수는 교수 수, 직원 수 등의 인적 자원 변수와 인건비, 운영비, 시설비 등의 재정 자원이다. 대학재정의 성과를 분석하는 본 논문의 목적에 부합하기 위해서는 교수 수, 직원 수 등과 같은 물리적 단위보다는 인건비와 운영비, 학생 1인당 교육비, 장학금 등의 화폐적 단위를 선정하는 것이 타당하다.[2) 따라서 최종적으로 인건비와 운영비, 학생 1인당 교육비, 장학금, 연구비 수혜액을 투입변수로 선정하였다. 대학재정 효율성 측정을 위한 산출변수는 교육과 연구 각각의 영역에서 선정되어야 하는데, 교육영역에서는 취업률과 충원율, 연구 영역에서는 연구실적 점수 등과 같은 변수를 사용하였다.

본 논문에서는 3개의 분석모형을 구안하였다. 모형 1(종합모형)의 경우 5개의 투입변수와 3개의 산출변수가 모두 포함된 형태이다. 모형 2는 '교육모형'으로서 교육 관련 4개 투입변수(인건비, 운영비, 학생 1인당 교육비, 장학금)와 2개 산출변수(취업률, 충원율)

---

2) 물리적 단위인 교수 수나 직원 수는 인건비와 높은 상관관계를 보이는 것으로 나타났기 때문에 화폐 단위로 변수를 변환하는 것이 타당하다고 판단된다.

가 포함되었다. 모형 3은 3개의 연구 관련 투입변수(인건비, 운영비, 연구비 수혜액)와 1개의 산출변수(연구실적 점수)가 포함된 '연구모형'이다. 〈표 9-1〉은 분석모형별 투입 및 산출변수를 구성하여 제시한 것이고, 〈표 9-2〉는 각 변수의 산출근거를 제시한 것이다.

123 〈표 9-1〉 대학재정 효율성 분석모형별 투입 및 산출변수 구성

구분	종합모형	교육모형	연구모형
투입변수			
인건비	O	O	O
운영비	O	O	O
학생 1인당 교육비	O	O	
장학금	O	O	
연구비 수혜액	O		O
산출변수			
취업률	O	O	
충원율	O	O	
연구실적	O		O

123 〈표 9-2〉 대학재정 효율성 분석 변수 및 산출근거

변수		산출근거
투입변수	인건비	세출총액 중 인건비 총액
	운영비	세출총액 중 운영비 총액
	학생 1인당 교육비	총세출액 중 교육비 ÷ 학생 수
	장학금	장학금 총액
	연구비 수혜액	교내외 연구비 수혜액
산출변수	취업률	정규직 취업률
	충원율	100 − (재적학생 수 ÷ 등록학생 수) × 100
	연구실적	국내외 학술지 논문 수 + 저서 총점수

3) 분석방법

먼저, DEA를 통해 각 대학의 상대적 순수기술효율성과 규모효율성을 분석하였고, 대학별 DEA 효율치에 영향을 미치는 배경변인을 탐색하기 위해 두 가지 토빗모형을 활용하였다. 두 가지 토빗모형의 구분은 정부지원금 포함 여부에 따라 달라진다. 정부지원금은 대학의 교육과 연구기능을 촉진시키기 위해 배분되고 있으므로 정부지원금의 통제 여부에 따라 다른 변인들과의 관계가 어떻게 변화하는지를 분석할 수 있을 것이다. 토빗분석을 위한 모형에 포함된 변수들은 〈표 9-3〉과 같다.

`1 2 3` 〈표 9-3〉 토빗모형 포함 변수

구분	모형 1	모형 2	변수 코딩 및 단위
설립형태(국·공립/사립)	O	O	국·공립 = 0, 사립 = 1
소재지(수도권/비수도권)	O	O	수도권 = 0, 비수도권 = 1
규모(총 재학생 수)	O	O	(명)
교수 1인당 학생 수	O	O	(명)
학생당 세출총액	O	O	(천 원)
정부지원금		O	(천 원)

본 연구에서 활용한 기본 분석자료는 대학알리미에 탑재된 총 193개 대학의 대학정보공시자료이다. DEA 효율치는 일정 수준의 투입요소가 주어졌을 때 어느 정도까지 산출을 달성해야 하는지 관심을 두는 산출극대화 조건하에서 CCR과 BCC를 가정하여 산출하였고, CCR/BCC를 통해 규모효율성을 측정하였다. 또한 가장 효율적으로 평가된 대학들의 참조횟수를 제공하여 비효율적인 학교들이 벤치마킹할 수 있는 정보를 제공하였고, 비효율적 학교의 개선치는 잠재적 개선가능치를 구하여 각 변수 간 조정비율을 제시하였다. 대학별 기술통계는 SPSS v17.0, 토빗분석은 STATA/SE v10.0 프로그램을 활용하였다.

③ 연구결과

1) 기술통계치

본 연구에 사용된 분석자료는 2007년 기준 대학별 세출결산자료의 기술통계치이고, 각 변수별 평균과 표준편차를 제시하면 〈표 9-4〉와 같다. 투입변수 중에서 평균 인건비는 국·공립대학이 450억 원으로 사립대학의 330억 원에 비해 약 120억 정도가 많았고, 평균 운영비도 국·공립대학이 350억 원으로 200억 원 정도인 사립대학보다 약 150억 정도가 많은 것으로 나타났다. 평균 연구비 수혜액 역시 국·공립대학이 308억 원으로 149억 원인 사립대학에 비해 약 159억 원이 더 많았다. 그러나 평균 학생 1인당 교육비는 사립대학이 819만 원 정도로 국·공립대학의 770만 원보다 50여 만 원이 더 많았으며 장학금수혜액은 거의 유사하게 나타났다. 산출변수 중에서는 국·공립대학의 평균 취업률은 54.96%로 47.80% 정도인 사립대학에 비해 높았고, 평균 연구실적 총점은 국·공립대학이 501점으로 310점인 사립대학에 비해 약 200점가량 높은 것으로 나타났다. 평균 재학생 충원율은 설립유형별로 큰 차이가 없었다.

분석자료를 소재지별로 분석하면, 수도권 소재 대학이 비수도권 소재 대학에 비해 모든 변수의 평균치가 높게 나타났다. 특히 평균 인건비와 운영비, 장학금, 연구실적 등은 수도권 소재 대학이 비수도권 소재 대학에 비해 매우 높게 나타나고 있다. 그러나 재학생 충원율은 수도권대학이 64%이고 비수도권대학이 72%로 나타나 소재 지역 간 차이를 보이고 있다.

대학의 규모별로 분석자료를 제시하면, 대규모 대학이 중·소규모 대학에 비해 평균 인건비와 운영비, 장학금, 연구비 수혜액, 연구실적 등이 월등히 많은 것으로 나타났다. 그러나 학생 1인당 교육비와 취업률, 재학생 충원율 측면에서는 중·소규모 대학들이 높은 것으로 나타나 차이를 보였다. 특히 재학생 충원율은 중규모(71.92%)＞소규모(69.33%)＞대규모(67.34%) 순으로 나타나 규모에 따른 대학재정 운영에 차이가 있음을 보여 주고 있다.

123 〈표 9-4〉 분석변수의 기술통계치(2007년 결산)

변수	설립유형		소재지		규모		
	국·공립	사립	수도권	비수도권	대	중	소
인건비	45,630,159 (45,251,244)	33,618,246 (42,762,660)	48,300,249 (59,125,853)	28,913,675 (28,820,588)	86,930,265 (52,585,247)	30,068,439 (1,311,1870)	8,930,945 (8,122,366)
운영비	35,236,330 (35,024,662)	20,441,076 (33,238,901)	31,275,551 (44,833,699)	18,865,398 (24,871,459)	57,539,538 (45,932,247)	18,844,663 (12,183,212)	5,598,008 (12,887,096)
학생 1인당 교육비	7,708 (2,227)	8,195 (5,720)	8,611 (3,366)	7,797 (6,016)	8,921 (2,814)	7,446 (2,209)	7,984 (7,178)
장학금	9,613,935 (14,196,639)	9,474,050 (12,369,736)	13,354,195 (18,267,726)	7,260,650 (7,067,396)	23,357,695 (16,966,093)	7,126,873 (2,970,256)	2,561,272 (3,294,456)
연구비 수혜액	30,802,078 (68,389,101)	14,935,487 (34,517,690)	30,976,292 (64,535,600)	10,672,370 (21,859,194)	51,409,873.49 (69,634,124)	9,874,104 (12,926,412)	2,990,560 (16,876,342)
취업률	54.96 (13.99)	47.80 (20.46)	47.75 (20.99)	50.12 (18.63)	49.46 (9.11)	49.90 (12.79)	48.73 (26.34)
충원율	69.58 (6.65)	69.45 (16.54)	64.41 (15.60)	72.43 (13.96)	67.34 (5.93)	71.92 (9.5)	69.33 (20.49)
연구 실적	501.38 (653.39)	310.64 (435.95)	478.64 (675.78)	273.85 (322.49)	892.06 (642.42)	260.51 (184.47)	74.63 (81.3)

※ 수치는 평균이고, ( ) 안은 표준편차임.

2) 효율치 분석

본 연구의 분석대상인 총 193개 전체 대학의 효율성을 분석하기 위해 DEA를 적용한 결과를 〈표 9-5〉에 제시하였다. 본 연구에서 설정한 세 가지 분석모형별로 최적화 조건에 따른 DEA 효율치 평균을 분석한 결과, 100% 효율성을 달성한 대학은 전체 대학의 3~21% 정도로 나타났다. 종합모형의 CCR 조건하에서 전체 대학의 평균은 62.62%였고 BCC 조건하에서는 91.85%로 나타났다. 교육모형의 CCR 조건하에서 효율치 평균은 39.82%였으나 BCC 조건하에서는 90.59%로 높아졌다. 연구모형의 CCR 조건하에서 효율치 평균은 37.78%였으나 BCC 조건하에서는 46.19%로 나타나 종합모형과

123 〈표 9-5〉 효율치 범위별 · 모형별 분석

효율치	종합모형		교육모형		연구모형	
	CCR	BCC	CCR	BCC	CCR	BCC
100	27(14.0)	41(21.2)	7(3.6)	24(12.4)	6(3.1)	13(6.7)
90~99	8(5.2)	81(42.0)	1(0.5)	87(45.1)	1(0.5)	3(1.6)
80~89	9(4.7)	56(29.0)	6(3.1)	63(32.6)	1(0.5)	8(4.1)
70~79	13(6.7)	11(6.0)	9(4.7)	13(6.7)	5(2.6)	7(3.6)
60~69	25(11.9)	2(1.0)	12(6.2)	4(2.1)	6(3.1)	12(6.2)
50~59	40(22.8)	1(0.5)	9(4.7)	1(0.5)	16(8.3)	18(9.3)
40~49	49(24.9)	–	20(10.4)	–	22(11.4)	32(16.6)
30~39	20(9.3)	–	38(19.7)	–	65(33.7)	51(26.4)
20~29	2(0.5)	1(0.5)	69(35.8)	1(0.5)	45(23.3)	28(14.5)
10~19	–	–	21(10.9)	–	15(7.8)	12(6.2)
0~9	–	–	1(0.5)	–	11(5.7)	9(4.7)
최소값	25.94	25.94	4.69	23.77	1.83	1.91
최대값	100	100	100	100	100	100
평균	62.62	91.85	39.82	90.59	37.78	46.19

교육모형의 조건별 효율치 평균 분석결과와는 약간 차이를 보였다. 특히 연구모형의 경우에는 효율치가 1%를 보이는 대학들이 있는 것으로 나타나 전체 평균 효율치에 영향을 크게 미치고 있다.

100% 효율성을 달성하고 있는 대학을 모형별로 살펴보면, 종합모형의 CCR 조건하에서는 총 27개(14%), BCC 조건하에서는 41개로 약 21% 정도의 대학이 효율성이 높은 것으로 나타났다. 교육모형의 경우 CCR 조건하에서 100% 효율성을 달성한 대학은 7개였으나 BCC 모형에서는 24개로 늘어났고, 연구모형의 CCR 조건하에서 100% 효율성을 달성한 대학은 6개였으나 BCC 모형에서는 13개로 늘어났다. 종합모형에 비해 교육 · 연구모형에서 100% 효율성을 달성하고 있는 대학 수는 많지 않은 것으로 나타났다.

DEA 효율치가 100% 이하인 대학의 분포를 살펴보면, 종합모형 CCR 조건에서는 전체 대학의 24.9% 정도가 40%대의 효율치 점수에, BCC 조건하에서는 90%대의 효율치에 전체 대학의 42% 정도가 가장 많이 모여 있는 것으로 나타났다. 그런데 교육모형의 경우에는 CCR 조건하에서 20% 효율치 점수대에 약 35.8% 정도의 대학이 분포되어 있었고, BCC 조건하에서는 90%대의 효율치에 45% 정도의 대학이 모여 있는 것으로 나타나 DEA의 효율치 범위는 모형별 조건에 따라 매우 다름을 알 수 있다.

3) 분석모형별 · 대학배경변인별 효율치 차이 분석

전체 대학의 배경변인별로 효율치에 차이가 있는지를 분석하기 위해 비모수검정(nonparametric tests)을 실시하였다(〈표 9-6〉 참조). 분석결과에 의하면, 설립유형별로는 전체 모형 간에 효율치 차이가 없었다. 즉, 국 · 공립대학과 사립대학의 효율성에 차이가 있다고 볼 수 없었다. 그러나 소재지별로는 종합모형(BCC)과 교육모형(BCC)에서 차이가 있었는데, 수도권에 소재한 대학이 비수도권에 소재한 대학에 비해 p<.001 수준에서 효율성에 차이가 있는 것으로 나타났다.

123 〈표 9-6〉 분석모형별 · 대학배경변인별 효율치 차이 분석

모형		설립유형별			소재지별			규모별			H
		국 · 공립	사립	U	수도권	비수도권	U	대규모	중규모	소규모	
종합	CCR	65.64	61.86	2428.0	63.69	61.99	4304.5	56.77	52.30	72.25	24.968***
	BCC	93.95	91.32	2710.0	95.67	89.64	2427.5***	92.94	91.29	91.53	6.055*
교육	CCR	38.21	40.23	2688.5	38.12	40.81	3842.0	25.35	30.21	54.22	81.201***
	BCC	93.05	89.97	2570.0	94.14	88.53	2580.5***	92.27	90.69	89.52	1.544
연구	CCR	37.37	37.89	2698.0	39.76	36.63	4245.5	38.96	33.56	39.57	5.445
	BCC	45.33	46.40	2970.5	49.80	44.09	3984.5	50.97	38.87	47.63	7.084*

* p<.05, ** p<.01, *** p<.001

대학의 규모별로는 종합모형(CCR), 종합모형(BCC), 교육모형(CCR), 연구모형(BCC)에서 통계적으로 유의한 효율치 차이가 있는 것으로 나타났다. 종합모형(CCR)에서는 소규모 대학이 대규모와 중규모 대학에 비해 효율성이 높았으나, BCC 조건하에서는 소규모 대학의 효율성이 약간 낮았다. 교육모형(CCR)에서는 소규모 대학이 대규모와 중규모 대학에 비해 효율치가 20% 포인트 정도 높게 나타나고 있었으나, 연구모형(BCC)에서는 대규모 대학의 효율성이 높았다. 종합적으로 볼 때, 우리나라 대학의 효율성은 대학 규모에 따른 차이가 매우 크며, 이는 대학재정 운영에도 큰 영향을 미치고 있음을 알 수 있다.

4) 규모효율성 분석

대학재정 효율성 분석모형별로 제시된 규모효율성 분석결과, 종합모형의 경우 CRS를 달성한 대학은 전체의 약 14%였으나, 교육모형에서는 3.6%, 연구모형에서는 약 3.1% 정도의 대학만이 이를 달성하고 있는 것으로 나타났다. 즉, CRS를 달성한 대학은 규모와 기술적인 측면에서 모두 높은 생산성을 보이는 대학이라고 할 수 있다.

1 2 3 〈표 9-7〉 분석모형별 규모효율성 기술통계

구분	종합모형		교육모형		연구모형	
	대학수	비중(%)	대학수	비중(%)	대학수	비중(%)
CRS	27	14.0	7	3.6	6	3.1
IRS	12	6.2	6	3.1	159	82.4
DRS	154	79.8	180	93.3	28	14.5
계	193	100.0	193	100.0	193	100.0

※ CRS(규모수익불변, Constant Return to Scale, CCR = BCC): 모든 생산요소를 동시에 증가시킬 때 산출량이 이에 비례하여 동일하게 증가하는 경우
IRS(규모수익체증, Increasing Return to Scale, BCC<S.E): 모든 생산요소를 동시에 증가시킬 때 산출량이 더 증가하는 경우. 규모수익체증인 기관은 '적정 규모 유지'를 통한 효율성 제고방안을 수립하는 것이 바람직함.
DRS(규모수익체감, Decreasing Return to Scale, BCC>SE): 모든 생산요소를 동시에 증가시킬 때 산출량이 더 감소하는 경우. 규모수익체감인 경우 규모의 비경제(Diseconomics of Scale)가 존재한다고 볼 수 있음. 규모수익체감인 기관은 '운영상(기술상)의 효율성 향상방안 수립'을 통한 효율성 제고가 바람직함.

IRS는 종합모형의 경우, 전체 대학의 6.2%, DRS는 전체 대학의 약 80% 정도로 나타났고, 교육모형에서는 DRS에 해당하는 대학이 93% 정도였다. 그러나 연구모형에서는 DRS보다는 IRS에 약 82%의 대학이 해당하는 것으로 나타나 대학의 기능과 역할을 어디에 두는지에 따라 비효율요인이 각기 달리 나타나고 있음을 알 수 있다.

123 〈표 9-8〉 모형별 · 배경변인별 규모효율성 분포 분석

구분		전체 (학교 수)	국 · 공립									사립								
			계	수도권				비수도권				계	수도권				비수도권			
				소계	대	중	소	소계	대	중	소		소계	대	중	소	소계	대	중	소
종합	CRS	27	2	1	–	–	1	1	–	–	1	25	13	1	–	12	12	1	–	11
	IRS	12	1	–	–	–	–	1	–	–	1	11	2	–	–	2	9	–	1	8
	DRS	154	36	7	2	3	2	29	10	11	8	118	48	21	15	12	70	18	22	30
소계		193	39	8	2	3	3	31	10	11	10	154	63	22	15	26	91	19	23	49
교육	CRS	7	–	–	–	–	–	–	–	–	–	7	1	–	–	1	6	–	–	6
	IRS	6	–	–	–	–	–	–	–	–	–	6	2	–	–	2	4	–	–	4
	DRS	180	39	8	2	3	3	31	10	11	10	141	60	22	15	23	81	19	23	39
소계		193	39	8	2	3	3	31	10	11	10	154	63	22	15	26	91	19	23	49
연구	CRS	6	–	–	–	–	–	–	–	–	–	6	4	1	–	3	2	–	–	2
	IRS	159	34	6	1	3	2	28	9	11	8	125	46	15	14	17	79	17	22	40
	DRS	28	5	2	1	–	1	3	1	–	2	23	13	6	1	6	10	2	1	7
소계		193	39	8	2	3	3	31	10	11	10	154	63	22	15	26	91	19	23	49

앞서 제시한 규모효율성 분석결과를 모형별 · 배경변인별로 분석하면(〈표 9-8〉 참조), 종합모형과 교육모형에서는 비수도권에 위치한 국 · 공립대학들이 주로 DRS에 해당하며, 연구모형에서는 IRS가 많은 것으로 나타났다. 사립대학의 경우에는 국 · 공립대학과 달리 수도권과 비수도권의 소재지에 따른 차이가 크지 않았다. 즉, 소재지와 무관하게 종합모형과 교육모형은 DRS에 해당하는 대학이 많았고, 연구모형은 IRS에 해당하는 대학이 많은 것으로 나타났다. 이렇게 볼 때, 규모효율성 측면에서 사립대학보

다는 국·공립대학, 특히 비수도권에 위치한 소규모 국·공립대학의 특성에 주목해야
할 필요성이 있다.

5) 분석모형별 참조횟수 분석

〈표 9-9〉는 각 분석모형별로 가장 높은 참조횟수를 보인 대학의 특성과 참조횟수를
제시한 것이다.

전체적으로 국·공립대학보다는 사립대학, 수도권보다는 비수도권, 대·중규모보
다는 소규모 대학의 참조횟수가 높게 나타나고 있다. 종합모형(CCR)의 경우 A4대학이
국·공립대학으로 참조횟수가 63회임을 제외하고는 모든 모형에서 사립대학의 참조
횟수가 많았으나, 교육모형(CCR)에서는 모두 비수도권에 위치한 소규모 대학들의 참
조횟수가 많은 것으로 나타났다.

〈표 9-9〉 분석모형별 참조횟수 상위대학 분석

분석모형		대학번호	배경변인			참조횟수
			설립형태	소재지	규모	
종합	CCR	B57대학	사립	비수도권	소규모	148
		B134대학	사립	수도권	대규모	138
		A4대학	국·공립	수도권	소규모	63
	BCC	B134대학	사립	수도권	대규모	125
		B60대학	사립	비수도권	소규모	88
		B108대학	사립	비수도권	소규모	81
교육	CCR	B57대학	사립	비수도권	소규모	180
		B60대학	사립	비수도권	소규모	78
		B40대학	사립	비수도권	소규모	18
	BCC	B60대학	사립	비수도권	소규모	116
		B134대학	사립	수도권	대규모	99
		B108대학	사립	비수도권	소규모	92

분석모형		대학번호	배경변인			참조횟수
			설립형태	소재지	규모	
연구	CCR	B113대학	사립	수도권	소규모	142
		B134대학	사립	수도권	대규모	115
		B96대학	사립	비수도권	소규모	65
	BCC	B134대학	사립	수도권	대규모	149
		B113대학	사립	수도권	소규모	119
		B96대학	사립	비수도권	소규모	59

6) 비효율적 대학의 개선가능치

〈표 9-10〉에 제시된 바와 같이 종합모형에서는 가장 낮은 효율성을 나타낸 B7대학 (비수도권 소규모 사립대학)의 사례가 제시되어 있다. B7대학의 경우 B40대학, B57대학 등 참조집단과 유사한 정도의 효율성을 달성하기 위해서는 현재 수준보다 운영비는 62%, 학생당 교육비는 48% 정도까지 줄이고, 충원율은 286%, 취업률은 6,484%, 연구 실적 점수는 286%까지 개선해야 할 것으로 나타났다.

교육모형에서도 B7대학은 가장 낮은 효율성을 보이는 것으로 나타났다. 그런데 앞서 종합모형과는 달리 B7대학의 경우 운영비와 학생당 교육비뿐 아니라 장학금 수혜율도 현재보다 줄이면서 취업률과 충원율을 획기적으로 높여야 교육적인 측면에서의 효율성이 개선될 수 있다. 연구모형에서는 비수도권 소규모 사립대학인 B44대학의 효율성이 가장 낮았는데, 이 대학의 경우 현재 투입요소의 수준은 크게 조정할 필요가 없으나 참조집단들의 투입요소와 산출요소를 벤치마킹하면서 교수들의 연구실적을 5,147% 이상 높여 나가야 연구효율성이 개선될 수 있는 것으로 나타났다.

123 〈표 9-10〉 분석모형별 비효율적 대학의 개선가능치

구분		종합(B7대학)		교육(B7대학)		연구(B44대학)	
		현재	개선	현재	개선	현재	개선
투입	인건비	1,403,414	1,403,414	1,403,414	1,403,414	1,192,390	1,192,390
	(개선율)	0		0		0	
	운영비	1,243,759	469,857.6	1,243,759	458,309	865,693	861,099.9
	(개선율)	−62.2		−63.2		−0.5	
	학생당 교육비	7,188	3,703.76	7,188	5,902.74	–	–
	(개선율)	−48.5		−17.9		–	
	장학금	870,331	87,0331	870,331	307,749.5	–	–
	(개선율)	0		−64.6		–	
	연구비 수혜액	0	0	–	–	3,000	3,000
	(개선율)	0		–		0	
산출	충원률	23.2	89.44	23.2	97.6	–	–
	(개선율)	285.5		320.7		–	
	취업률	1.0	65.84	1.0	71.54	–	–
	(개선율)	6,483.9		7,053.6		–	
	연구실적	2.0	7.71	–	–	0.4	20.99
	(개선율)	285.5		–		5,146.5	
참조집단		B40대학, B57대학, B65대학, B111대학, B125대학		B40대학, B65대학		B40대학, B111대학, B142대학	

7) 토빗분석에 의한 효율치 영향요인 분석

지금까지 제시한 결과에 의하면 전체 대학의 효율성은 대학별로, 모형별로 큰 차이를 보이고 있다. 그런데 이러한 차이에 영향을 미치는 대학의 배경변인이 무엇인지를 분석하기 위해 본 연구에서는 절단회귀모형(censored regression model)으로 알려진 토빗분석을 실시하였다. 토빗분석에 포함된 영향요인은 설립형태(국·공립/사립), 소재

지(수도권/비수도권), 규모(총 재학생 수), 교수당 학생 수, 학생 1인당 세출액, 정부지원금 등이었고, 정부지원금의 포함 여부에 따라 두 가지 토빗모형을 구안하여 분석하였다. 분석에 사용된 종속변수는 BCC 조건하에서 산출된 효율치 값으로 하였다.

〈표 9-11〉에 제시된 분석결과에 의하면, 토빗모형 1, 2 모두 '설립형태'와 '소재지'가 종합모형과 교육모형에 의해 산출된 효율치에 통계적으로 유의미한 영향을 미치는 배경변인으로 나타났다. 즉, 소재지와 설립형태 요인은 대학의 효율성에 영향을 미치는 주요한 배경변인인데, 분석결과에 의하면 소재지 중에서는 수도권, 설립형태로는 국·공립대학의 효율성이 비수도권에 위치한 대학에 비해 약 3~8% 정도 높다고 할 수 있다. 종합모형과 교육모형의 경우에는 수도권에 위치한 국·공립대학의 효율성이 다른 대학과 차이가 크다고 할 수 있다.

그러나 연구모형의 경우에는 토빗분석 결과가 매우 흥미롭다. 정부지원금을 포함시키지 않은 토빗모형 1은 다른 배경변인을 통제한 후 '교수 1인당 학생 수'가 연구효율성에 $p < .001$ 수준에서 통계적으로 유의미한 영향을 미치는 것으로 나타났다. 연구모형에서는 앞서 종합모형과 교육모형에 영향을 미치는 배경변인으로 나타난 설립형태와 소재지의 영향력이 나타나지 않았다. 그런데 정부지원금을 포함시킨 토빗모형 2에 의한 분석결과, 정부지원금의 영향도 $p < .05$ 수준에서 연구효율성에 유의미한 것으로 나타나 앞 분석결과와 차이를 보였다. 즉, 우리나라 대학의 연구효율성은 설립형태나 소재지, 규모의 영향은 받지 않으나, 교수당 학생 수가 적을수록, 정부지원금이 많을수록 높은 경향을 보인다.

〈표 9-11〉 토빗분석 결과

구분	종합		교육		연구	
	모형 1	모형 2	모형 1	모형 2	모형 1	모형 2
상수	102.5826 (3.60)***	104.1222 (26.78)***	96.9133 (28.81)***	99.1747 (27.22)***	73.6382 (8.30)***	66.3265 (6.92)***
설립형태	−3.9547 (−2.12)*	−4.3630 (−2.30)*	−4.2140 (−2.39)*	−4.8533 (−2.70)**	1.8309 (0.40)	3.7511 (0.80)

구분	종합		교육		연구	
	모형 1	모형 2	모형 1	모형 2	모형 1	모형 2
소재지	−8.0516 (−5.12)***	−8.1796 (−5.21)***	−6.3882 (−4.35)***	−6.6062 (−4.51)***	−5.6957 (−1.49)	−5.0636 (−1.33)
규모	0.8076 (0.90)	0.3959 (0.41)	−0.2641 (−0.31)	−0.8422 (−0.92)	−1.3899 (−0.63)	0.5375 (0.22)
교수 1인당 학생 수	−0.0955 (−1.07)	−0.1162 (−1.27)	0.0304 (0.36)	0.0006 (0.01)	−0.7753 (−3.55)***	−0.6774 (−3.05)**
학생 1인당 세출액	0.0001 (0.41)	0.0001 (0.67)	0.0001 (1.27)	0.0001 (1.62)	−0.0002 (−1.03)	−0.0003 (−1.49)
정부지원금	−	−3.5822 (−1.05)	−	−4.7332 (−1.56)	−	1.6467 (1.85)*
Pseudo R^2	0.0242	0.0251	0.0175	0.0194	0.0090	0.0112
χ^2	29.69	30.74	22.81	25.24	15.54	19.15
Log−likelihood	−598.493	−597.966	−638.716	−637.499	−851.034	−849.226

※ ( ) 안은 t−값임, * p<.05, ** p<.01, *** p<.001

④ 결론 및 제언

본 연구는 DEA를 활용하여 대학재정 운영의 효율성을 평가·분석한 후, 향후 대학 재정 운영의 효율성을 개선하기 위한 정책 과제를 도출하는 것을 목적으로 수행되었다. 이러한 목적을 달성하기 위해 대학 설립 유형별로 재정 운영 효율성은 어느 정도이며, 비효율요인은 무엇인지를 분석하였다. 구체적인 분석결과를 중심으로 다음과 같은 결론을 도출하고 정책적 시사점을 함께 제시하였다. 첫째, DEA를 활용하여 종합모형과 교육모형의 효율치를 분석한 결과, 매우 높은 효율치가 산출되었다는 점에서 그간 우리나라 대학들이 교육성과를 높이기 위해 기울인 노력이 성공적이라 평가할 수 있다. 그러나 연구모형에서의 효율치 평균은 50% 이하를 밑도는 것으로 나타나 교수들의 연구역량 향상을 위한 대학과 국가 차원의 지원이 필요한 것으로 나타났다. 특히 개별 대학에서는 현재의 재정 투입자원으로 최대의 성과를 낼 목표를 설정하고 교수들의 연구역량을 높일 방안을 강구해야 한다.

둘째, BCC 조건하에서 대학 재정운영의 성과(효율성) 평균이 종합모형 91.85%, 교육모형 90.59%, 연구모형 46.19%로 나타난 것은 각 대학이 현재의 규모를 유지하면서 주어진 재정적 투입요소를 사용하여 산출물을 각각 8.15%, 9.41%, 53.81% 더 많이 증가시킬 수 있는 여지가 있다는 것을 의미한다. 우리나라 대학은 전체적으로 보면 인건비와 운영비, 학생당 교육비, 장학금 총액, 연구비 수혜액 등 투입요소를 상당히 감축시켜야 하는 대학이 상당수 있었다. 즉, 개별 대학은 총 대학재원 확보액을 늘려 가면서도 지출경비 중에서는 경직성 경비인 인건비와 운영비 총액을 절감하려는 노력을 기울여야 산출수준이 높아질 수 있다. 이 중에서도 학생당 교육비, 장학금, 연구비 수혜액 등이 무조건 높고 많으면 좋은 것으로 알려져 있으나, 이러한 투입요소들은 산출물과의 관계 속에서 적정하게 운영될 때 그 성과가 더 높게 나타날 수 있다. 산출변수 측면에서는 취업률과 충원율, 연구실적 등을 점진적으로 높여 나가야 한다. 특히 정규직 취업률을 상당 수준 높여야 효율성이 개선될 수 있다. 이와 같이 개별 대학 차원에서 '효율성' 관점에서 재정운영의 틀을 새롭게 모색해 나가야 한다. 이를 위해 개별 대학의 대학재정 운영의 평가 노력이 배가되어야 한다.

셋째, 각 대학이 장기적인 학교발전 계획을 정립하면서 향후 어떠한 특성을 지닌 학교로 운영해 나갈지에 대한 자발적 · 전략적 포지셔닝(positioning)이 요구되며, 이를 감안한 재정운영 전략을 수립할 필요가 있다. 우리나라 대학의 경우 분석모형별로 기술적 비효율이 원인이 된 곳과 규모의 비효율이 원인이 되는 곳이 달리 나타나고 있다. 규모수익체감 구간에 있는 대학들은 적정 규모를 고려하지 않고 규모를 확대해 나갈 경우 규모의 비효율이 더욱 증대될 것이므로, 투입요소를 산출요소로 전환하는 기술적 관리에 유의해야 한다. 예컨대, 대학 운영상의 보다 효과적인 기술을 도입한다거나 대학 구성원들의 역량을 높이는 방안을 강구하여 비효율을 감소시킬 방안을 강구해야 할 것이다. 이에 비해 규모수익체증 구간에 있는 대학들은 지속적으로 규모를 확대하기보다는 적정 규모를 유지하는 방안이 요구된다. 중요한 것은 기술적인 측면에서 학교를 개선할 것인지, 규모를 적정하게 유지할 것인지는 각 대학이 장기적인 학교발전 계획을 정립하면서 향후 어떠한 특성을 지닌 학교로 운영해 나갈지에 따라 달라질 수 있다는 점이다. 즉, 개별 대학들이 교육과 연구, 또는 어떠한 목표를 중심으로 학교를 운영할 것인지에 따라 기술과 규모의 두 가지 측면에서 대학이 비효율을 감소시키기 위해 노력할 수 있는 지점과 방법이 달라지므로, 이에 대한 개별 대학의 전략적 포지셔닝과 그에 따른 구체적 전략이 요구된다.

넷째, DEA 연구모형에서의 효율치 평균은 50% 이하를 밑돌고 있는 것으로 나타나 교수들의 연구역량 향상을 위한 대학 자체적 노력과 더불어 국가 차원의 지원이 필요한 영역으로 나타났다. 대학의 연구역량은 개별 교수들의 책무이기도 하지만, 국가경쟁력과 직결되고 대학의 위상을 높이는 데 기여할 수 있기 때문에 정부의 지원이 강화될 필요가 있다. 특히 대학별 효율치에 영향을 미치는 대학의 배경변인을 탐색하기 위해 실시한 토빗분석에 의하면, 전통적으로 대학의 성과에 영향을 미치는 것으로 설명되어 온 설립유형(국·공립)이나 소재지(수도권), 규모(대규모) 등의 영향보다는 교수 1인당 학생 수와 정부지원금의 영향이 크게 나타났다는 점은 정부 재정지원의 필요성을 강하게 시사한다.

보다 중요한 점은 대학의 연구역량을 강화하기 위한 정부 차원의 지원이 지금까지의 정부재정지원사업과 같이 대부분의 대학에 나눠 주기 식으로 운영되어서는 곤란하다는 것이다. 전체 대학을 대상으로 한 대학배경변인별·모형별 효율치 분석결과를 보면, BCC 조건에서 대규모 대학의 효율성이 높은 것으로 나타났다. 따라서 정부 차원의 연구역량을 강화하기 위한 재정지원사업은 대규모 대학을 중심으로 재편될 필요가 있다. 다만, 소규모 대학 중에서도 연구의 효율성이 높은 우수대학에 재정지원이 제외되어서는 안 될 것이다.

마지막으로, 대학 재정운영의 성과평가를 할 때 기존의 투입요소나 산출요소만을 기준으로 한 비율분석 위주에서 탈피해야 한다. 대학재정의 성과는 투입요소와 산출요소를 동시에 고려한 체제모형의 틀 속에서, 실현 가능한 최대산출치에 대한 실제 산출의 비율을 나타내는 기술적 효율성이라는 종합적인 지표를 사용하여 보다 객관적이고 과학적으로 측정할 필요가 있다. 또한 대학재정 운영의 효율성을 대학 간 비교하여 측정한 결과는 매년 정기적으로 공개하여 대학 간 자체적인 자구 노력을 유도하는 동시에, 보다 효율적인 조직운영을 위한 경쟁을 촉진하고, 교육서비스 성과에 대한 국민의 알 권리를 보장할 필요가 있다.

제10장

대학재정지원사업 선정대학의 효율성[1]

　이 장에서는 2009~2011년 3개 연도에 걸쳐 대학 교육역량강화지원사업에 모두 선정된 58개 대학의 효율성 차이와 이에 영향을 미치는 요인을 탐색하였다. 대학재정지원사업 선정대학의 상대적 효율성을 측정하고, 효율성에 영향을 미치는 지표를 찾기 위해 로지스틱 회귀분석을 실시하였으며, 효율성 영향요인을 분석하기 위해 토빗모형을 적용하였다. 이를 위해 '대학알리미'에 공시된 학교정보를 활용하여 1개의 투입변수(재정지원액) 및 5개 산출변수(취업률, 충원율, 전임교원 확보율, 장학금 지급률, 학생당 교육비)를 선정하였다.

🔵 1 연구의 배경

　대학의 질적 수월성을 제고하기 위한 기본 전략으로서 정부의 적절한 재원지원은 무엇보다 중요하다. 고등교육 발전을 위해서는 대학의 노력이 가장 중요하나, 정부 차

---

[1] 이 장은 '이정미, 김민희(2013). 대학 교육역량강화지원사업 선정대학 간 상대적 효율성 분석. 교육재정경제연구, 22(3)'의 일부분을 수정 · 보완한 것이다.

원의 적절한 재정지원 없이는 고등교육의 성장과 발전을 기대하기 어렵다. 정부는 다양한 정책수단을 통해 고등교육을 선도·지원하고 있고 고등교육에서 가장 중요한 재정지원자 역할을 담당하기 때문이다(교육과학기술부, 2010a; 김병주 외, 2007).

2008년 도입되어 운영된 대학 교육역량강화지원사업은 정부의 대표적인 고등교육 재정지원사업이었다. 대학 교육역량강화지원사업은 대학으로부터 사업계획서를 받아 평가하고 그 결과에 따라 대학의 사업단에 재정을 지원하는 기존 대학재정지원사업과 달리 미리 정해진 재정지원지표에 따라 대학단위로 지원대상을 선정하는 포뮬러 펀딩(formula funding) 방식을 적용하였다. 아울러, 대학에 총액으로 교부(block grant)하여 대학별로 특성과 여건에 맞게 자체계획에 따라 사업비를 자율적으로 집행하였다. 동 사업의 주된 목적은 교육여건 및 성과지표의 지속적인 관리를 통해 대학의 전반적인 교육역량을 강화하는 것이다(이용균, 2008; 김병주 외, 2009, 2010).

포뮬러 펀딩방식을 적용한 대학 교육역량강화지원사업에 대해 대학관계자들은 사업의 타당성이 높고 사업운영이 효율적이며 사업성과도 양호한 것으로 평가하고 있다(이정미 외, 2010; 김병주 외, 2011). 반면, 대학들이 교육역량을 끌어올리는 데 노력하는 것이 아니라 타 대학보다 더 나은 교육여건을 갖추고자 노력하게 됨으로써 무한경쟁을 조장할 우려가 있다(김수경, 2012)는 비판이 제기되기도 하였다. 대학 교육역량강화지원사업이 시행된 이래로 본 사업의 운영과 관련하여 본격적으로 연구가 수행된 것은 사업 운영 2년차가 지난 2010년부터라고 할 수 있다. 지속적인 운영 평가과정을 통해 교육역량강화지원사업 선정 포뮬러에 포함되는 지표는 상당 부분 개선되어 왔다. 지금까지 제시된 선행연구 결과를 종합해 보면, 교육역량강화지원사업의 선정 및 이에 영향을 미치는 요인 등을 분석하여 지표를 개선하는 데 목적을 두고 수행된 연구가 대종을 이루고 있다. 또한 분석방법론적 측면에서도 단일 연도 분석보다는 패널자료 분석을 실시하며 t검증, 로지스틱 회귀분석, 개체효과검증, 군집분석 및 요인분석 등 다양한 통계적 방법이 활용되고 있으며 대학의 유형을 구분하려는 시도도 이루어지고 있다(오범호, 2010; 박경호, 2010a; 박경호, 2010b; 서민원, 배성근, 2012).

반면, 사업 선정대학과 미선정 대학 간 차이와 주요 영향지표 등을 분석하는 연구는 다수 수행되었으나, 선정대학들 내에서 사업의 효율성은 차이가 나타날 수 있으며 연속적으로 사업에 선정되는 대학의 수는 극히 드물었다. 이러한 측면에서 대학 교육역량강화지원사업의 목적은 대학의 교육역량을 향상시키는 데 두고 있으므로, 선정대학 내에서 사업이 효율적으로 운영되고 있는지, 대학 간 차이는 어떠한지, 이에 영향을 미치는 변수는 무엇인지에 대한 연구가 필요하였다. 따라서 본 연구에서는 사업 선정대학을 대상으로 3개 연도 자료를 활용하여 기존의 연구에서 실시하지 못했던 선정대학 간 상대적 효율성 분석을 실시하여 향후 사업운영에 주는 정책적 시사점을 도출하는 것을 목적으로 한다. 이를 위해 각 사업의 성과를 효율성 관점에서 분석할 수 있는 모형을 설정하고, DEA와 토빗분석을 적용하여 각 사업별 효율성을 3개 연도별(2009~2011)로 평가·비교 분석하였다. 또한 DEA 결과에 영향을 미치는 지표 분석을 위해 로지스틱 회귀분석을 실시하였고, 토빗모형을 통해 설립유형과 소재지, 규모변수가 효율성에 미치는 영향을 분석하였다. 본 연구의 분석결과는 향후 대학 교육역량강화지원사업 운영 시 고려해야 할 다양한 정책적 시사점을 제공할 것이다.

② 연구방법

1) 효율성 분석모형

대학 교육역량강화지원사업은 사업 선정과정에 활용되는 지표 자체가 투입 및 산출변수에 해당한다. 예컨대, 대학 교육역량강화지원사업은 투입된 재정에 대해 대학이 어느 정도의 성과를 생산하고 있는지를 취업률, 재학생 충원율, 국제화, 전임교원 확보율, 학사관리, 장학금, 교육비, 등록금 등으로 구분하여 포뮬러에 의해 표준점수화 한다(교육과학기술부, 2012b). 각 사업단의 상대적 효율성 분석에 포함된 투입변수는 투입된 재정지원액으로 구성하였고, 주요 산출변수를 포함하였다. 효율성 분석모형은 사업단의 상대적 효율성을 측정하는 DEA를 실시하였고, 효율성 여부에 영향을 미치는 지표를 찾기 위해 로지스틱 회귀분석을 실시하였다. 또한 절단회귀모형 분석인 토빗모형을 통해 효율성 영향요인을 분석하였다. 본 연구에서 실시하는 대학 교육역량강화지원사업의 특성과 분석방법 등을 포함한 구체적인 효율성 분석모형은 [그림 10-1]과 같다.

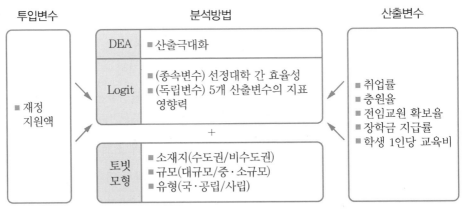

[그림 10-1] 대학 교육역량강화지원사업 효율성 분석모형

2) 측정변수

일반적으로 DEA는 모형의 간결성을 위해 최소한의 대표적인 변수로 선정하는 것이 바람직한데, 대학재정지원사업의 성과분석을 위한 투입변수와 산출변수는 앞서 제시한 바와 같이 사업 선정에 활용되는 지표로 구성된다. 대학 교육역량강화지원사업의 경우 투입변수는 재정지원액이며, 산출변수는 취업률, 충원율, 전임교원확보율, 장학금지급률, 학생 1인당 교육비 등 주요 성과지표이다. 그런데 대학 교육역량강화지원사업의 선정지표 중 국제화지수는 2009~2011년에 적용기준이 계속 변화되어 왔기 때문에 동일한 DMU 간의 상대적 효율성을 측정하여 비교·적용하기는 부적절하고 안정성을 보이지 않아 본 연구에서는 제외하였다.

투입 및 산출변수는 사업 선정 시 활용된 지표값을 그대로 활용하였고, 개별 사업단의 주요 성과에 미치는 영향을 분석하고자 하였다. 각 변수는 2009~2011년 3개 연도에 공통으로 확보 가능한 대학 및 사업단의 자료를 분석하였다. 효율성 분석을 위한 투입 및 산출변수 구성, 산출근거를 제시하면 〈표 10-1〉과 같다.

〈표 10-1〉 교육역량강화지원사업 효율성 분석 변수 산출근거

변수명		변수 내용
투입 변수	재정지원액	총 사업비
산출 변수	취업률	$0.8 \times$ (6 · 12월 평균 취업률 + 해외 취업률) + $0.2 \times$ 유지 취업률
	재학생 충원율	$0.6 \times$ (전체 재학생 수 ÷ 편제정원) + $0.4 \times$ (정원 내 재학생 수 ÷ 편제정원)
	전임교원 확보율	전임교원 수 ÷ 재학생 또는 편제정원 대비 교원 법정정원 중 많은 수
	장학금 지급률	{교내 장학금(학비감면 + 내부장학금 + 근로장학금) + 교외 장학금(사설 및 기타)} ÷ 등록금 총액
	학생 1인당 교육비	총 교육비 ÷ 재학생 수

※ 2009~2011년 교육역량강화사업의 각 포뮬러지표 산정방식은 연도별로 차이가 있는 바, 위에는 2011년
기준으로 제시함. 실제 분석에는 각 연도의 산정방식을 각각 적용하여 산출된 변수값을 활용함.

3) 분석방법 및 통계처리

본 연구에서는 대학 교육역량강화지원사업 선정 대학의 상대적 효율성 분석 및 효
율치 차이에 영향을 미치는 요인 분석을 위해 DEA와 더불어 토빗분석을 활용하였다.
DEA는 산출극대화 조건하에 효율치를 산출하였으며, 토빗분석은 대학(사업단)의 소재
지, 규모, 설립유형의 세 가지 변수를 활용하였다.

123 〈표 10-2〉 토빗모형 포함 변수

구분	변수 코딩 및 단위
설립유형(국·공립/사립)	국·공립 = 0, 사립 = 1
소재지(수도권/비수도권)	수도권 = 0, 비수도권 = 1
규모(대규모/중·소규모)*	대규모 = 0, 중·소규모 = 1

* 규모는 총학생 수 기준

　　본 연구에서 활용된 분석자료는 교육과학기술부 제공 자료 및 한국연구재단에서 대학재정지원사업 선정을 위해 활용한 대학정보공시에 탑재된 자료이다. 2009~2011년의 3개 연도에 공통적으로 재정지원을 받은 대학을 대상으로 분석하였으며, 상대적 효율성 분석을 위한 DEA는 Frontier Analyst Professional v3.2와 Excel 2007 프로그램을 사용하였다. 분석자료에 대한 기술통계 및 로지스틱 회귀분석은 SPSS v20.0, 토빗분석은 STATA/SE v10.0 프로그램을 활용하였다.

③ 연구결과

1) 분석자료의 기술통계치

　　본 연구의 분석대상 대학 교육역량강화지원사업 선정대학 수는 총 58개교로 2009~2011년의 3개 연도에 걸쳐 모두 선정되었을 뿐만 아니라 비교 분석이 가능한 3개 연도 지표자료가 모두 수집된 대학이다. 본 연구의 분석대상 대학 총 58개교의 설립유형을 살펴보면 국·공립대학은 24개로 41.4%이며 사립대학은 34개로 58.6%로 분포되어 있다. 소재지별로는 수도권 소재 대학이 모두 20개(34.5%)인데, 이 중 국·공립대학이 3개, 사립대학이 17개이다. 비수도권의 경우 총 38개(65.5%) 대학 중 국·공립대학이 21개, 사립대학이 17개 분석대상에 포함되었다. 규모별로는 대규모 대학이 총 27개

(46.6%), 중·소규모 대학이 31개(53.4%)로 분포되었다. 수도권에 소재한 국·공립대학의 수가 상대적으로 적지만 전체적인 분석대상 학교의 분포 비율은 적절하다고 할 수 있다.

123 〈표 10-3〉 분석대상 대학 교육역량강화지원사업 대학 수

설립유형	소재지	규모	학교 수(비율)
국·공립 대학	소계	계	24(41.4)
		대규모	11(19.0)
		중·소규모	13(22.4)
	수도권	계	3(5.2)
		대규모	1(1.7)
		중·소규모	2(3.4)
	비수도권	계	21(36.2)
		대규모	10(17.2)
		중·소규모	11(19.0)
사립 대학	소계	계	34(58.6)
		대규모	16(27.6)
		중·소규모	18(31.0)
	수도권	계	17(29.3)
		대규모	10(17.2)
		중·소규모	7(12.1)
	비수도권	계	17(29.3)
		대규모	6(10.3)
		중·소규모	11(19.0)

※ 단위: 교, %

본 연구에 사용된 분석대상 대학의 기술통계치를 평균과 표준편차를 중심으로 제시하면 〈표 10-4〉와 같다. 투입변수 중에서 재정지원액 평균은 2009년도에 32억 7천만 원,

2010년 31억 9천만 원으로 다소 감소했다가 2011년도에는 33억 6천만 원으로 약 2억여 원 정도 상승했다. 취업률과 충원율, 전임교원 확보율, 장학금 지급률 등 산출지표도 모두 2009년도에 비해 2010년도에 약간 낮아졌다가 2011년도에 소폭 상승하는 경향을 보였다. 산출지표 중 학생 1인당 교육비는 2009년과 2010년, 2011년도에 다소 상승하고 있어 다른 지표와는 차이가 있는 것으로 나타났다. 그런데 지표별 표준편차는 지표별 평균값과는 다른 경향성을 보이고 있다. 즉, 취업률, 장학금 지급률, 전임교원 확보율 등은 매년 편차가 줄어들고 있고, 충원율은 편차가 커지고 있으며, 학생 1인당 교육비는 2009년도에 비해 2010년도에는 약 10억 원 정도 높아졌다가 2011년도에는 다시 낮아지는 경향을 보이고 있다.

기술통계 분석결과로만 보면 대학 교육역량강화지원사업 선정지표별 대학 간 편차는 점차 줄어들고 있는 것으로 해석할 수 있다. 대학 교육역량강화지원사업에 선정되기 위해 각 대학에서는 꾸준히 지표값을 관리하고 있고 실제 이러한 지표는 대학별 상황을 반영하여 수정되어 옴으로써 본 사업이 지향하는 목표를 달성하는 정책 유도 시그널로서의 역할을 담당하고 있다고 할 수 있다.

〈표 10-4〉 대학 교육역량강화지원사업 분석변수 기술통계치

변수		2009년	2010년	2011년
투입	재정지원액	3,275.34(1,459.72)	3,192.47(1,537.98)	3,369.52(1,719.97)
산출	취업률	54.92(14.59)	46.25(9.50)	63.84(7.56)
	충원율	107.53(9.87)	106.97(10.14)	180.33(10.19)
	전임교원 확보율	71.03(14.89)	72.27(13.55)	73.60(13.12)
	장학금 지급률	23.37(21.89)	20.74(18.41)	21.28(15.65)
	학생 1인당 교육비	10,880.81(7,938.04)	12,065.88(9,152.87)	12,645.46(8,574.44)

※ 각 변수의 평균, 표준편차임. 단위: 백만 원, 천 원, %

2) 효율치 분석

본 연구의 분석대상인 총 58개 대학 교육역량강화지원사업 선정대학의 효율성을 분석하기 위해 DEA를 적용한 결과를 〈표 10-5〉에 제시하였다. 2009~2011년의 3개 연도 DEA 효율치 평균을 분석한 결과, 2009년도에는 평균 89.2%, 2010년도에는 88.8%, 2011년도에는 91.5% 정도로 나타났다. 가장 효율치가 낮은 대학의 효율성 값은 2009년 71.6%였고, 2010년 68.5%, 2011년 76.9% 정도로 나타났다.

100% 효율성을 달성한 대학은 2009년도에 9개, 2010년도에는 11개로 늘어났다가 2011년도에는 다시 9개로 낮아져 전체 분석대상 대학 중 15~19% 정도를 차지하였다. 100% 효율성을 달성하지는 못하였으나 91~99.9%에 포함되는 대학의 수는 2009년도의 18개(31%)에 비해 2011년도에는 25개(43%)까지 높아졌다. 81~90% 효율치 구간에 있는 대학은 약 19개로 32% 정도에 머무르고 있으나 80% 이하 대학의 수도 점차 줄어들고 있다. 이러한 분석결과에 비추어 볼 때 대학 교육역량강화지원사업 선정대학의 효율성은 매년 어느 정도 개선되고 있으며, 본 사업에 선정되기 위해 다른 대학에 비해 선정지표를 잘 관리하고 있는 것으로 보인다.

123 〈표 10-5〉 대학 교육역량강화지원사업 대학별 상대적 효율치 범위 분석

효율치	2009년		2010년		2011년	
100	9	(15.52)	11	(18.97)	9	(15.52)
91~99.9	18	(31.03)	13	(22.41)	25	(43.10)
81~90	19	(32.76)	22	(37.93)	19	(32.76)
71~80	12	(20.69)	11	(8.97)	5	(8.62)
61~70	–	–	1	(1.72)	–	–
51~60	–	–	–	–	–	–
최소값	71.59		68.53		76.88	
최대값	100		100		100	
평균	89.20		88.76		91.47	

※ 단위: 학교 수, %

전체 분석대상 대학의 효율치 평균을 대학배경변인, 즉 설립유형, 소재지, 규모별로 구분하여 분석한 결과를 제시하면 〈표 10-6〉과 같다. 국·공립대학의 효율치 평균은 2009년 86.2%, 2010년 86.2%, 2011년 88.6%로 매년 상승하고 있다. 사립대학도 2009년 91.3%, 2010년 90.6%, 2011년 93.5%로 소폭 상승하였고, 국·공립대학에 비해 효율치 평균이 다소 높았다.

설립유형과 소재지, 규모에 따른 효율치 분포를 분석해 보면, 국·공립대학은 수도권 대규모 대학의 효율성이 매년 100%로 가장 높았고, 수도권 중·소규모 대학은 2009년 91.8%, 2010년 95.7%, 2011년 96.3%로 효율성이 매년 상승하였다. 비수도권 대규모 대학은 2009년 84.8%에서 2011년 87.2%로 높아졌으나 비수도권 중·소규모 대학은 2009년 85.2%에서 2010년 83.5%로 다소 낮아졌다가 2011년에는 87.6%로 다시 효율성이 개선되고 있는 것으로 나타났다. 국·공립대학은 수도권 대규모 대학의 효율성이 가장 높은 가운데 수도권 중·소규모 대학의 효율성이 비수도권 대규모 및 중·소규모 대학과 비교해서도 모두 높게 나타났다.

사립대학의 경우에는 수도권 대규모 대학의 2009년 효율치 평균이 94.5%에서 2010년에는 91.8%, 2011년에는 95.5%로 하락 후 상승하였다. 그러나 수도권 중·소규모 대학은 2009년 94.8%에서 2011년 약 97% 정도로 효율성이 개선되었고, 비수도권 대규모 대학과 중·소규모 대학 모두 효율성이 매년 개선되고 있는 것으로 나타났다. 사립대학의 경우 수도권 소재 대학은 비수도권 소재 대학에 비해 모두 효율성이 높았다.

이러한 분석결과를 종합해 보면 대학 교육역량강화지원사업에 선정된 대학들의 전체 평균치로 비교할 때 국·공립대학에 비해 사립대학의 효율성이 높지만, 소재지로 비교하면 수도권에 소재한 국·공립대학과 사립대학의 효율성이 모두 높게 나타나고 있다. 즉, 다양한 배경변인 중에서도 대학 소재지 변인이 대학 교육역량강화지원사업의 선정 및 유지에 큰 영향을 미치고 있다.

123 〈표 10-6〉 대학배경변인별 효율치 분석

모형	전체	국·공립								사립							
		계	수도권			비수도권			계	수도권			비수도권				
			소계	대규모	중·소규모	소계	대규모	중·소규모		소계	대규모	중·소규모	소계	대규모	중·소규모		
2009	89.20	86.24	94.56	100	91.84	85.05	84.84	85.23	91.29	94.64	94.53	94.79	87.93	83.99	90.09		
2010	88.76	86.23	97.12	100	95.69	84.67	85.92	83.53	90.55	93.54	91.84	95.97	87.57	82.88	90.12		
2011	91.47	88.64	97.50	100	96.25	87.37	87.17	87.56	93.47	96.11	95.50	96.99	90.83	87.03	92.90		

앞서 제시한 효율치 분석결과에 대해 설립유형별, 소재지별, 규모별로 차이가 있는 지를 분석하기 위해 비모수검정(nonparametric tests)을 실시하였다(〈표 10-7〉 참조). 분석결과에 의하면, 설립유형 및 소재지별로 2009~2011년의 대학 교육역량강화지원사업 선정대학 간에 통계적으로 유의미한 차이가 있는 것으로 나타났다.

앞서 제시한 대학별 효율성 분포 분석결과와 대학배경변인별 차이검정 결과를 종합해 볼 때, 대학 교육역량강화지원사업에 선정된 대학의 효율성은 대학의 규모보다는 대학 설립유형 및 소재지에 따른 차이가 매우 크다는 점을 알 수 있다.

123 〈표 10-7〉 대학배경변인별 효율치 차이 분석(비모수검정)

연도	설립유형별			소재지별			규모별		
	국·공립	사립	U	수도권	비수도권	U	대규모	중·소규모	U
2009	22.46	34.47	239.00**	40.390	23.90	152.00***	28.11	30.71	381.00
2010	23.63	33.36	267.00*	41.05	23.42	149.00***	27.63	31.13	368.00
2011	22.04	34.76	229.00**	40.60	23.66	158.00***	26.89	31.77	348.00

※ 연도별 분석값은 비모수검정의 평균순위임. * p<.05, ** p<.01, *** p<.001

3) 참조횟수 분석

참조횟수(reference count)는 비효율적으로 나타난 대학들이 재정운영의 효율성을 높이기 위해 타 대학을 벤치마킹한 횟수이다. 즉, 참조횟수가 높은 대학은 투입요소와 산출요소의 조합에 있어 비효율적인 대학에 비해 효율적으로 운영되는 대학이라고 할 수 있다(이정미 외, 2010). 〈표 10-8〉은 각 연도별로 가장 높은 참조횟수를 보인 대학들의 특성과 참조횟수를 제시한 것이다. 2009년의 경우 총 58개 대학 중 9개, 2010년에는 8개, 2011년에는 9개의 대학이 높은 참조횟수를 보이고 있다. 전체적으로 국·공립대학보다는 사립대학의 참조횟수가 높으나, 지역과 규모상의 차이는 나타나지 않았다. 다만, 소규모 사립대학의 참조횟수가 높게 나타난 점은 특징적이다.

분석대상 3개 연도에 모두 참조횟수가 높은 대학은 25번, 27번, 47번, 19번, 49번 대학으로 나타났다. 이 중 가장 높은 참조횟수를 나타난 25번, 27번 대학은 모두 수도권에 소재한 대규모 대학이며 47번 대학은 지방의 사립 소규모 대학이었고, 19번과 49번 대학도 모두 사립 소규모 대학이었다.

대학 교육역량강화지원사업에 대한 참조횟수가 높은 상위대학을 본 연구에 활용된 전체 대학별 분포에 대비한 비율은 〈표 10-8〉과 같다. 분석결과에 의하면 참조횟수가 높은 대학 중 국·공립대학은 전체 분석대상 대학의 수와 일치하여 100% 비율을 보이고 있다. 수도권 소재 국·공립대학은 2009년, 2010년, 2011년 3개 연도에 걸쳐 모두 참조횟수가 높게 나타났다. 국·공립대학 중 수도권에 위치한 중·소규모 대학은 2010년에만 참조횟수가 높게 나타났으며 비율상으로는 전체 분석대상 대학 2개 중 1개로 50%였다. 총 21개 비수도권 소재 대규모 및 중·소규모 국·공립대학 중 참조횟수가 높은 대학은 없었다.

사립대학의 경우 2009~2011년 3개 연도에 걸쳐 모두 높은 참조횟수를 보인 곳은 수도권 소재 대규모 대학이 총 10개 중 1개(10%), 수도권 소재 중·소규모 대학이 2009년 2개(11.1%), 2010년 1개(5.6%), 2011년 2개(11.1%)로 나타났다. 비수도권 소재 대규모 사립대학 중 참조횟수가 높은 대학은 없었으며, 중·소규모 대학은 2009년 5개(45.5%), 2010년 4개(36.4%), 2011년 5개(45.5%)로 나타났다.

분석대상 대학 중 참조횟수가 높게 나타난 효율적인 대학의 배경변인별 분석결과를
종합해 볼 때, 총 58개 대학 중 13~16% 정도인 8~9개 대학의 참조횟수가 높게 나타났
다. 이 중에서도 총 11개 비수도권 소재 사립대학 중에서 약 36~46%를 차지하는 4~5개
대학의 참조횟수가 높게 나타났다.

〈표 10-8〉 대학 교육역량강화지원사업에 대한 참조횟수 상위대학 분석

DMU	참조횟수			배경변인		
	2009	2010	2011	설립유형	소재지	규모
25	34	31	23	국립	서울	대규모
27	26	44	41	사립	서울	대규모
52	22	–	16	사립	경기	소규모
47	21	17	38	사립	경북	소규모
36	13	–	2	사립	대전	소규모
16	4	3	–	사립	충북	소규모
19	2	2	3	사립	전남	소규모
49	1	1	6	사립	서울	소규모
14	1	–	1	사립	충남	소규모
26	–	10	–	공립	서울	중규모
48	–	5	14	–	–	–

〈표 10-9〉 대학 교육역량강화지원사업에 대한 참조횟수 상위대학 배경변인별 분포 비율분석

구분	계	국·공립				사립			
		수도권		비수도권		수도권		비수도권	
		대규모	중·소 규모	대규모	중·소 규모	대규모	중·소 규모	대규모	중·소 규모
2009	9(15.5)	1(100.0)	–	–	–	1(10.0)	2(11.1)	–	5(45.5)
2010	8(13.8)	1(100.0)	1(50)	–	–	1(10.0)	1(5.6)	–	4(36.4)
2011	9(15.5)	1(100.0)	–	–	–	1(10.0)	2(11.1)	–	5(45.5)

※ ( )는 본 연구에 활용된 분석대상 대학별(총 58개) 배경변인에 따른 총 대학수에 대비한 비율임. 단위: %

4) 로지스틱 회귀분석을 통한 지표 영향력 분석

2009~2011년 대학 교육역량강화지원사업 선정대학 간 효율성 차이에 영향을 미치는 지표를 분석하기 위하여 로지스틱 회귀분석을 실시하였다. 로지스틱 회귀분석을 실시하기 전에 본 연구에서는 본 연구에서 사용한 5개 지표가 효율·비효율을 나타내는 대학 간에 어떠한 차이가 있는지를 분석하였다. 분석결과, 5개 지표 중에서 재학생 충원율을 제외한 4개 지표는 효율적 대학(DEA 효율치 100)과 비효율적 대학(DEA 효율치 100 미만) 간에 통계적으로 유의미한 차이가 있었다(〈표 10-10〉 참조).

〈표 10-10〉 대학 교육역량강화사업 선정대학 효율성에 대한 지표별 차이 분석

지표		취업률		충원율		전임교원 확보율		장학금		학생 1인당 교육비	
구분		효율	비효율	효율	비효율	효율	비효율	효율	비효율	효율	비효율
2009	N	5	80	8	50	8	50	8	50	8	50
	M	67.51	52.90	109.91	107.14	89.25	68.12	47.92	19.45	19322.5	9530.1
	SD	22.72	11.99	17.92	8.14	31.06	7.25	54.12	5.00	19376.3	2483.8
	t	2.781**		0.734		4.244***		3.796***		3.555**	
2010	N	7	51	7	51	7	51	7	51	7	51
	M	54.71	45.09	108.56	106.75	88.12	70.09	44.61	17.46	24015.6	10425.7
	SD	9.62	8.96	17.28	9.00	31.51	7.08	48.05	4.34	23372.1	2686.5
	t	2.642*		0.439		3.683**		4.145***		4.183***	
2011	N	8	50	8	50	8	50	8	50	8	50
	M	69.08	63.00	108.35	108.32	84.68	71.82	37.61	18.67	22352.6	10640.3
	SD	11.84	6.42	14.78	9.47	28.60	7.75	38.51	4.74	20443.6	3571.6
	t	2.181*		0.078		2.713**		3.474**		3.863***	

* $p < .05$, ** $p < .01$, *** $p < .001$

그러나 지표별 다중공선성(multicollinearity)으로 인해 로지스틱 회귀분석에 의해 3개 연도 패널분석[2]으로 사업 효율성을 예측할 경우 5개 지표의 영향력이 모두 나타나

지는 않았는데, 취업률 지표는 유일하게 영향을 미치고 있는 것으로 나타났다(〈표 10-11〉 참조). 다시 말해, 3개 연도에 걸쳐 대학 교육역량강화사업 선정대학의 효율성에 영향을 미치는 요인은 취업률 지표라는 것이다. 취업률 지표는 사업 선정 여부를 예측함에 있어서 p<.01 수준에서 통계적으로 유의한 설명력을 갖고 있는 것으로 나타났다. Nagelkerke R^2 분석결과에 따르면 취업률 지표는 선정대학 간 효율성 차이를 약 45%를 설명한다고 할 수 있다.

〈표 10-11〉 교육역량강화지원사업 선정대학 간 효율성 여부에 대한 로지스틱 회귀분석 결과

구분	B	SE	Wals	자유도	유의확률	Exp(B)
취업률	13.088	4.152	9.936	1	0.002**	483232.416
R^2	0.248(Cox & Snell의 R^2), 0.456(Nagelkerke R^2)					
χ^2	11.135(df = 8, p = 0.194)					

** p<.01

5) 비효율적 대학의 개선가능치 사례 분석

DEA 분석에서는 100%의 효율성을 나타내지 못하고 있는 DMU는 모두 비효율성을 지니고 있다고 판단한다. 〈표 10-12〉에 제시된 바와 같이 100% 이하의 효율성을 보이는 대학들은 투입요소와 산출요소를 조정하여 효율성을 높여 나가야 한다. 여기서는 투입변수인 재정지원액에 대한 산출을 극대화하는 조건을 기준으로 하였기 때문에 산출변수를 중심으로 대학별 개선가능치를 제시하고자 한다. 특히 연도별로 가장 비효율성을 보인 대학의 개선가능치를 사례로 제시한다.

종합적인 측면에서 볼 때 대학 교육역량강화지원사업에 선정되었지만 상대적으로

---

2) 본 연구에서는 3개 연도 패널분석을 통해 지표별 영향력의 오차를 줄이고자 하였다. 연도별 로지스틱 회귀분석을 실시할 경우에는 2009년은 취업률, 학생 1인당 교육비지표의 영향이 p <.05 수준에서 유의미한 것으로 나타났을 뿐 2010년과 2011년에 선정대학 간 효율성 차이에 영향을 미치는 지표는 없었다.

효율성이 낮은 대학들은 모두 산출지표인 취업률, 충원율 등을 5~48%까지 개선해 나가야 하는 것으로 나타났다. 〈표 10-12〉에 제시된 결과를 보면, 각 변수별 총 잠재적 개선가능치는 취업률의 경우 2009년에 9.2%에서 2010년에는 14.6%까지 개선해야 하는 것으로 나타났다가 2011년에는 약 6%의 개선률을 나타내고 있다. 충원율과 장학금 지급율도 2009년에 비해 2010년에 개선치가 다소 높아졌다가 2011년도에는 다시 낮아지는 경향을 보이고 있다. 반면, 전임교원 확보율은 매년 개선가능치가 낮아지고 있으며, 학생 1인당 교육비는 개선치가 매년 높아지는 경향을 보이고 있다.

이러한 분석결과는 대학 교육역량강화지원사업에 선정된 대학들 간에 취업률, 충원율, 전임교원 확보율, 장학금 지급률 등 4개의 산출지표에 대해서는 편차가 작은 반면, 학생 1인당 교육비에서 큰 차이를 보이고 있음을 나타낸다. 대학 교육역량강화지원사업 선정을 위한 지표에 있어서 취업률과 충원율은 성과지표, 전임교원 확보율, 장학금 지급률, 학생 1인당 교육비 등은 여건지표로 구분된다. 그런데 기본적인 여건지표에 해당하는 학생 1인당 교육비의 경우 2009년에 27.6%에서 2011년에는 47.6%로 개선가능치가 약 20% 포인트 이상 높아지고 있어 향후 교육역량강화지원사업 선정 시 학생 1인당 교육비 비중의 차이가 선정 여부를 결정하는 변수로 작용할 가능성이 크다고 할 수 있으며, 각 대학에서는 성과를 달성하기 위한 여건 조성에 지속적인 노력을 기울여야 함을 알 수 있다.

123 〈표 10-12〉 분석변수별 잠재적 총 개선가능치

변수		2009년	2010년	2011년
투입	재정지원액	−5.15	−9.29	−7.24
산출	취업률	9.21	14.57	5.9
	충원율	5.80	6.47	4.68
	전임교원 확보율	15.76	7.38	5.17
	장학금 지급율	36.51	23.40	29.43
	학생 1인당 교육비	27.57	38.89	47.58

※ 단위: %

6) 토빗분석에 의한 효율치 영향요인 분석

앞서 제시한 결과에 의하면, 대하 교육역량강화지원사업에 선정된 대학은 대학 설
립유형과 소재지에 따라 효율성에 차이가 있음을 알 수 있다. 대학 배경변인을 상호 통
제한 상태에서 이러한 차이에 영향을 미치는 요인이 무엇인지 분석하기 위해 본 연구
에서는 토빗분석을 실시하였다. 토빗분석에 포함된 영향요인은 설립유형(국·공립/사
립), 소재지(수도권/비수도권), 규모(총 재학생 수 기준 대규모/중·소규모)를 포함하였다.

〈표 10-13〉 대학 교육역량강화지원사업 토빗분석 결과

구분	B(t)
상수	92.661(34.51)***
설립유형	2.57(1.19)
소재지	−7.96(3.47)**
규모(총 재학생 수)	2.91(1.84)
Pseudo R^2	0.04766
χ^2	17.57
Log–likelihood	−175.9056

* p<.05, ** p<.01, *** p<.001

〈표 10-13〉에 제시된 분석결과에 의하면, 2009~2011년 3개 연도 패널분석 결과,
교육역량강화지원사업 선정대학별 효율치 차이에 통계적으로 유의미한 영향을 미치
는 배경변인은 소재지 변인으로 나타났다. 즉, 수도권에 소재한 국·공립대학은 대학
교육역량강화지원사업의 효율성이 사립대학에 비해 약 7.96% 포인트 정도 높다고 할
수 있다.

④ 결론 및 논의

1) 결론

본 연구는 대학 교육역량강화지원사업을 중심으로 선정대학 간 상대적 효율성 분석 결과를 제시하였다. 이를 위해 각 사업의 성과를 효율성 관점에서 분석할 수 있는 모형을 설정하고, DEA를 적용하여 각 사업별 효율성을 3개 연도별(2009~2011년)로 평가·비교 분석하였다. 효율성 분석을 위해 투입변수를 재정지원액으로 하고, 산출변수를 취업률, 충원율, 전임교원 확보율, 장학금 지급률, 학생 1인당 교육비를 포함한 DEA 모형을 사용하였으며, DEA 결과에 미치는 지표별 영향력 분석을 위해 로지스틱 회귀분석을 실시하였고, 토빗모형을 통해 설립유형과 소재지, 규모변수가 효율성에 미치는 영향을 분석하였다. 이러한 분석결과를 바탕으로 향후 각 사업의 성과를 개선하기 위한 정책적 과제를 도출하였다. 주요 연구결과를 제시하면 다음과 같다.

첫째, 2009~2011년의 3개 연도 DEA 효율치 평균을 분석한 결과, 2009년에는 평균 89.2%, 2010년에는 88.8%, 2011년에는 91.5% 정도로 나타났다. 가장 낮은 효율치를 보이는 대학의 효율성 값은 2009년 71.6%였고, 2010년 68.5%, 2011년 76.9% 정도로 나타나 사업 선정대학의 효율성은 매년 어느 정도 개선되고 있음을 알 수 있다.

둘째, 대학 교육역량강화지원사업에 선정된 대학들의 전체 평균치를 비교하면 국·공립대학에 비해 사립대학의 효율성이 높지만, 소재지로 비교해 보면 수도권에 소재한 국·공립대학과 사립대학의 효율성이 모두 높게 나타나고 있다. 즉, 다양한 배경변인 중에서도 대학 소재지 변인이 대학 교육역량강화지원사업의 선정 및 유지에 큰 영향을 미치고 있음을 알 수 있다.

셋째, 로지스틱 회귀분석에서는 대학 교육역량강화지원사업 선정대학 간 효율치 여부는 취업률 지표의 영향이 유의미한 것으로 나타났다. 나머지 지표들의 영향은 나타나지 않아 대학 교육역량강화지원사업을 운영하는 대학 간 상대적 효율성 차이는 특정 지표의 영향보다는 다양한 변수와 대학 내·외부 요인이 복합적으로 영향을 미친 결과로 보아야 한다.

넷째, 효율치 분석결과에 대해 설립유형별, 소재지별, 규모별로 차이가 있는지를 분석하기 위해 비모수검정을 실시한 결과에 의하면, 설립유형 및 소재지별로 2009~2011년의 대학 교육역량강화지원사업 선정대학 간에 통계적으로 유의미한 차이가 있는 것으로 나타났다.

다섯째, 전체적으로 국·공립대학보다는 사립대학의 참조횟수가 높으나, 지역과 규모상의 차이는 나타나지 않았다. 다만, 소규모 사립대학의 참조횟수가 높게 나타난 점은 특징적이다.

여섯째, 대학 교육역량강화지원사업에 선정되었지만 상대적으로 효율성이 낮은 대학들은 모두 산출지표를 5~48%까지 개선해 나가야 하는 것으로 나타났다.

일곱째, 토빗분석에 의한 효율치 영향요인 분석결과, 대학 교육역량강화지원사업 선정대학별 효율치 차이에 통계적으로 유의미한 영향을 미치는 배경변인은 소재지로 나타났다.

2) 논의

지금까지 제시한 분석결과를 바탕으로 대학 교육역량강화지원사업의 선정기준, 선정지표, 선정대학 수 등에 대한 논의와 시사점을 제시하면 다음과 같다.

첫째, 대학 교육역량강화지원사업 선정 시 현재와 같이 수도권과 비수도권으로 지역을 구분하고 국·공립대학과 사립대학을 별도로 구분하여 선정하는 기준은 당분간 유지할 필요가 있다.

둘째, 상대적으로 효율성도 낮으며, 참조횟수도 낮은 것으로 나타난 비수도권 소재 대학들의 효율치를 높이도록 지방 소재 대학의 특성 및 강점을 반영한 재정지원 방식의 전환이 필요하다. 분석결과에 의하면, 총 21개 비수도권 소재 대규모 및 중·소규모 국·공립대학 중 참조횟수가 높은 대학은 없었고, 비수도권 소재 대규모 사립대학 중 참조횟수가 높은 대학은 없었다. 즉, 국·공립대학은 비수도권대학 전체, 사립대학은 비수도권대학 중 대규모 대학의 참조횟수가 낮은 것으로 나타난 것이다. 이와 같이 비수도권 소재 대학들의 효율치가 전반적으로 낮다는 점에서 소재지 변수가 대학 교육역량강화를 위한 재정지원사업의 효율성 제고에 근본적 한계로 작용하고 있음을 알 수 있으며, 이는 소재지가 효율치에 유의미한 영향을 주는 요인으로 나타난 토빗분석 결과를 통해서도 확인할 수 있다. 대학 교육역량강화지원사업의 선정지표는 수도권대학과 비수도권대학 간 차이가 없이 동일하게 적용되기 때문에 지역의 특성을 정확히 반영하지 못함에 따라 수도권과 비교하여 상대적으로 효율성이 낮게 평가되는 것으로 추정된다. 따라서 향후 대학 교육역량강화지원사업의 선정 및 평가지표는 지역산업 및 지방대학의 강점분야를 중심으로 대학의 효율적 운영을 유도하는 방향으로 설정되도록 고려할 필요가 있다. 이를 위해서는 각 대학 또는 지방대학이 각자의 특성을 반영하여 의미 있는 성과를 도출해 낼 수 있도록 지원하는 방식으로 전환하는 것이 필요하다. 즉, 각 지방대학의 특성 또는 강점을 반영하여 합의된 핵심 성과지표들을 성과영역별로 발굴하고 이를 달성한 대학에 대한 인센티브 형식의 지원으로 대학 교육역량강화지원사업의 운영 방향이 조정될 필요가 있다.

셋째, 대학 교육역량강화지원사업 선정 시 포뮬러에 포함되는 선정지표는 교육역량과 관련 있는 교육과정 및 학사운영 등의 과정적 지표의 비중을 높여 나가야 할 것이다. 교육역량강화지원사업 선정대학 간 효율성 격차가 다소 줄어들고 있는 현상은 고무적이다. 그런데 비효율성을 보이는 대학의 경우 전임교원 확보율, 장학금 지급율, 학생 1인당 교육비 등의 여건지표에 있어 효율성이 높은 대학과 차이가 큰 것으로 나타나고 있다. 즉, 취업률, 충원율 등의 성과를 높이기 위해서는 기본적인 여건지표의 기반이 필요하므로, 개별 대학에서는 다양한 재정확보 방안을 마련하여 여건지표를 높이도록 노력해야 할 것이다. 다만, 대학의 교육역량과 직·간접적으로 연관된 타당한 지표를 마련하는 것이 무엇보다 중요하다. 현재의 여건지표에서 단기간에 성과를 내기는 어렵지만 대학의 노력을 분명하게 보여 줄 수 있는 지표인 교육과정 및 학사운영 등의 과정적 지표 비중을 높여 나갈 필요가 있다.

넷째, 대학 교육역량강화지원사업 선정 시 대학수를 정하는 것은 바람직하지 못하다. 교육역량강화지원사업 선정 대학수는 재정지원 규모에 따라 이미 일정 수준으로 정해져 있다. 따라서 어느 대학이 선정되면 다른 대학은 탈락해야 하는 제로섬(zero-sum)게임에 가깝다. 본 연구의 결과에서 나타났듯이 대학 교육역량강화지원사업에 선정된 대학의 성과는 매년 지속적으로 개선되었다. 추가 재정지원 투입, 분명한 목표를 지니고 있는 재정투입온 전반적인 대학의 성과를 높이는 데 기여하고, 재정지원사업에 선정된 대학의 경우 이러한 사업비를 종잣돈(seed-money)으로 삼아 더욱 좋은 여건을 조성하여 다시 전체적인 대학의 역량이 높아지는 선순환의 결과를 가져온다. 따라서 대학의 기본 여건을 선정기준으로 적용할 경우, 기존에 대학 교육역량강화지원사업비 수혜를 받은 대학은 계속 선정될 가능성이 높고 선정되지 못하는 대학은 계속 선정되지 못할 가능성이 높아지게 된다.

대학의 교육역량은 어느 한 대학, 선정된 대학만 높여야 하는 것이 아니라 고등교육 진학자 수가 80% 이상을 넘어서는 우리나라 상황에서, 학습자에게 균등한 고등교육의 기회를 제공하는 차원에서 모든 대학이 함께 노력을 기울여야 하는 과제이다. 대학 교육역량강화지원사업 선정 대학 간의 효율적 운영은 특정 지표가 영향을 미치는 것이 아니라 다양한 요인의 복합적 결과로 나타나는 것이다. 이러한 점에서 일정 기준으로 선정대학수를 정하고 재정지원사업비를 운영하는 구조는 개선될 필요가 있다. 또한 대학 교육역량강화지원사업의 성과를 분석할 경우 대학 운영을 반영한 지표를 포함하여 보다 정교한 분석모형이 개발될 필요가 있다.

제**11**장

대학교육 효율성 국제 비교[1)]

이 장에서는 15개 국가의 대학교육 효율성을 비교하였다. 이를 위해 투입최소화 및 산출극대화 조건하에서 총 6개의 분석모형을 설정하였다. 6개의 분석모형은 6개의 투입변수(학생 100명당 교수 수, 공립대학 비중, 학생당 교육비, GDP 대비 공교육비, 교직원 인건비 비중, 교수당 연구개발예산) 및 5개의 산출변수(대졸자 취업률, 고등교육 이수율, 대학교육 만족도, 교수당 SCI 논문 수, 논문당 피인용 횟수)를 각기 달리 적용하였다.

① 연구의 배경

효율성(efficiency)은 개별 대학들이 끊임없이 추구해야 하는 조직목표이자 대학교육과 관련하여 국가의 교육정책은 물론 경제·사회정책의 방향을 결정짓는 중요한 변수가운데 하나라 할 수 있다. 또한 효율성은 국가 혹은 개별조직의 경쟁력을 좌우하는 핵심요인이기도 하다(장수명 외, 2004; IMD, 2002). 1990년대 중반 이후 우리나라에서는 대학교육의 효율성 향상을 주요 정책과제로 선정하여 다양한 정책방안을 시행해 오고

---

1) 이 장은 '나민주, 김민희(2005). DEA를 활용한 대학교육의 효율성 국제 비교. 교육재정경제연구, 14(2)' 의 일부분을 수정·보완한 것이다.

있다. 이와 관련하여 대학교육의 효율성을 분석한 몇 가지 기초자료가 활용되고 있으나, 대학교육의 효율성을 체계적으로 비교 분석하여 대학발전의 방향과 정책방안의 타당성을 판단해 볼 수 있는, 신뢰할 수 있고 타당성 있는 자료를 찾아보기 어려운 실정이다. 본 연구는 대학교육의 효율성을 측정할 수 있는 분석모형을 설정하고, 비영리 조직의 상대적 효율성을 측정·분석하는 통계기법으로 최근 관심을 모으고 있는 DEA를 활용하여 대학교육의 효율성을 국제적으로 비교 분석하는 데 목적이 있다.

DEA는 다수의 투입-산출변수를 활용하여 비교단위 간 상대적 효율성을 측정해 내는 기법으로서 기존의 효율성 측정방법들에 대한 비판과 그 한계를 극복할 수 있는 가장 타당성 높은 대안의 하나로 활용되고 있고, 교육부문에서도 점차 적용범위가 확대되고 있다(Cooper et al., 2004; 전용수 외, 2002; 천세영, 2000). 근래 들어 비율(ratio), 비용효과(cost-effectiveness), 비용수익(cost-benefit), 생산함수(production function), 성과지표(performance indicator)와 같이 널리 알려진 분석방법 이외에 새로운 효율성 분석 방법들이 개발·활용되고 있는데, 초월대수 비용함수법(Translog Cost Function Analysis), 확률변경분석법(Stochastic Frontier Production Analysis), DEA 등이 그것이다(Coelli et al., 1998). 그런데 공공부문의 경우, 생산함수 혹은 비용함수가 알려져 있지 않은 경우가 대부분이기 때문에 앞의 두 가지 방법보다는 DEA가 널리 활용되고 있고, 국내에서도 점차 관련 연구물이 증가하고 있다(김재홍, 김태일, 2001).

그동안 수행된 대학부문의 효율성 연구를 살펴보면 그 분석단위가 대학, 학과, 교수 등으로 점차 다양해져 왔으나, 최근에는 국가단위 분석의 필요성이 더욱 부각되고 있다(Abbott & Doucouliagos, 2003; 신현석, 2003). 국가 간 경쟁의 심화와 국제경쟁력 확보라는 관점에서 국제 비교의 중요성이 높아지고 있는 것이다. 이와 관련하여 이른바 선진국의 모임이라 할 수 있는 OECD 국가 간 상호 비교가 주 관심사가 되고 있다(박현정 외, 2004; 신현석, 2003; 장수명 외, 2004). 국가발전을 통해 선진국으로 도약하기 위해서 노력하고 있는 우리나라는 이미 OECD에 가입하였으나 여전히 경쟁력은 취약한 상황에 있다. 따라서 우리의 주된 경쟁국가라 할 수 있는 OECD 국가들을 중심으로 대학교육의 효율성을 비교·분석하는 작업이 필요하다.

② 연구방법

1) 분석모형 및 변수

　대학교육 효율성 국제 비교의 타당성과 신뢰도를 높이기 위해 본 연구에서는 여섯 가지 변수모형을 설정하였다. 먼저, 앞 장에서 선행연구를 고찰한 결과를 바탕으로 선정된 6개의 투입변수와 5개의 산출변수를 모두 포함한 종합모형을 설정하였다([그림 11-1] 참조). 종합모형의 산출변수를 교육과 연구 부문으로 나누어 종합교육모형, 종합연구모형으로 다시 구분하였다. 축약모형은 분석대상이 된 국가 수를 감안하여 종합모형에서 사용한 변수 가운데 DEA를 활용한 선행연구에서 사용된 6개의 핵심적인 투입·산출변수만을 포함시킨 것이다. 축약모형은 산출에 따라 다시 축약교육모형과 축약연구모형으로 나누었다(변수모형별 변수의 구성은 〈표 11-1〉을, 변수별 산식은 〈표 11-2〉를 참조). 이어서 최적화 방식에 따라 여섯 가지 변수모형을 각각 투입최소화(input minimization)와 산출극대화(output maximization)로 처리하여 총 열두 가지 효율성 분석모형을 설정하였다.

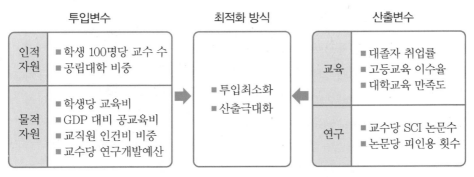

[그림 11-1] 대학교육 효율성 국제 비교 종합모형의 구조

123 〈표 11-1〉 변수모형별 투입 및 산출변수의 구성

변수		모형	종합	종합교육	종합연구	축약	축약교육	축약연구
투입변수	인적	학생 100명당 교수 수	√	√	√	√	√	√
		공립대학 비중	√	√	√			
	물적	학생당 교육비	√	√	√			
		GDP 대비 공교육비	√	√	√	√	√	
		교직원 인건비 비중	√	√	√			
		교수당 연구개발예산	√	√	√	√		√
산출변수	교육	대졸자 취업률	√	√				
		고등교육 이수율	√	√		√	√	
		대학교육 만족도(IMD)	√	√		√	√	
	연구	교수당 SCI 논문 수	√		√	√		√
		논문당 피인용 횟수	√		√			

2) 분석범위 및 자료처리

본 연구에서는 OECD 교육지표(각 연도)를 기본 자료로 하고, 이 지표에서 얻을 수 없는 국가별 통계치는 한국 연구자의 2002년 SCI인용지수 분석(2003), 2005 전국대학연감, 2004 한국교육연감 등으로 보완하였다. 이 외에도 IMD 국가경쟁력 보고서, 영국과 미국의 고등교육통계 홈페이지를 통해 분석자료를 추가하였다.[2] 본 연구에서는 OECD 교육지표에서 대학유형 구분의 기준으로 삼은 Tertiary A type, B type을 모두 합한 전체 대학을 분석대상으로 하였다.

---

2) 영국고등교육통계(https://www.hesa.ac.uk)에서 2000, 2001, 2002년 교원 수 자료 발췌; 미국고등교육통계(https://nces.ed.gov)에서 1999, 2001, 2004년 교원 수 자료에서 발췌; 한국과학기술부(http://www.most.go.kr)의 OECD 주요과학기술통계(2004) 중 대학연구개발비 발췌하였다.

123 〈표 11-2〉 투입 및 산출변수 설명

변수	산식	비고
학생 100명당 교수 수(명)	교수 수/(학생 수/100)	통상 교수당 학생 수를 사용하나, 수치가 클수록 투입이 커지도록 조정함
공립대학 비중(%)	(공립대학 재학 중인 학생 수/ 총 학생 수)×100	―
학생당 교육비 (PPP달러)	교육기관 교육비/전일제 학생 수	각국의 화폐 단위를 구매력 지수(Purchasing Power Parities: PPP) 환율을 기준으로 한 미국 달러로 환산한 금액
GDP 대비 공공재원 교육비(%)	(공공재원 교육비/GDP)×100	공공재원 : 등록금, 교육기관에 납입하는 각종 비용 지원을 위한 가계 및 기타 민간 부문에 보조되는 비용
교직원 인건비 비중(%)	(교직원 인건비/총 경상비)×100	경상비(current expenditure): 교육 서비스 생산의 지속적인 유지를 위해 당해 연도 동안 소비되고 계속 지원해야 할 재화 및 서비스 지출
교수당 연구개발예산 (PPP달러)	대학 총 연구개발예산/교수 수	각국의 화폐 단위를 구매력 지수(Purchasing Power Parities: PPP) 환율을 기준으로 한 미국 달러로 환산한 금액
대졸자 취업률(%)	(대졸자 취업자수/대졸자수)×100	―
고등교육 이수율(%)	(고등교육 이수 인구 수/ 총 인구수)×100	25~34세 인구 기준
대학교육 만족도(점)	IMD 설문조사 국가별 점수	대학교육이 경쟁사회에서 필요로 하는 요구에 부응하고 있는가에 대한 산업계 인사들의 응답
교수당 SCI 논문 수(편)	SCI수록 총 논문 수/교수 수	SCI CD-ROM 기준
NSI 논문당 피인용 횟수(회)	NSI 피인용 횟수/논문 수	NSI DB기준

연도별로는 2000, 2002년 자료에 한정하여 분석하였는데, 2001년의 경우 자료가 누락된 국가가 많아 비교대상 연도에서 제외하였다. 비교대상 국가는 누락된 자료가 없는 국가, 누락된 자료가 있더라도 비교 가능한 자료 수집이 용이한 국가를 중심으로 총 15개 국가가 선정되었다(그리스, 네덜란드, 독일, 멕시코, 미국, 스웨덴, 스페인, 영국, 이탈리아, 일본, 체코, 폴란드, 프랑스, 헝가리, 한국).

평가대상 국가별 분석자료의 처리는 DEA 효율치 분석에는 Frontier Analyst v.3.2를 사용하였으며, 기타 통계분석에는 Excel 2002, SPSS v10.0 for windows 프로그램을 사용하였다. 국가별 · 연도별로 투입 · 산출변수별 평균과 표준편차를 구하였으며, 평가모형별 · 연도별로 DEA 효율치를 분석하였다. DEA에서 11개의 투입 · 산출변수는 모두 통제 가능한 변수로 처리하였고, DEA 효율치는 BCC 모형을 적용하여 VRS를 가정하여 산출하였다. 아울러 국가별 참조횟수(reference frequency)를 분석하여 효율성이 높은 국가들을 분석하였고, 모형별로 잠재적 개선가능치(potential improvement)를 산출하여 비효율요인을 탐색하였다.

❸ 연구결과

1) 분석자료의 기술통계치

〈표 11-3〉에 연도별, 변수별 기술통계치를 제시하였다. 학생 100명당 교수 수, 공립대학 비중, GDP 대비 공교육비, 교수당 연구개발예산, 대졸자 취업률, 대학교육 만족도, 교수당 SCI 논문 수의 7개 변수는 2000년과 2002년에 평균의 차이가 없다. 즉, 동일한 수준을 유지했거나, 차이가 있더라도 0.2~0.4 정도 차이를 보이는 미미한 수준이었다. 2000년에 비해 2002년에 그 값이 증가한 변수는 학생당 교육비, 고등교육 이수율 등이고, 교직원 인건비 비중은 약간 감소하였다.

〈표 11-3〉 연도별 분석변수 기술통계치

변수	2000년					2002년				
	평균	표준편차	최소값	최대값	OECD	평균	표준편차	최소값	최대값	OECD
학생 100명당 교수 수	6.9	2.7	1.9	12.2	6.8	6.5	2.5	1.9	10.6	3.6
공립대학 비중	76.3	27.6	23.2	100.0	80.0	76.1	27.7	22.7	100.0	79.0
학생당 교육비	8462.9	4280.2	3912.0	19220.0	11422.0	9263.4	4895.2	3579.0	22234.0	12319.0
GDP 대비 공교육비	0.9	0.2	0.5	1.5	0.9	0.9	0.3	0.4	1.5	0.9
교직원 인건비 비중	67.9	10.1	50.3	86.3	69.4	65.8	9.3	45.20	79.30	67.1
교수당 연구개발예산	0.04	0.02	0.00	0.06	0.04	0.04	0.02	0.01	0.07	0.08
대졸자 취업률	81.1	8.3	54.0	88.0	84.0	81.1	8.4	53.0	88.0	83.0
고등교육 이수율	25.6	11.6	10.0	47.0	26.0	27.5	12.6	11.0	50.0	28.0
대학교육 만족도	5.4	1.2	3.28	7.32	5.8	5.2	1.5	2.45	7.98	5.9
교수당 SCI 논문 수	0.36	0.2	0.0	0.6	0.32	0.35	0.2	0.0	0.6	0.55
NSI 논문당 피인용 횟수	4.2	1.1	2.78	6.09	4.18	0.3	0.0	0.21	0.50	0.34

　본 연구의 분석대상 국가와 OECD 평균을 비교해 보면, 학생 100명당 교수 수는 6.5명으로 2002년의 경우 OECD 평균 3.6보다 높았고, 교수당 SCI 논문 수는 2000년도에는 평균값이 유사했지만, 2002년도에는 OECD 평균보다 약간 낮았다. GDP 대비 공교육비 비중, 교직원 인건비 비중, 공립대학 비중, 대졸자 취업률, 고등교육 이수율, 대학교육 만족도, NSI 논문당 피인용 횟수 등의 변수는 그 평균값이 OECD 평균과 거의 유사한 수준이었다. 이에 비해 학생당 교육비와 교수당 연구개발예산 등은 분석대상 국가의 평균이 OECD 평균에 비해 낮은 경향을 보여 주었다.

2) DEA 효율치 비교

(1) 투입최소화 조건하에서의 효율치

투입최소화 조건하에서 평가모형별·연도별 DEA 효율치를 비교한 결과는 〈표 11-4〉

와 같다. 먼저, 평가모형별로 살펴보면, 2000년의 종합모형에서는 독일을 제외한 14개 국가의 효율치가 모두 100%인 것으로 나타났다. 종합교육모형에서는 독일과 이탈리아의 효율치가 낮게 나타났으며, 종합연구모형에서는 독일, 프랑스의 효율치가 낮았다. 특히 독일은 앞 3개의 평가모형에서 가장 낮은 효율치를 보이는 것으로 나타났다. 11개의 변수 중에서 6개 변수만을 사용한 축약모형에서는 종합모형보다 국가 간 효율치 차이가 더 크게 나타나는데, 앞서 종합모형에서는 효율치가 100%로 높게 나타났던 스웨덴이 72.25%로 가장 낮은 효율치를 나타내 차이를 보였다.

123 〈표 11-4〉 투입최소화 조건하에서의 DEA 효율치 비교

국가명	2000년							2002년						
	종합	종합교육	종합연구	축약	축약교육	축약연구	평균	종합	종합교육	종합연구	축약	축약교육	축약연구	평균
그리스	100.0	100.0	100.0	100.0	50.67	100.0	91.78	100.0	100.0	100.0	100.0	60.39	100.0	93.40
네덜란드	100.0	100.0	100.0	100.0	96.25	74.89	95.19	100.0	100.0	100.0	100.0	77.98	58.77	89.46
독일	87.10	74.92	86.92	74.97	68.52	60.74	75.53	93.85	73.70	93.85	75.56	51.66	50.16	73.13
멕시코	100.0	100.0	100.0	100.0	70.94	100.0	95.16	100.0	100.0	100.0	100.0	64.35	100.0	94.06
미국	100.0	100.0	100.0	100.0	100.0	75.30	95.88	100.0	100.0	100.0	100.0	100.0	59.37	93.23
스웨덴	100.0	100.0	100.0	72.25	57.55	60.08	81.65	100.0	100.0	93.53	100.0	48.48	41.32	80.56
스페인	100.0	100.0	100.0	100.0	69.78	86.80	92.76	100.0	100.0	100.0	100.0	59.45	86.35	90.97
영국	100.0	100.0	100.0	100.0	90.69	100.0	98.45	100.0	100.0	100.0	100.0	76.56	100.0	96.09
이탈리아	100.0	94.66	100.0	100.0	75.69	93.88	94.04	100.0	89.74	100.0	95.86	61.79	61.41	84.80
일본	100.0	100.0	100.0	100.0	100.0	43.50	90.58	100.0	100.0	100.0	100.0	100.0	49.89	91.65
체코	100.0	100.0	100.0	100.0	97.16	100.0	99.53	100.0	100.0	100.0	100.0	84.84	100.0	97.47
폴란드	100.0	100.0	100.0	99.40	77.95	94.62	95.33	100.0	100.0	100.0	100.0	41.53	100.0	90.25
프랑스	100.0	100.0	98.92	90.38	72.50	77.60	89.90	100.0	100.0	95.79	83.70	74.94	50.71	84.19
헝가리	100.0	100.0	100.0	100.0	100.0	88.09	98.02	100.0	100.0	100.0	100.0	89.20	71.62	93.47
한국	100.0	100.0	100.0	100.0	100.0	100.0	100.0	100.0	100.0	100.0	100.0	100.0	100.0	100.0
평균	99.1	98.0	99.1	95.8	81.8	83.7	92.9	99.6	97.6	98.9	97.0	72.7	75.3	90.2

그리스는 2000년에 축약교육모형에서만 효율치가 50.67%로 가장 낮게 나타났으며, 종합모형에서도 가장 낮은 효율치를 보였던 독일이 축약모형(74.97%), 축약교육모형(68.52%), 축약연구모형(60.74%)에서도 효율치가 낮게 나타났다. 한국의 경우에는 모든 모형에서 효율치가 100%로 가장 높게 나타났다. 2002년에도 2000년의 결과와 마찬가지로 독일이 가장 비효율적으로 나타났으며, 한국은 모든 평가모형에서 100%의 효율치를 나타내었다. 그리스, 멕시코, 체코, 폴란드는 축약교육모형에서만 효율성이 낮게 나타난 국가로 분석되었다.

〈표 11-4〉에 제시된 결과를 바탕으로 평가모형별 DEA 효율치를 연도별로 비교해보면, 2000년과 2002년의 경우 비효율적인 국가 수는 축약교육모형에서 11개, 12개로 가장 많았다(〈표 11-5〉 참조). 효율치가 100%인 국가와 비효율 국가 간 효율치 차이의 범위는 6.15∼58.68%로 국가 간 격차가 매우 크게 나타났다. 국가 간 효율치 차이가 가장 큰 모형은 축약연구모형으로 2000년에는 56.50%, 2002년에는 58.68%를 나타내었다.

123 〈표 11-5〉 투입최소화 조건하에서 평가모형별 DEA 효율치 분포

구분		종합	종합교육	종합연구	축약	축약교육	축약연구
2000년	효율치 100% 국가 수	14	13	12	11	4	5
	비효율 국가 수	1	2	2	4	11	10
	최저치	87.10	74.92	86.92	72.25	50.67	43.50
	범위	12.90	25.08	13.08	27.75	49.33	56.50
2002년	효율치 100% 국가 수	14	13	12	12	3	6
	비효율 국가 수	1	2	3	3	12	9
	최저치	93.85	73.70	93.85	75.56	51.66	41.32
	범위	6.15	26.30	6.15	24.44	48.34	58.68

(2) 산출극대화 조건하에서의 효율치

산출극대화 조건하에서 평가모형별 연도별 DEA 효율치를 비교한 결과는 〈표 11-6〉

과 같다. 먼저 평가모형별로 살펴보면, 2000년의 종합모형에서는 독일을 제외한 14개 국가의 효율치가 모두 100%인 것으로 나타났다. 종합교육모형에서는 독일과 이탈리아의 효율치가 낮았으며, 종합연구모형에서는 독일과 프랑스의 효율치가 낮았다. 특히 독일은 투입최소화 조건하에서 분석한 평가모형별 결과와 마찬가지로 종합모형의 3개 평가모형에서 가장 낮은 효율치를 보이는 것으로 나타났다. 그리스, 영국, 체코는 축약교육모형에서만 효율치가 낮은 것으로 나타났으며, 미국과 일본, 헝가리는 축약연구모형에서만 효율치가 낮게 나타났다. 한국의 경우에는 모든 모형에서 100%의 효율치를 보이는 것으로 나타났다.

[1 2 3] 〈표 11-6〉 산출극대화 조건하에서의 평가모형별 DEA 효율치 비교

국가명	2000년							2002년						
	종합	종합교육	종합연구	축약	축약교육	축약연구	평균	종합	종합교육	종합연구	축약	축약교육	축약연구	평균
그리스	100.0	100.0	100.0	100.0	71.05	100.0	95.17	100.0	100.0	100.0	100.0	67.42	100.0	94.57
네덜란드	100.0	100.0	100.0	100.0	99.03	86.38	97.57	100.0	100.0	100.0	100.0	87.97	94.72	97.11
독일	95.92	95.92	93.95	83.03	80.65	67.67	86.19	93.53	95.51	95.16	78.05	56.77	74.25	82.21
멕시코	100.0	100.0	100.0	100.0	69.73	100.0	94.95	100.0	100.0	100.0	100.0	67.83	32.37	83.37
미국	100.0	100.0	100.0	100.0	100.0	84.11	97.35	100.0	100.0	100.0	100.0	100.0	85.93	97.66
스웨덴	100.0	100.0	100.0	98.93	88.15	84.28	95.23	100.0	100.0	100.0	100.0	93.91	88.32	97.04
스페인	100.0	100.0	100.0	100.0	87.89	78.39	94.38	100.0	100.0	90.93	100.0	86.06	81.98	93.16
영국	100.0	100.0	100.0	100.0	94.60	100.0	99.10	100.0	100.0	100.0	100.0	78.68	100.0	96.45
이탈리아	100.0	99.16	100.0	100.0	80.39	97.35	96.15	100.0	98.34	100.0	96.30	65.39	80.53	90.09
일본	100.0	100.0	100.0	100.0	100.0	50.09	91.68	100.0	100.0	100.0	100.0	100.0	57.70	92.95
체코	100.0	100.0	100.0	100.0	98.04	100.0	99.67	100.0	100.0	100.0	100.0	86.18	100.0	97.70
폴란드	100.0	100.0	100.0	96.93	79.94	35.38	85.38	100.0	100.0	100.0	100.0	49.37	100.0	91.56
프랑스	100.0	100.0	99.11	95.25	83.87	87.21	94.24	100.0	100.0	95.93	93.51	88.33	80.28	93.01
헝가리	100.0	100.0	100.0	100.0	100.0	76.37	96.06	100.0	100.0	100.0	100.0	90.06	62.39	92.08
한국	100.0	100.0	100.0	100.0	100.0	100.0	100.0	100.0	100.0	100.0	100.0	100.0	100.0	100.0
평균	99.7	99.7	99.5	98.3	88.9	83.1	94.9	99.6	99.6	98.8	97.9	81.2	82.6	93.3

　　2002년의 평가모형별 분석결과를 보면, 2000년의 결과와 거의 유사하며 멕시코의 축약연구모형 효율치가 32.37%로 가장 낮게 나타났다. 그리스, 영국, 체코, 폴란드는 축약교육모형에서, 미국과 일본은 축약연구모형에서만 효율성이 낮은 것으로 나타났다. 한국은 2000년과 같이 15개 비교대상 국가 중 유일하게 모든 모형에서 효율치가 100%인 것으로 나타났다.

　　〈표 11-6〉에 제시된 결과를 바탕으로 평가모형별 DEA 효율치를 연도별로 비교해 보면, 2000년에는 축약연구모형에서, 2002년에는 축약교육모형에서 비효율적인 국가가 각각 10개, 12개로 많게 나타났다(〈표 11-7〉 참조). 효율치가 100%인 국가와 비효율 국가 간 효율치 차이가 가장 큰 모형은 축약연구모형으로 2000년에는 64.62%, 2002년에는 67.63%로 나타나 연구분야에서의 국가 간 격차가 매우 큰 경향을 보였다. 효율치 범위는 4.08~67.63%로 국가 간 대학교육 효율성의 차이가 큰 것으로 나타났다.

`123` 〈표 11-7〉 산출극대화 조건하에서 평가모형별 DEA 효율치 분포

	구분	종합	종합교육	종합연구	축약	축약교육	축약연구
2000년	효율치 100% 국가 수	14	13	13	11	2	5
	비효율 국가 수	1	2	2	4	9	10
	최저치	95.92	95.92	93.95	83.03	69.73	35.38
	범위	4.08	4.08	6.05	16.97	30.27	64.62
2002년	효율치 100% 국가 수	14	13	12	12	2	5
	비효율 국가 수	1	2	3	3	12	10
	최저치	95.53	95.51	90.93	78.05	49.37	32.37
	범위	4.47	4.49	9.07	21.95	50.63	67.63

3) 국가별 참조횟수 분석

(1) 투입최소화 조건하에서의 참조횟수

투입최소화 조건하에서 총 참조횟수가 가장 많은 나라는 2000년과 2002년 모두 21회로 나타난 한국이었다(〈표 11-8〉 참조). 총 참조횟수는 2000년에는 영국 15회, 헝가리 12회, 체코 10회, 그리스 7회로 나타났다. 분석모형별로 보면 축약교육모형에서 헝가리 10회, 미국 6회, 축약연구모형에서 영국 7회, 체코 6회 등으로 나타나고 있다.

1 2 3 〈표 11-8〉 투입최소화 조건에서 국가별 · 연도별 · 평가모형별 참조횟수

국가	2000년							2002년						
	계	종합	종합교육	종합연구	축약	축약교육	축약연구	계	종합	종합교육	종합연구	축약	축약교육	축약연구
그리스	7	–	1	1	1	–	4	12	–	1	1	2	–	8
네덜란드	5	1	1	2	1	–	–	4	1	1	2	–	–	–
독일	–													
멕시코	3	–	–	–	1	–	2	–						
미국	8	–	–	–	2	6	–	11	–	–	–	1	10	–
스웨덴	–							2	–	–	–	2	–	–
스페인	6	2	–	2	2	–	–	1	–	–	–	1	–	–
영국	15	2	1	2	3	–	7	9	1	1	3	3	–	1
이탈리아	3	–	–	2	1	–	–	1	–	–	1	–	–	–
일본	1	–	–	–	1	–	–	1	–	–	–	1	–	–
체코	10	1	2	–	1	–	6	9	–	1	–	–	1	5
폴란드	–							7	1	–	2	–	–	4
프랑스	–							–						
헝가리	12	–	1	–	1	10	–	–						
한국	21	–	2	–	3	10	6	21	–	2	1	3	12	3

한국의 경우 축약교육모형과 축약연구모형에서 각각 10회와 6회의 참조횟수를 보이고 있다. 2002년에는 한국에 이어 그리스가 12회로 총 참조횟수가 높았고 미국이 11회, 영국과 체코가 각각 9회 참조된 것으로 나타났다. 미국은 축약교육모형에서만 10회 참조되었고, 그리스는 축약연구모형에서만 8회 참조되었다.

(2) 산출극대화 조건하에서의 참조횟수

산출극대화 조건하에서 다른 국가들이 가장 많이 참조한 나라는 2000년에 영국(15회), 미국(13회), 한국(10회)의 순이었다(⟨표 11-9⟩ 참조). 미국은 축약교육모형에서

⟨표 11-9⟩ 산출극대화 조건에서 국가별·연도별·평가모형별 참조횟수

국가	2000년							2002년						
	계	종합	종합교육	종합연구	축약	축약교육	축약연구	계	종합	종합교육	종합연구	축약	축약교육	연구
그리스	6	–	1	1	1	–	3	7	–	1	1	1	–	4
네덜란드	5	1	1	2	1	–	–	2	–	–	2	–	–	–
독일	–	–	–	–	–	–	–	–	–	–	–	–	–	–
멕시코	1	–	–	–	1	–	–	–	–	–	–	–	–	–
미국	13	–	–	–	3	10	–	14	–	–	–	2	12	–
스웨덴	–	–	–	–	–	–	–	1	–	–	–	1	–	–
스페인	2	–	–	1	1	–	–	–	–	–	–	–	–	–
영국	15	1	1	2	3	–	8	15	1	1	3	3	–	7
이탈리아	1	–	–	1	–	–	–	1	–	–	1	–	–	–
일본	3	–	–	–	–	3	–	4	–	–	–	1	3	–
체코	5	–	1	–	1	–	3	6	1	2	–	1	–	2
폴란드	1	–	–	1	–	–	–	5	1	–	2	–	–	1
프랑스	–	–	–	–	–	–	–	–	–	–	–	–	–	–
헝가리	8	–	–	–	1	7	–	–	–	–	–	–	–	–
한국	10	–	1	–	2	7	1	9	–	1	1	1	6	–

10회, 영국은 축약연구모형에서 8회의 참조횟수를 나타내었으며, 한국은 축약교육모형에서 7회의 참조횟수를 보여 주었다. 2002년에도 영국 15회, 미국 14회, 한국 9회로 다른 나라들이 대학교육의 효율성을 높이기 위해 가장 많이 참조하는 국가로 나타났다. 투입최소화 조건하에서 가장 많은 참조횟수를 보였던 한국은 산출극대화 조건하에서는 참조횟수가 낮아지는 경향을 보여 주었다.

4) 비효율요인 분석

(1) 투입최소화 조건에서 비효율요인

투입최소화 조건하에서 잠재적 개선가능치를 산출하여 비효율요인을 분석한 결과는 〈표 11-10〉과 같다. 2000년도 종합모형의 경우, 교수당 연구개발예산과 고등교육 이수율이 비효율성을 야기하는 가장 큰 요인으로 나타났다. 예컨대, 투입을 최소화하는 조건하에서 교수당 연구개발예산은 15.13%를 줄이고 고등교육 이수율은 23.45%까지 늘려야 효율성이 높아질 수 있다는 것이다. 종합연구모형의 경우에는 GDP 대비 공교육비 비중을 24.81% 줄이고 교수당 SCI 논문 수는 16.56%까지 늘려야 하며, 축약교육모형에서는 학생 100명당 교수 수를 27.83% 줄이고 고등교육 이수율을 52.71% 늘려야 효율성이 개선되는 것으로 나타났다.

123 〈표 11-10〉 투입최소화 조건에서 연도별, 모형별, 변수별 개선가능치

변수명	2000년							2002년						
	종합	종합교육	종합연구	축약	축약교육	축약연구	평균	종합	종합교육	종합연구	축약	축약교육	축약연구	평균
학생 100명당 교수 수(명)	-9.54	-7.34	-17.25	-17.23	-27.83	-34.28	18.91	-7.52	-9.48	-18.11	-11.38	-27.87	-48.1	20.41
공립대학 비중(%)	-9.57	-11.57	-9.48	—	—	—	10.21	-4.56	-11.22	-7.07	—	—	—	7.62
학생당 교육비(PPP)	-8.41	-12.14	-9.48	—	—	—	10.01	-4.56	-11.49	-14.78	—	—	—	10.28
GDP 대비 공교육비(%)	-9.14	-6.07	-24.81	-19.5	-19.03	—	15.71	-9.6	-7.65	-23.23	-11.38	-17.66	—	13.90

변수명	2000년							2002년						
	종합	종합교육	종합연구	축약	축약교육	축약연구	평균	종합	종합교육	종합연구	축약	축약교육	축약연구	평균
교직원 인건비 비중(%)	−8.71	−8.38	−12.93	—	—	—	10.01	−14.2	−8.76	−10.52	—	—	—	11.16
교수당 연구개발예산(PPP)	−15.13	−23.18	−9.48	−21.07	—	−39.25	21.62	−7.02	−17.45	−18.69	−20.72	—	−49.97	22.77
대졸자 취업률(%)	1.27	—	—	—	—	—	1.27	0.32	—	—	—	—	—	0.32
고등교육 이수율(%)	23.45	27.96	—	6.14	52.71	—	27.57	23.17	26.82	—	51.2	54.05	—	38.81
대학교육 만족도(점)	0.00	3.36	—	2.48	0.42	—	1.56	11.74	7.13	—	5.32	0.42	—	6.15
교수당 SCI 논문 수(편)	14.79	—	16.56	33.58	—	26.46	22.85	14.61	—	6.42	—	—	1.93	7.65
NSI 논문당 피인용 횟수(편)	—	—	—	—	—	—	—	—	—	1.17	—	—	—	1.17

2002년도 종합모형의 경우, 비효율을 가져오는 요인으로 교직원 인건비 비중은 14.2% 줄이는 반면, 고등교육 이수율은 23.17%까지 늘려야 하는 것으로 나타났다. 축약교육모형은 학생 100명당 교수 수를 27.87%까지 줄이고 고등교육 이수율은 54%까지 늘려야 함을 보여 주었으며, 축약연구모형에서는 교수당 연구개발예산을 49.97%까지 줄여야 효율성을 개선할 수 있는 것으로 나타났다.

(2) 산출극대화 조건에서 비효율요인

산출극대화 조건하에서 비효율요인을 분석한 결과는 〈표 11-11〉과 같다. 2000년도 종합모형의 경우, 투입변수 중에서는 교직원 인건비 비중과 GDP 대비 공교육비 비중을 줄이고 산출변수인 교수당 SCI 논문 수는 27.46%, 고등교육 이수율은 18.87% 높여야 효율치가 개선될 수 있는 것으로 나타났다. 특히 2000년도 축약연구모형의 경우에는 교수당 SCI 논문 수를 63.69% 이상을 높여야 하는 것으로 나타나 현재의 투입구조를 유지하면서 산출을 높이기 위해서는 연구분야의 주요 지표가 되는 교수당 SCI 논문 수를 높이는 데 노력을 집중해야 함을 보여 준다. 2002년도에는 투입변수 중 교직원 인건비 비중과 GDP 대비 공교육비는 줄이고, 산출변수 중에서는 고등교육 이수율과 교수당 SCI 논문 수는 높여야 할 필요성이 있는 것으로 나타났는데, 축약연구모형의 경우 교수당 SCI 논문 수를 59.01%까지 높일 필요성이 있다.

〈표 11-11〉 산출극대화 조건에서 연도별, 모형별, 변수별 개선가능치

변수명	2000년							2002년						
	종합	종합교육	종합연구	축약	축약교육	축약연구	평균	종합	종합교육	종합연구	축약	축약교육	축약연구	평균
학생 100명당 교수 수(명)	-4.7	-1.91	-9.17	-12.55	-12.79	-14.12	9.21	-5.5	-2.46	-13.86	-3.47	-15.85	-20.13	10.21
공립대학 비중(%)	-9.17	-10.34	-14.15	—	—	—	11.22	-0.21	-4.6	-0.34	—	—	—	1.72
학생당 교육비(PPP)	-1.59	-7.87	—	—	—	—	4.73	—	-9.96	-10.3	—	—	—	10.13
GDP 대비 공교육비(%)	-9.95	-4.04	23.49	-13.31	-6.89	—	11.54	-11.71	-5.27	-25.12	-4.05	-6.52	—	10.53
교직원 인건비 비중(%)	-12.14	-9.37	-14.62	—	—	—	12.04	-14.96	-10.6	-10.96	—	—	—	12.17
교수당 연구개발 예산(PPP)	-7.28	-19.73	-5.17	-10.8	—	-22.19	13.03	-1.92	-19.5	-15.99	-11.32	—	-20.86	13.92
대졸자 취업률(%)	2.69	1.31	—	—	—	—	2.00	3.16	1.92	—	—	—	—	2.54
고등교육 이수율(%)	18.87	39.75	—	13.58	58.99	—	32.80	25.12	33.56	—	58.24	58.01	—	43.73
대학교육 만족도(점)	2.69	5.67	—	10.67	21.33	—	10.09	12.95	12.43	—	12.66	19.62	—	14.41
교수당 SCI 논문 수(편)	27.46	—	28.48	39.1	—	63.69	39.68	21.31	—	15.41	10.26	—	59.01	26.50
NSI 논문당 피인용 횟수(편)	3.46	—	4.92	—	—	—	4.19	3.16	—	8.03	—	—	—	5.59

④ 결론

DEA를 활용하여 OECD 15개 국가를 대상으로 대학교육의 효율성을 분석·비교한 결과, 국가별·분석모형별로 효율치에 상당한 차이가 있었다. 첫째, 투입최소화 조건과 산출극대화 조건하에서 분석모형별로 국가 간 효율치 차이가 크게 나타났다. 예컨대, 투입최소화 조건하에서는 2000년과 2002년의 경우 독일은 모든 분석모형에서 효율성이 낮은 것으로 나타났고, 한국은 모든 분석모형에서 효율치가 100%인 것으로 나타났다. 산출극대화 조건하에서의 국가별 효율치 역시 투입최소화 조건하에서의 분석 결과와 양상이 비슷했다. 한국은 2000년과 2002년에 모든 평가모형별로 효율치가 100%인 것으로 나타났다.

둘째, 분석모형별로도 DEA 효율치에 상당한 차이를 보였다. 투입최소화 조건하에서 효율치가 100%인 국가와 비효율 국가 간 효율치 차이의 범위는 모형에 따라 최소 6.15%에서 최고 58.68%로 격차가 있었다. 비효율 국가 수는 축약교육모형에서 2000년도와 2002년도 각각 11개, 12개로 가장 많았다. 국가 간 효율치 차이가 가장 큰 분석모형은 축약연구모형으로 2000년도에는 56.50%, 2002년도에는 58.68%를 나타냈다. 다음으로 산출극대화 조건하에서는 2000년도에는 축약연구모형에서, 2002년도에는 축약교육모형에서 비효율 국가가 각각 10개, 12개로 많게 나타났다. 효율치가 100%인 국가와 비효율 국가 간 효율치 차이가 가장 큰 모형은 축약연구모형으로, 2000년도에는 64.62%, 2002년도에는 67.63%로 나타나 연구분야에서 국가 간 격차가 컸다. 효율치 범위 역시 모형에 따라 최저 4.08%에서 최고 67.63%로 차이가 있었다.

셋째, 준거집단으로 참조된 횟수를 국가별로 분석한 결과, 투입최소화 조건하에서는 한국이 가장 많은 참조횟수를 보였다. 한국은 2000년과 2002년에 6개의 평가모형별 참조횟수를 합한 총 참조횟수가 21회였다. 그다음은 영국 15회, 헝가리 12회, 체코 10회 순이다. 산출극대화 조건하에서 참조횟수가 많은 나라는 2000년에 영국(15회), 미국(13회), 한국(10회)의 순이었다. 미국은 축약교육모형에서만 10회, 영국은 축약연구모형에서만 8회의 참조횟수를 나타내었으며, 한국은 축약교육모형에서 7회의 참조횟수를 보여 주었다. 2002년도에는 영국 15회, 미국 14회, 한국 9회 순이었다. 투입최소화 조건하에서 가장 많은 참조횟수를 보였던 한국은 산출극대화 조건하에서는 상대적으로 참조횟수가 낮아졌다.

넷째, 비효율요인을 찾기 위해 모형별로 잠재적 개선가능치를 분석한 결과, 투입변인으로는 학생 100명당 교수 수와 교수당 연구개발예산, 산출변수로는 고등교육 이수율과 교수당 SCI 논문 수가 주요인으로 드러났다. 예컨대, 투입최소화 조건에서 축약교육모형의 경우, 분석대상 국가 전체에서 학생 100명당 교수 수를 27.87%까지 줄이고 고등교육 이수율은 54%까지 늘려야 함을 보여 주었고, 축약연구모형에서는 교수당 연구개발예산을 49.97%까지 줄여야 효율성을 개선할 수 있는 것으로 나타났다. 산출극대화 조건하에서는 2000년도 축약연구모형의 경우에는 교수 1인당 SCI 논문 수를 63.69% 이상을 높여야 하는 것으로 나타났다.

DEA 효율치를 분석한 결과, 우리나라 대학교육의 효율성은 매우 높은 것으로 나타났다. 우리나라는 모든 분석모형에서 2000년과 2002년 모두 효율치가 100%였고, 참조횟수도 높게 나타났다. 우리나라의 대학교육은 현재의 투입 · 산출변수로 조합된 생산가능집합 가운데 효율성 프런티어를 형성하고 있는 것으로 볼 수 있다. 그러나 효율성이 높다는 것이 곧 경쟁력이 높다는 것을 의미하는 것은 아니므로, 현재 수준에서 투입최소화나 산출극대화를 통하여 관리적 효율성을 높이는 데 주력하기보다는, 먼저 투입을 적정수준까지 확대하면서 산출의 극대화를 도모하는 방향으로 대학정책의 초점을 분명히 할 필요가 있다. 또 그동안 우리는 IMD 또는 해외 언론매체의 대학순위 평가결과를 토대로 우리 대학교육의 위상을 판단하고자 했다. 그러나 이러한 성과지표를 활용한 자료는 대체로 대학운영 전반에 관한 포괄적인 정보는 포함하고 있으나, 지표들이 나열되어 있고 단순 총합점수에 의해 순위를 부여하는 경우가 많으므로 효율성관점에서 더욱 엄밀한 분석과 해석이 필요하다.

한편, 모형별로 분석한 결과에 따르면 종합모형에 비해 축약모형에서 국가 간 효율치 차이가 크게 나타났다. 이는 DEA를 활용한 효율성 평가에서는 사용변수의 수가 늘어날수록 판별력이 떨어진다는 이론적 주장을 뒷받침하는 결과이다(임석민, 1997). 본 연구에서는 OECD 교육지표를 기본자료로 하였으나 변수별로 누락된 국가가 많았고, 특히 연구 관련변수는 별도 자료를 활용해야 하는 등 자료수집과 적정 수의 DMU 확보에 많은 어려움이 있었다. 앞으로 통계지표 수집과 관련된 국제적 표준(international standard)에 대한 더 발전된 합의가 필요하고, 국내적으로도 다양한 정보를 손쉽게 접근할 수 있는 방안이 마련되어야 할 것이다.

지역교육청 효율성 및 체제 개편[1]

이 장에서는 지역교육청의 상대적 효율성 분석(DEA)과 사회적 네트워크 분석(SNA)를 통해 지역교육청 체제 개선방안을 제시하였다. 지역교육청의 상대적 효율성 분석은 2011년 기준 전국 178개 지역교육청의 직원 수, 예산, 학교 수, 학생 수, 교원 수를 변수로 하여 2008년도와 2011년도의 분석결과를 비교 분석하였다. 효율성 분석결과를 중심으로 사회적 네트워크 분석을 통해 지역교육청 체제개편 방안을 소폭개편안과 중폭개편안으로 구분하여 제시하였다.

① 연구의 배경

지방교육행정기관의 재설계에 관한 논의가 활발하다. 행정조직은 행정환경 수요가 변화하면 이에 대응하기 위하여 적극적으로 재설계되어야 하고, 지방교육행정기관도 교육행정 환경 및 수요 변화에 따라 탄력적으로 변화해야 하며 이러한 변화에 대응하지 못하면 경쟁력 있는 교육서비스의 제공은 어려울 수밖에 없다(김민희, 2011a; 오세희,

---

1) 이 장은 '최영출, 김민희(2012). 지역교육청 효율성 분석 및 체제개편 방안. 지방정부연구, 16(1)'의 일부분을 수정·보완한 것이다.

2012). 2000년대 초반과 비교해 볼 때 인구수, 학생 수, 교원 수, 학교 수 등의 교육행정 수요를 유발하는 요인들이 급격하게 변화되고 있고, 최근 정책기조 또한 조직 운영의 자율성과 융통성을 부여하는 방향으로 이동하고 있기 때문에, 교육활동 지원조직인 지방교육행정기관 역시 이에 맞는 조직 운영 권한을 가져야 한다는 방향에서 시·도교 육청 본청, 지역교육청, 단위학교에 대한 조직 재설계가 논의되고 있다(최영출 외, 2011). 이러한 변화를 반영하여 2010년 9월에는 전국의 지역교육청이 교육지원청으로 바뀌고 새로운 기능으로의 전환을 도모하는 기능 개편이 전격적으로 시행되었다(교육 과학기술부, 2010b).

최근의 교육개혁도 초·중등교육에 관한 주요한 기능들을 중앙에서 지방으로 이양 하는 계획과 관련하여 이루어지고 있으며, 지방교육행정기관 총액인건비제도 도입, 지역교육청 기능 개편 등 일련의 정책들이 2010년 이후 지속적으로 수행되고 있다. 중 앙정부의 주요 기능을 지방교육행정기관과 단위학교가 수행하도록 하는 분권화와 자 율화 추세는 세계적인 개혁 동향과도 그 궤를 같이하는 것이다(교육과학기술부, 2008a; 교육과학기술부, 2008b; 교육과학기술부, 2010b; 김민희, 2011a). 1990년대 이후 선진 주요 국가들은 교육의 질과 학업성취도를 높일 효과적인 교육행정체제를 구축하기 위하여 교육행정조직을 지속적으로 개편하며 효과적인 운영방법을 모색하려는 노력이 활발 하게 이루어지고 있어, 우리나라에서의 이러한 흐름은 당분간 지속될 것으로 보인다.

학교 수 및 학생 수의 변화와 같은 교육행정 수요뿐만 아니라 업무의 이양, 기능 전 환과 같은 환경변화로 인하여 시·도교육청 및 지역교육청을 포함한 지방교육행정기관 도 이에 대응한 기능, 조직 및 정원의 변화가 불가피하게 수반될 전망이다. 특히 2010년 에는 단위학교를 지원하는 기능을 지닌 지역교육청의 기능이 개편되면서 그 변화가 가 시화되었다. 그러나 2010년에 시행된 지역교육청 기능 개편은 논리적 근거가 빈약한 채 검증과정을 거치기도 전에 너무 빠른 시간에 개편이 이루어지면서 현장에 착근하기 어렵다는 비판을 받고 있다(김민희, 2012; 김성열, 1998). 또한 조직개편은 해당 조직체 의 특성이나 추구하는 목적에 따라 다양한 형태로 구성될 수 있으므로 실증적이고 타 당한 설계과정을 통해 도출한 근거를 가지고 이루어져야 하지만, 최근의 지역교육청 개편, 특히 일부 도지역에서 도입한 권역별 거점기능 모형은 그러한 과정을 거치지 못한 한계를 지니고 있다(서범종 외, 2011).

이러한 문제의식하에 본 연구는 지역교육청의 효율성 분석을 중심으로 현재 지역교육청 개편의 논리적 근거를 도출하고 실증적인 방법을 통해 실제 개편방안을 탐색하는 데 목적을 두고 수행되었다. 이를 위해 2008년과 2011년에 걸쳐 178개(2011년 기준) 지역교육청에 대한 상대적 효율성 분석을 실시하였으며 사회적 네트워크 분석을 통해 효율적인 지역교육청 체제 개편방안을 제시하였다. 본 연구결과는 향후 진행될 지방교육행정기관의 체제 개편 및 재구조화 논의에 필요한 정책자료를 제공할 것이다.

② 연구설계

1) 자료포락분석(DEA)

본 연구에서는 지역교육청의 상대적 효율성을 측정하기 위하여 DEA를 활용하고자 한다. DEA는 유사한 서비스를 제공하는 조직의 효율성을 평가하는 데 효과적인 기법이다. 통계학적으로 회귀분석법과는 달리 사전적으로 구체적인 함수형태를 가정하고 모수(parameter)를 추정하는 것이 아니고 일반적으로 생산가능집합에 적용되는 몇 가지 기준하에서 평가대상의 경험적인 투입요소와 산출물 간의 자료를 이용해 경험적 효율성 프런티어를 평가대상으로 비교하여 평가대상의 효율치를 측정하는 비모수적 접근방법이다(손승태, 1993).

DEA는 원래 Charnes 등(1978)에 의해 비영리적 목적으로 개발된 방법으로, 투입과 산출을 결합할 수 있는 시장가격은 존재하지 않는 것이 대개의 DMU(Decision Making Unit)가 처한 현실이며, 이럴 경우 효율성은 차선적인 차원, 즉 상대적인 관점에서 측정될 수밖에 없고 효율적 DMU들이 경험적으로 형성하는 효율성 프런티어를 통해 각 DMU의 상대적 효율성을 측정할 수 있다고 본다. DEA는 최선의 실무에 입각한 효율성 프런티어를 도출하고 보편적으로 알려진 선형계획모델에 근거하여 개별 DMU를 최적화하는 변수 양태를 제시함으로써 종전의 평가방식에 비해 새로운 관리적·이론적 통찰력을 제공한다.

DEA의 장점을 요약하면 다음과 같다. ① 단일 종합성과 측정치와 비교대상의 준거집단 정보를 제공한다. 투입요소(독립변수)를 활용하여 바람직한 산출물을 생산하는 관점에서 피평가 단위인 각 DMU의 종합적 효율수치를 제시함으로써 효율성 정도가 파악될 뿐 아니라 준거집단으로 선정된 DMU를 알 수 있어 벤치마킹 대상이 누구인지 그리고 이들 집단과의 격차는 어느 정도인지 알 수 있다. ② 회귀분석과 같이 모집단의 평균 수치를 이용하는 대신에 효율적 DMU의 개별적 관찰에 초점을 둠으로써 개선가능성에 대한 유용한 정보를 제공한다. 특히 투입 및 산출(또는 양쪽 측면)에서의 필요한 변화에 대한 구체적인 측정치를 현시된 최선의 실무 프런티어에 근거하여 제공한다. ③ 가치계산이 불필요하다. 즉, 투입 및 산출변수의 상대적 중요성(가중치)에 대한 지식이나 규정이 불필요하다. ④ 측정 단위에 무관하며 모델 자체가 복수의 투입과 산출을 동시에 종합적으로 고려하는 가운데 각 DMU의 상대적 평가에 엄격하고 공평한 기준을 적용한다. ⑤ 지리적 위치나 경쟁 환경의 심화 정도 등 외생변수를 고려하거나 조정하는 것이 가능하다. 또한 필요한 경우 경영자 또는 실무자 등의 판단을 수용할 수 있다. ⑥ 피평가 단위 간에 그룹화를 꾀하기 위한 목적에서 범주적 변수(categorical variable)를 도입할 수 있다. ⑦ 효율수치 계산에 이용되는 투입과 산출을 연결짓는 생산관계의 함수형태에 제약이 없다.

반면, DEA는 다음과 같은 한계를 갖는다. ① 모델에 이용된 변수들에 따라 DMU의 상대적 효율치가 달라질 수 있다. DEA는 선정된 투입 및 산출변수들만을 이용하여 이들 변수 간의 관계를 실제로 사용한 자료를 토대로 파악하는 실증적 모델이다. 따라서 특정 DMU에 독특한 산출변수가 평가모델에 포함될 경우 비교기준의 대상 DMU가 존재하지 않거나 상대적으로 우위에 서게 되어 유리한 결과를 얻게 된다. 이처럼 DEA가 변수 선정에 민감한 결과를 보일 수 있음을 고려하는 연구자들은 민감도 분석을 병행하기도 한다. ② DEA 모델에서 이용되는 자료에서 비롯되는 한계점이다. DEA는 상대적 평가모델로서 많은 변수를 고려하기 위해서는 충분한 수의 표본이 가능해야 한다. 또한 DEA 모델은 회귀분석과 같은 통계적 모델이 아니라 확정적 모델이기 때문에 통계적 오류가 허용되지 않는다. 따라서 모델에 이용되는 실증자료에 통계적 오류가 포함되어 있을 경우 DEA 결과는 동 오류가 미치는 효과를 담게 된다. ③ DEA 모델이 갖는 본질적인 특징에 기인한 한계이다. 즉, DEA는 상대적 효율성 평가모델이므로 DEA에서 효율적인 단위로 평가된 DMU라 하더라도 개선의 여지가 없는 절대적인 효율단위로 간주하여서는 안 된다. 자칫 우수한 DMU가 분석대상에서 빠질 경우 전반적인 효율성 수치는 동 DMU가 포함되었을 경우에 비해 높은 수치를 보인다. 상대적 평가의 특징상 우수그룹 내에서는 돋보이기 힘들어도 상대적으로 열위에 있는 DMU들과 비교될 경우에는 그만큼 높은 성적을 얻게 되기 때문이다.

　본 연구에서는 우리나라의 2008년 180개(2011의 경우 178개) 지역교육청 효율성 분석을 위해서 DEA를 실시한다. 지역교육청 조직에 대한 분석에서는 기본적으로 조직이 어느 정도 효율성을 보이는지 분석할 필요가 있다. 효율성의 정도에 따라 조직의 재설계에 필요한 정보를 얻을 수 있기 때문이다. DEA는 유사한 서비스를 제공하는 조직의 효율성을 평가하는 데 효과적인 선형기법이며 본 연구의 목적에도 부합한다. 그런데 지금까지 지역교육청의 효율성 분석과 관련된 연구가 축적되지 못했기 때문에 관련 변수를 선정하기 위해서는 일반적인 조직 분석에 활용된 변수를 검토할 수 있을 것이다. 공공기관을 포함한 비영리조직의 DEA에 적용될 투입변수는 주로 인적 변수 및 물적(재정) 변수로 구성되며, 산출변수는 서비스의 대상이나 성과를 나타내는 정량적·정성적 지표가 활용된다(유금록, 2004). 일반적으로 비영리조직의 경우 투입변수에 해당하는 인적·물적 변수로는 조직구성원, 총비용(재정) 등이 있으며, 산출변수는 산출물의 양(취업률), 산출물의 질(만족도), 재무지표 등이 DEA에 활용된다. 그러나 지역교육청의 경우 수요자 만족도 및 서비스의 질 등 정량적·정성적 지표를 수집하기 어려운 한계로 인해 현재 지방공무원 표준정원 산식에 포함되는 행정서비스 변수(학생 수, 교사 수, 학교 수)[2] 등을 사용하고자 한다.

　따라서 투입변수로는 직원 수 및 예산, 산출변수로는 관할 학생 수, 교사 수, 학교 수

---

2) 지방교육행정기관의 기구와 정원기준 등에 관한 규정 시행규칙 [별표 1] 시·도교육청 지방공무원 표준정원 산식(제3조 제1항 관련) 〈개정 2011. 7. 21.〉

를 선정하였다. 즉, 지역교육청은 교육지원서비스를 제공하기 위하여 직원과 예산을 사용하고 그 서비스 대상은 학생, 교사, 단위학교가 되므로 투입자원으로 지역교육청의 직원 수 및 예산액을 활용하고 산출자원으로 학생 수, 교사 수, 단위학교 수를 사용하여 효율성 분석을 실시하기로 한다.

2) 사회적 네트워크 분석

향후 지역교육청을 통합한다고 가정할 경우, 단순히 '인구 몇 만'이라는 기준보다는 생활권을 중심으로 통합하는 것이 바람직하다. 기관의 통합은 지역주민들의 생활권이 서로 동일할 경우 거부감이 덜하기 때문이다. 생활권의 동질성 측정은 다양한 방법으로 측정할 수 있으나 본 연구에서는 통계청에서 발간한 지역 간 인구이동 자료를 바탕으로 하여 사회적 네트워크 분석을 실시한다. 통계청(http://kostat.go.kr)에서는 기초자치단체를 단위로 한 지역 간 통근·통학자 수를 발표하고 있는데, 이 통계치는 지역 간 동일생활권 정도를 나타내 주는 좋은 지표이다. 이 자료를 이용하여 기초자치단체 간 매트릭스 자료를 만들고 이 매트릭스 자료를 이용하여 사회적 네트워크 분석을 실시한다. UCINET 프로그램을 이용한 사회적 네트워크 분석을 통해서 동일생활권에 속하는 시·군들이 선정되면 앞서 분석한 DEA 자료와 통합하여 지역교육청 조직 재설계를 위한 자료로 활용할 수 있다. 즉, DEA에서는 개별 지역교육청의 효율성이 측정되며, 사회적 네트워크 분석에서는 통근·통학자 수에 기초한 동일생활권에 포함되는 지역들이 선정된다. 이 두 분석의 관계는 보완적 관계로 활용되는데, 먼저 지역교육청의 개별 효율성이 측정되면, 효율성이 높은 지역교육청은 중심 역할을 할 수 있는 근거를 제시해 준다. 지역교육청이 통합되면 서로 자기 지역에 지역교육청을 설치하려는 경향이 발생한다. 이 경우, 복수의 지역교육청이 동일생활권에 포함될 수 있는데, 가장 효율성이 높은 지역교육청이 새로운 통합지역교육청의 설치지역이 될 수 있다. 이렇게 하지 않고서는 최근 자치단체 간 통합 시, 통합시청사 위치선정과 관련한 갈등이 첨예해지는 경우에서 보듯이, 지역 간 갈등이 증폭될 수 있기 때문에 본 연구에서 활용한 분석방법을 활용하여 합리적 대안을 제시할 필요가 있다. 상대적 효율성 분석 및 사회적 네트워크 분석을 활용한 본 연구의 분석틀을 종합적으로 제시하면 [그림 12-1]과 같다.

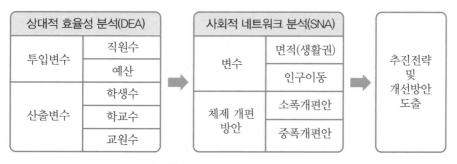

상대적 효율성 분석(DEA)		사회적 네트워크 분석(SNA)		추진전략 및 개선방안 도출
투입변수	직원수	변수	면적(생활권)	
	예산		인구이동	
산출변수	학생수	체제 개편 방안	소폭개편안	
	학교수		중폭개편안	
	교원수			

[그림 12-1] 연구 분석틀

3) 지역교육청 체제 개편방안의 기본 전제

지역교육청은 하급교육행정기관으로서, 기본적으로 기초자치단체인 시·군·구를 중심으로 하여 기초자치단체별로 1개의 지역교육청을 두거나 2개 이상을 묶어서 통합 지역교육청을 두는 방향으로 운영되고 있다. 그러나 2008년 국회를 중심으로 한 정치권에서는 지방행정체제 개편안이 제기되어 왔고, 2008년 9월 25일 청와대에서 대통령과 야당 대표 간에는 지방행정체제 개편안에 합의한 바 있다. 그 이후 지방행정체제 개편안이 본격 논의되고 있는 중이며 행정안전부 장관은 국회 답변에서 2010년 지방선거에서 새로운 지방행정체제를 전제로 선거가 실시되도록 노력할 것이라고 한 바 있다. 이렇게 되면 지역교육청의 조직개편 대안도 상당히 달라질 수밖에 없다. 왜냐하면 정치권에서 논의되고 있는 지방행정체제 개편안에는 전국의 230개 시·군·구를 60~80개의 광역통합시로 만들고자 하는 안도 포함되어 있기 때문이다. 만약 60~80개의 통합시가 출범하게 되면 이를 고려하여 지역교육청도 개편되지 않을 수 없다.

물론 2008년 11월 현재까지 정부안이나 국회의 안이 최종 선택된 단계는 아니다. 이와 관계없이 행정안전부에서는 시·군의 자율통합방안을 강력한 인센티브를 동원하여 추진할 방침을 세워 놓고 있다. 이렇게 되면 도 단위 통합이나 시·군의 통합과 같은 전국적 수준의 획일적 통합과는 관계없이 현재의 시·군·구가 자율적인 방법으로 적극적으로 통합될 가능성이 있다. 또한 현재의 지역교육청도 통합되는 시·군·구에 맞게 조직적으로 개편될 가능성도 있다. 따라서 본 연구에서 제시할 대안들은 새로운 시·군·구 간 통합이 이루어진다면 그 의미를 잃을 수 있다. 이러한 한계점이 있으나 일단 시·군·구 간 통합이 본격화되지 않고 있기 때문에 현재 상황을 전제하여 가능한 대안을 제시하고자 한다. 이러한 대안들은 향후 시·군·구 간 자율통합이 이루어 진다고 하더라도 방법론적으로는 적용 가능할 것이다.

또한 2010년 9월, 지역교육청의 기능개편이 전면적으로 이루어지고, 시·도교육청 총액인건비제도가 2013년부터 전면 시행될 것으로 예고되었으며, 지역교육청 규모에 따른 기구설치 범위 확대 규정 개정(교육과학기술부, 2012a) 등 향후 지역교육청을 포함한 전체 시·도교육청 차원의 조직운영 및 기구·정원 관리에도 큰 변화가 있을 것으로 전망된다. 따라서 본 연구에서 제시하는 지역교육청 체제 개편 대안은 현재의 지역교육청 기능개편 방안을 적극적으로 운영하기 위해 시·도교육청 차원에서 기구 운영 자율성과 책무성을 도모하는 데 필요한 기초자료로서의 의의를 지니고 있다.

4) 자료수집 및 분석방법

본 연구에서는 2011년 12월~2012년 1월에 걸쳐 전국 16개 시·도의 지역교육청별로 담당자들이 수합하여 정리한 자료를 온라인을 통해 수집하였다. 주요 통계자료의 수집기준일은 2011년 4월 1일이다. 기초자료 분석을 위해서는 Excel 2000, SPSS v17.0 프로그램이 사용되었으며, DEA에는 Frontier Analyst Professional 프로그램, SNA에는 UCINET 프로그램을 활용하였다.

분석과정에서 시와 도의 여건이 다르다는 점을 고려하여 서울과 6개 광역시 산하의 지역교육청은 9개 도의 지역교육청과 구분하였고, 이들 2개 그룹으로 구분하여 별도의 상대적 효율성 점수를 도출하였다.

③ 연구결과

1) 기술통계

본 연구에서 지역교육청의 상대적 효율성 분석을 위해 사용한 주요 변수의 기술통계를 제시하면 〈표 12-1〉과 같다. 2008년과 2011년을 비교해 보았을 때, 전체 예산 및 학생 수, 교원 수는 증가하였다. 그러나 직원 수와 학교 수는 다소 감소하는 경향을 보이고 있다. 학교 수가 줄어든 것은 학생 수 감소 등에 따른 학교 통폐합에 의한 것이다. 이는 지역교육청이 담당해야 할 행정수요 및 교육수요에 변화가 있다는 것이며, 이를 반영한 체제 개편이 필요하다는 점을 시사한다.

[1 2 3] 〈표 12-1〉 분석변수별 기술통계

구분	2008년		2011년	
	평균	표준편차	평균	표준편차
직원 수(명)	59.3	18.4	55.4	23.3
예산(백만 원)	34,126.2	37,085.5	53,562.1	47,592.5
학생 수(명)	35,074.1	48,102.4	42,282.1	48,744.1
학교 수(교)	95.5	31.8	74.6	59.2
교원 수(명)	1,714.8	2,171.5	1,817.6	1,831.6

※ 학생 수, 교원 수, 학교 수는 국·공·유치원(사립 제외)·초·중·고등학교 수를 합한 것임. 자료 기준일은 2008년 4월 1일자와 2011년 4월 1일자

2) 지역교육청의 상대적 효율성 분석

지역교육청별 상대적 효율성을 분석한 결과, 2008년도에 시지역(특별시/광역시) 지역교육청들은 최고 100%에서 최저 65.98%까지 효율성 점수가 분포되었다. 2011년도 분석결과에 의하면 시지역 효율성 점수는 최고 100%에서 최저 61.02%까지 점수가 분

포되었는데, 연도별 효율성 점수는 다소 낮아지는 경향이 있다. 즉, 효율성 100%를 유지하는 지역교육청의 수는 각각 5개로 동일했지만 2008년에 비해 2011년에는 90% 이하 효율성 점수를 지닌 지역교육청의 수가 다소 늘어났다.

〈표 12-2〉 시지역 지역교육청 효율성 점수별 분류

구분	2008년	2011년
효율성 100%	5개	5개
90% 이상~100% 미만	10개	6개
80% 이상~90% 미만	7개	9개
80% 이하	9개	11개
총계	31개	31개

2008년의 경우 9개 도지역 또한 도교육청 산하의 지역교육청들은 최고 100%에서 최저 23.50%까지 효율성 점수를 나타내었다. 2011년에는 최고 100%에서 최저 31.65%까지의 효율성 점수를 나타내었는데, 2008년에 비하면 100%의 효율성을 나타내는 지역교육청 수가 4개에서 9개로 늘어났다. 반면, 90% 이상 100% 미만의 효율성 점수를 나타내는 지역교육청은 21개에서 8개로 13개 줄었고, 80% 이하 효율성을 나타내는 지역교육청의 수가 88개에서 113개로 늘어나고 있음을 알 수 있다.

〈표 12-3〉 도지역 지역교육청 효율성 점수별 분류

구분	2008년	2011년
효율성 100%	4개	9개
90% 이상~100% 미만	21개	8개
80% 이상~90% 미만	36개	17개
80% 이하	88개	113개
총계	149개	147개

　시지역과 도지역의 지역교육청별 전체 효율성 계수를 제시하면 〈부록 12-1〉〈부록 12-2〉와 같다. 〈부록 12-1〉에 제시된 2011년 시지역의 31개 지역교육청 중 100% 미만의 비효율성을 보이는 26개 지역교육청은 투입변수 중 직원 수에서는 0.7~26명이 과다한 것으로 나타났으며, 예산 역시 10~660억 이상 다른 지역교육청에 비해 많이 투입되고 있었다. 학생 수, 학교 수, 교원 수 등 산출변수 역시 비효율성에 영향을 미치고 있는데, 가장 낮은 효율성을 보이는 부산 서부교육청의 경우 학생 수와 학교 수, 교원 수가 현재보다 상당히 많이 증가되지 않으면 효율성이 개선되기 어려운 것으로 나타났다. 〈부록 12-2〉에 제시된 도지역의 지역교육청 중 효율성 점수가 가장 낮은 전북 진안교육청의 경우, 직원 수는 30명, 예산은 14억 이상 과다투입되고 있었다. 그러나 산출변수는 현재 규모에서 효율성을 개선하려면, 학생 수의 경우 16,000명, 학교 수 43개, 교원 수는 720명 이상을 더 확보해야 하는 것으로 나타났다. 따라서 비효율을 나타내는 지역교육청의 경우, 유사한 규모의 지역교육청에 비해 과다투입된 투입변수를 조정하거나 부족한 산출변수를 개선하지 않으면 효율성이 개선되기 어렵다는 점을 알 수 있다. 즉, 현재 지역교육청의 규모는 지역교육청의 비효율성에 영향을 미치는 중요한 요인이 되고 있다.

　그런데 본 연구에서 사용한 효율성 분석 변수 중 직원 수와 효율성 점수 간에는 높은 상관관계(0.68)가 있는데 직원 수가 작은 지역교육청의 경우 효율성 점수가 대체로 낮고 직원 수가 많을수록 효율성 점수가 높음을 알 수 있다. 즉, 지역교육청 규모가 크면 클수록 효율성 점수가 높아진다고 추정할 수 있다([그림 12-2] 참조).

　이러한 분석결과에서 나타나듯이 지역교육청의 적정 규모는 항상 관심으로 대두되고 있다. 〈표 12-4〉에는 시지역과 도지역 지역교육청별 규모효율성 분석결과가 총 수로 제시되어 있다. 분석결과에 의하면, 시지역의 경우 규모효율성이 문제가 되는 지역교육청은 전체의 80.6%이며, 도지역의 경우는 시지역에 비해 9% 포인트가 더 높은 89.8%로 나타났다. 즉, 도지역의 경우 지역교육청의 비효율성은 대부분 적정 규모를 유지하지 못해 나타나고 있음을 보여 준다. 교육기관의 특성상 직원 수와 예산이라는 투입변수만으로 학교와 학생, 교원에게 서비스를 제공하는 정도를 엄밀하게 결정할 수는 없다고 할 수 있으나, 적정 규모를 유지하는 것에 대해서는 다소 고려가 필요할 것으로 보인다.

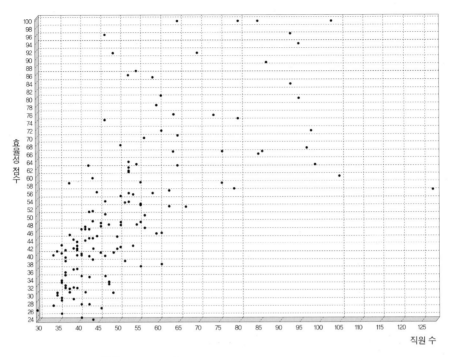

/𝄪 [그림 12-2] 직원 수와 효율성 점수 간의 상관관계

123 〈표 12-4〉 시지역 및 도지역 지역교육청별 규모효율성 분석결과(2011)

구분	시지역	도지역
CRS	5개(16.1%)	9개(6.1%)
IRS	25개(80.6%)	132개(89.8%)
DRS	1개(3.2%)	6개(4.1%)
총계	31개(100%)	147개(100%)

※ 규모효율성의 값이 100%인 지역교육청(CRS)은 기술과 규모에서 모두 효율적인 학교이며, IRS로 표시된 지역교육청은 모두 '규모'의 효율성이 문제가 되는 학교이다. DRS로 표시된 지역교육청은 기술적 효율성이 낮은 경우이다.

3) 사회적 네트워크 분석

앞시 제시한 지역교육청 효율성 분석을 통해, 현재 지역교육청의 규모는 체제 개편의 주요 논리로 제시되고 있다(최영출 외, 2011; 정영수, 2008; 김민희 외, 2008). 즉, 현재의 지역교육청은 인구 규모나 학생 수 등을 제대로 반영하지 않는 형태로 유지되고 있다. 기관이 구성되면 최소한의 기관 유지에 필요한 인력과 부서가 불가피하게 필요하기 때문에 지역교육청 수가 많은 것은 비효율의 근원이 된다고 할 수 있다. 따라서 이러한 문제를 해결하기 위해서는 비효율적 지역교육청이 적정 규모를 유지할 수 있도록 서로 통합할 필요성이 제기된다. 이 과정에서 지역교육청 간 통합의 대상을 어떻게 선정해야 할 것인지에 대한 합리적 기준을 도출하기 위해 사회적 네트워크 분석을 실시하였다.

단순히 학생 수 3천 명 또는 5천 명을 기준으로 통합하는 것보다는 생활권이 서로 인접하여 동일한 생활권에 속한 교육청을 서로 통합하는 것이 지역주민들의 정체성 확보 면에서 유리하다. 이를 위해서 UCINET 프로그램을 이용하여 사회적 네트워크 분석을 실시하였고 충청북도 결과를 예로 제시하면 [그림 12-3]과 같다. 기초자치단체 간 통근, 통학자 수를 이용한 지역 간 매트릭스 자료를 가지고 UCINET 프로그램을 이용하는 경우, 유사성 집락구조가 분석된다. 이는 기초자치단체 상호 간의 통근 · 통학자 수가 상대적으로 많은 지역끼리 집락을 이루는데, [그림 12-3]과 같은 형태로 분석결과가 주어진다. 즉, 계층을 이루는 집락들이 가장 초기 단계에서는 4개의 집락으로 분류되고, 그다음 통합을 하는 단계로 가면 3개의 집락, 그리고 마지막으로 최종 단계에서는 충북 전체의 시 · 군이 1개로 묶이는 것을 볼 수 있다.[3] 이와 같은 방법으로 도 단위 분석을 실시한 결과를 [그림 12-3]에 제시하였다.

---

[3] 자세한 내용이나 절차는 김용학(2003)을 참조한다.

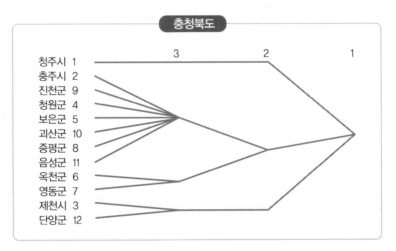

[그림 12-3] 충청북도 사회적 네트워크 분석결과

　[그림 12-3]에서 보는 바와 같이 청주시는 별도로 분리되는 것이 필요하며, 충주시, 진천군, 청원군, 보은군, 괴산군, 증평군, 음성군은 하나로 묶는 것도 가능하다. 옥천군과 영동군은 또 하나의 그룹으로, 그리고 제천시와 단양군이 하나의 그룹으로 묶이는 것을 알 수 있다. 그러나 이는 통계청에서 발간된 지역 간 인구 이동자료를 활용한 것이기 때문에 정책적 고려를 해야 한다. 즉, 청주시와 청원군은 서로 같은 생활권인 동시에, 청원군이 지리적으로 청주시를 둘러싸고 있는 형태이기 때문에 같은 생활권으로서 동일 지역교육청에서 통합될 수도 있을 것이다. 이는 정책적 고려사항이며 다른 지역에도 같은 방법으로 적용할 수 있다. 다만, 본 연구에서는 이러한 고려는 하지 않았으며 인구이동이라는 변수를 사용하여 생활권을 설정하고 이를 바탕으로 지역교육청을 통합하는 방법을 선택하였다.

　분석결과, 11개의 충북 내 지역교육청을 4개 정도로 통합하는 것이 가능한 것으로 나타났다. 이와 같은 방법으로 서울과 광역시를 제외한 9개 도의 사회적 네트워크 분석을 실시한 결과를 종합적으로 제시하면 〈표 12-5〉와 같다. 이 분석에 의하면 9개 도의 147개 지역교육청은 48개 지역교육청(경기 8개, 강원 6개, 충북 4개, 충남 5개, 전북 4개, 전남 7개, 경북 7개, 경남 5개, 제주 2개)으로 통합할 수 있는 것으로 나타났다.

123 〈표 12-5〉 도지역 지역교육청 사회적 네트워크 분석결과(2011)

구분	현재	통합	지역교육청명
경기	25개	8개	(1) 수원, 화성오산, 평택, 안성 (2) 광주하남, 이천, 용인, 성남, 여주 (3) 안양과천, 의왕군포 (4) 부천, 김포, 안산, 광명, 시흥 (5) 동두천양주, 의정부, 포천, 연천 (6) 고양, 파주 (7) 남양주구리 (8) 가평, 양평
강원	17개	6개	(1) 춘천 (2) 양구, 인제, 철원, 화천, 홍천 (3) 횡성, 원주 (4) 강릉, 태백, 동해, 삼척 (5) 평창, 영월, 정선 (6) 속초양양, 고성
충북	11개	4개	(1) 청주 (2) 충주, 진천, 청원, 보은, 괴산증평, 음성 (3) 옥천, 영동 (4) 제천, 단양
충남	15개	5개	(1) 천안, 예산, 연기, 아산 (2) 보령, 서천, 홍성 (3) 태안, 서산, 당진 (4) 공주, 금산, 청양 (5) 논산계룡, 부여
전북	14개	4개	(1) 전주 (2) 군산, 익산, 김제 (3) 정읍, 부안, 고창 (4) 진안, 무주, 임실, 순창, 장수, 완주, 남원
전남	22개	7개	(1) 목포 (2) 영암, 해남, 함평, 무안, 진도, 신안 (3) 영광, 나주, 장성 (4) 강진, 장흥, 완도 (5) 순천, 여수, 광양 (6) 구례, 곡성, 보성, 고흥 (7) 담양, 화순
경북	23개	7개	(1) 포항 (2) 경주, 울릉, 영덕, 울진 (3) 청도, 영천, 경산 (4) 김천, 고령, 성주, 칠곡, 구미 (5) 문경, 군위, 상주 (6) 안동, 청송, 영양, 예천, 의성 (7) 영주, 봉화
경남	18개	5개	(1) 창원(마산, 진해), 창녕, 함안, 의령 (2) 양산, 밀양, 김해 (3) 거제, 통영, 고성 (4) 진주, 사천, 남해, 하동, 산청 (5) 함양, 합천, 거창
제주	2개	2개	(1) 제주 (2) 서귀포
총계	147개	48개	

4) 지역교육청 체제 개편방안

여기서는 현재의 지방행정체제를 전제하여 조직 개편 방안을 제시하고자 한다. 그런데 지역교육청 효율성 분석결과에 나타난 규모의 문제, 인구이동 등 생활권을 중심으로 제시한 사회적 네트워크 분석결과, 교육과학기술부에서 추진하고 있는 지역교육청 기능개편 과정 등을 종합적으로 고려하여 향후 지역교육청이 수행해야 할 바람직한 기능을 고려하고 현재 수행하고 있는 기능들을 동시에 검토해 본다면, 지역교육청 조직은 유지하되 개수는 178개(2011년 기준)를 유지할 것이 아니라 통폐합을 통한 지역교육청 수의 축소가 요구된다. 다만, 개편방안 제시의 초점은 이러한 조직개편이 단순한 조직 축소가 아니라, 기능개편을 통해서 단위학교를 획기적으로 지원해 줄 수 있어야 한다는 점에 두어야 한다. 급격한 통합은 정책담당자들의 수용성과 적용가능성이 높지 않기 때문에 여기서는 지역교육청 체제 개편방안으로 효율성이 낮게 나타난 도지역을 대상으로 하는 소폭개편안과 중폭개편안 두 가지 대안을 제시하고자 한다.

(1) 소폭개편안

① 주요 내용

소폭개편안은 2011년 기준 도지역의 147개 지역교육청을 일정한 인구수나 학생 수를 기준으로 아주 소규모의 지역교육청만 통합하여 129개로 개편하는 방안이다. 소폭개편안의 통합기준은 인구 5만 명, 학생 수 3천 명 정도를 제시할 수 있다. 이러한 기준과 유사한 연구는 과거에도 있어 왔는데(최준렬, 1998; 한국교육개발원 편, 2005) 이 기준을 설정할 경우 전국적으로는 약 19개의 지역교육청이 해당된다(경북 5, 강원 3, 전남 3, 전북 5, 경남 2, 충남 1 등). 앞서 제시한 DEA 결과에 비추어 보면, 소폭개편안의 통합대상인 지역교육청은 주로 도지역에 소재한 지역교육청으로서 규모 비효율성이 높은 곳이다. 특히 경북도 내 22개 지역교육청과 17개 지역교육청은 모두 규모 비효율성을 보이는 곳이다. 다만, 울릉도는 공간적으로 타 지역과 구분되므로 그대로 유지하는 것으로 가정하나, 향후 출장소 형태도 검토 가능할 것이다. 2~3개의 지역교육청이 통합되

어 앞 기준을 충족하는 경우 인력 규모는 규모가 큰 교육청 수준으로 조정하는 것이
타당할 것이다.

② 조직

소폭개편안의 경우에는 기본적으로 [그림 12-4]와 같은 형태를 취하게 할 수 있다.
이 경우, 38명의 잉여 직원은 관할지역 내 단위학교에 지원인력으로 재배치하는 방안
이 있고, 또 하나는 새로운 지원서비스 부서를 만들어서 시범적으로 실시하는 방안을
생각할 수 있다. 즉, 단위학교 지원을 위한 새로운 부서를 시범적으로 이 통합지역에
먼저 실시하는 방안이다.

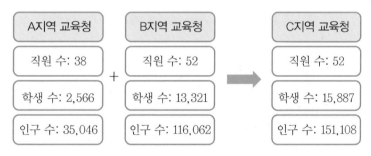

[그림 12-4] **지역교육청 소폭개편 통합모형**

③ 부서 및 정원

통합되는 지역교육청의 부서 수나 정원은 기능조정이 세부적으로 이루어지고 난 후
에 별도의 기준을 만들어서 수행하면 될 것이다. 다만, 부서편제를 하는 경우 지금처
럼 '초등교육과' '중등교육과' '학무과'처럼 서비스 대상중심이 아니라, 교육과학기술부
의 지역교육청 기능 개편안에서 가이드라인으로 제시하고 있는 바와 같이 '학교경영지
원팀'과 같이 기능중심으로 편제하는 것이 타당하다. 아울러, 부서 명칭 역시 기존의
학무과, 관리과라는 명칭보다는 가칭 '학교경영지원팀' '행정서비스 지원팀'과 같이 경
영과 서비스 마인드가 도입되도록 하는 것도 필요할 것이다(교육과학기술부, 2010b).

④ 기대효과

소폭개편안의 기대효과는 [그림 12-5]와 같다. 시뮬레이션 모델을 이용하여 사용자 인터페이스인 시뮬레이터를 구축해 보았다. 그림의 오른쪽 하단부의 대안 선택안 중에서 소폭개편 대안을 선택한 경우이다. 다만, 직원 및 교사의 순증은 없는 것으로 간주한다.

개편 대안을 2009년부터 시행한다고 가정하고 시뮬레이션 기간은 2015년까지로 설정한다. [그림 12-5]에서 보는 바와 같이, 소폭개편 대안을 채택하면, 현재 단위학교 직원 1명당 지원하는 교사비율이 6.83명인데 1안을 채택하는 경우 그 비율이 6.7명으로 약간 줄어들며, 가용인력을 단위학교로 배분한다고 가정할 경우 0.09명에 그친다. 월별 문서처리건수는 11건에서 10.10건으로 약간 줄어들 것으로 추정된다. 그러나 이러한 효과가 수업의 질을 어느 정도 향상시킬 수 있는지 하는 성과 측면은 더 많은 통계자료가 있어야 하기 때문에 본 연구에서 관련 논의를 제시하기는 어렵다.

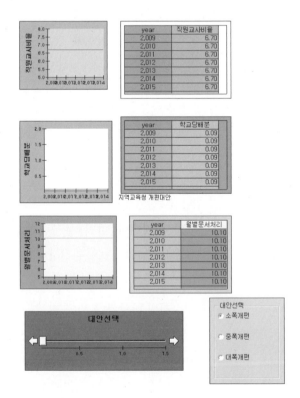

[그림 12-5] 소폭개편안의 기대효과

(2) 중폭개편안

① 주요 내용

중폭개편안은 6개 광역시의 경우, 지역교육청 수(31개)는 그대로 두되, 직원 수는 목표치대로 조정하는 방안이다. 9개 도는 〈표 12-5〉에 제시된 바와 같이 도지역 147개 지역교육청을 생활권역 분석을 통한 사회적 네트워크 분석결과를 반영하여 모두 48개 내외로 통합하는 방안이다. 중폭개편안에 의하면 178개(2011년 기준) 지역교육청은 총 88개 정도가 된다. 전체 지역교육청 직원 수는 10,675명에서 6,809명으로 조정되며, 9개 도는 총 7,858명에서 4,352명으로 조정된다. 목표정원을 제외한 3,866명을 단위학교로 재배치하는 방안과, 일부는 인력을 통합 관리하여 전문부서 팀을 만드는 방안을 검토할 수 있다. 이는 교육과학기술부에서 추진하고 있는 기능거점 지역교육청 운영 방안을 현실화하는 방안으로서, 거점 지역교육청을 선정해 두고 이 지역교육청 속에 전문부서를 설치하며 전문부서에서는 순회서비스 형태로 도 내 모든 학교에 서비스를 제공하는 형태이다(교육과학기술부, 2010b). 이렇게 인력을 통합 관리하는 것이 전문 서비스를 제공하는 데에는 유리하다(서범종 외, 2011).

중폭개편안에 의하면 시·도교육청으로 기능이 이관됨에 따라 인력이 이관되어야 하나 시·도교육청의 자체 조직진단에 의한 기능 폐지, 민간위탁 및 업무 프로세스 효율화 노력으로 이를 흡수하도록 한다. 통합되는 지역교육청 규모에 따라 지역교육청의 급지를 차등화하며, 급지의 차이에 따라 수행기능의 차등화를 허용한다.

② 조직

사회적 네트워크 분석에서 제시된 바와 같은 생활권역 기준에 의한 통합방법을 택한다. 학생들의 전·입학이 서로 밀접하게 이루어지는 지역은 인구이동 통계를 통해서 파악할 수 있다. 사회적 네트워크 분석은 통계청의 지역 간 인구이동 통계를 기초로 이루어진 것이기 때문에 대안 2는 생활의 밀접성을 기준으로 통합한 안이라고 할 수 있다. 예를 들어, 충북의 경우 11개 지역교육청이 4개로 통합되는 형태이며, 〈표 12-5〉에 제시된 바와 같이 통합 지역교육청 예시를 제시할 수 있다.

③ 정원

서울 및 광역시의 산하 지역교육청의 경우, 교육청 통합은 없으나 인력은 목표인력으로 재조정되는 것이 필요하다. 목표인력을 제외한 360명의 인력은 단위학교에 재배치하거나 통합적 인력관리를 통하여 단위학교 지원기능을 전문적으로 수행할 수 있는 팀을 만들어 통합 지원토록 하는 방안을 검토할 수 있다. 9개 도의 경우에는 네트워크 분석결과에 기초하여 통합하되, 여러 지역교육청이 통합지역교육청 위치를 두고 논란을 가져올 수 있다. 이 경우 효율성이 높은 지역에 입지시키는 기준을 취하도록 한다.

부서 및 정원에 관한 기본적인 사항은 소폭개편안에서 제시한 경우와 같다. 정원 수는 목표치로 조정된 수를 가지도록 하며, 통합되는 지역교육청 간의 규모가 상이하기 때문에 차등적 기능수행이 가능하도록 한다. 9개 도의 목표정원 수를 제외한 인력 3,505명은 단위학교에 재배치하거나 통합적 인력관리를 통하여 단위학교 지원을 위한 전문부서 팀을 구성하도록 하는 방안을 생각할 수 있다. 이 경우에는 이미 언급한 바와 같이 도 내 지역거점 지역교육청을 선정해 두고 이곳에 배속시키되 도 내 전 지역을 관할하게 하는 형태이다.

생활권역이 서로 밀접한 관계로 통합대상으로 분류된 2개 이상의 지역교육청의 경우, 통합 후에도 여전히 소규모로 남을 수밖에 없는 경우가 있다. 이러한 경우에는 인접지역에 통합하거나 출장소 형태로 유지하는 방안도 검토할 수 있다.

④ 기대효과

이 대안은 [그림 12-6]에서 우측 하단부의 중폭개편 대안을 선택한 것으로서 그 기대효과는 [그림 12-6]에서 나타난 바와 같다. 직원교사비율은 6.18명으로 줄어들며, 학교당 배치한다고 가정할 경우, 한 학교당 약 0.48명을 배치할 수 있다. 월별 공문서 처리건수는 11건에서 약 9.07건으로 줄어드는 것으로 추정된다.

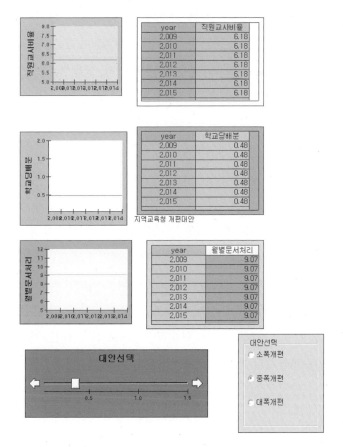

[그림 12-6] 중폭개편안의 기대효과

④ 논의 및 결론

본 연구는 지역교육청 기능개편 및 조직 재설계의 필요성이 대두되는 시점에서 DEA를 활용한 지역교육청 간 상대적 효율성 분석 및 사회적 네트워크 분석을 통해 지역교육청 체제 개편방안을 제시하기 위한 목적으로 수행되었다. 본 연구에서 나타난 결과를 중심으로 주요 논의 및 결론을 제시하면 다음과 같다.

첫째, 178개(2011년 기준) 지역교육청 간 효율성 격차가 상대적으로 크다. 즉, 지역교육청 간 직원 수, 예산규모라는 투입자원과 학생 수, 학교 수, 교사 수라는 서비스 대상을 산출자원으로 고려하여 효율성을 분석한 결과, 지역교육청 간 큰 격차가 발생되고 있다. 서울과 6대 광역시의 지역교육청은 최고 및 최저, 효율성을 가진 지역교육청 간 격차가 크지 않다. 그러나 9개 도의 지역교육청 간의 경우에는 최고 100%에서 최저 30% 수준까지 큰 격차를 보이고 있다. 더욱이 이는 여건이 비슷한 도와 광역시를 서로 분리해서 처리한 것이며, 도의 지역교육청과 서울 및 광역시의 지역교육청을 통합해서 처리하면 그 격차는 더욱 커질 것이다. 이렇게 지역교육청의 비효율성이 높다는 것은 학생 수나 학교 수, 교사 수가 적은 관할구역을 가진 지역교육청이 직원 수나 예산을 상대적으로 많이 운영하고 있다는 점을 의미한다. 이는 규모효율성 분석결과에서도 제시된 바와 같이, 지역교육청의 적정 규모에 대한 논의가 필요함을 시사한다.

둘째, 생활권역과 인구이동 통계를 중심으로 사회적 네트워크 분석을 실시한 결과, 지역교육청의 통합은 소폭개편안과 중폭개편안으로 제시할 수 있었다. 지난 2008년에는 교육과학기술부에서 지역교육청을 교수학습센터로 전환하려는 계획을 추진하려다 교육청의 반발과 교육계의 논란으로 우회하였으며, 지역교육청 기능 및 조직개편을 시도하였으나 이 역시 실현되지 못하였다(김민희, 2011b). 그러나 2010년에 지역교육청 기능 개편을 단행하면서 전국의 지역교육청은 '교육지원청'으로 명칭을 바꾸고 기능과 조직, 인사 등의 개편을 도모하지 않을 수 없는 변화의 과정을 겪게 되었다(교육과학기술부, 2010b). 이 과정에서 지역교육청 통합에 대해서는 큰 논의의 과정을 겪지 않았으나, 지역교육청 기능 개편에 따른 조직 및 구조의 비효율성이 발생하여 지역교육청 구조를 재설계하거나(최영출 외, 2011), 법령상 규정된 지역교육청 설치범위를 재편하는 시도가 이어지고 있다(교육과학기술부, 2012a). 향후 지방행정체제의 개편과 더불어 지역교육청의 체제 역시 새롭게 재편되어야 할 가능성이 높아지는 상황에서 본 연구에서 제시한 소폭개편안과 중폭개편안에 대해 보다 많은 논의가 필요할 것으로 보인다.

셋째, 효율성 분석 및 사회적 네트워크 분석을 통한 지역교육청 체제 개편방안을 실행하기 위해서는 다음과 같은 측면에서의 추진 전략을 제시할 수 있다. 먼저, 지역교육청 체제개편 추진 전략은 무엇보다도 자율통합을 유도하는 전략을 사용해야 한다. 이를 위해서는 시·도교육위원회에 대한 차등적 권한 이양이 필요한데, 현재 대통령령으로 지역교육청의 관할구역과 명칭을 정할 수 있도록 되어 있는 규정(「지방교육자치에 관한 법률」 제34조 제2항)을 개정하여 시·도교육위원회의 조례로 정할 수 있도록 한다. 중앙정부는 일정한 기준에 의한 교육청 통합 대상 지역을 권고하며, 이에 적극 동참하는 시·도교육위원회에 대해서는 중앙정부의 권한 이양 시, 타 시·도에 비해 차등적으로 권한을 더 부여하는 방안을 제시한다. 즉, 교육에 관한 지방분권을 할 때 시·도교육위원회별로 차등화된 분권화를 추구하는 방안이다.

자율통합 추진 시 재정지원 측면에서는 통합하는 지역교육청에 대해서 단위학교를 종합적으로 지원하는 종합체제를 구축하며(부서 및 프로그램), 이를 시범적으로 실시한다. 이에 대해서 대규모 특별교부금을 지원하는 방안을 모색할 수 있다. 또한 지역교육청 폐지 지역에 대한 지원이 필요한데, 통합을 통해 지역교육청이 폐지된 경우에 기존 청사는 해당 지역의 특수상담지원센터, 유아교육지원센터 등 지역주민의 요구에 부응하여 활용할 수 있도록 한다. 정책적으로도 향후 추진할 각종 교육지원사업의 선정 시 통합지역교육청 관할지역을 가장 우선적으로 지원해야 할 것이다.

넷째, 지역교육청 통합 시 고려해야 할 사항 중에서 인력자원 활용에 대한 논의가 필요하다. 조직개편은 직원들의 신분 불안을 야기할 수 있다. 그러나 본 연구에서 제시하는 방안은 인력을 감축하자는 안이 아니다. 오히려 최근 지역교육청 기능개편 추이에 부응하여 행정관리 기능에 치중한 인력을 학교지원 기능으로 전환하자는 것이다. 아울러, 조직통폐합으로 잉여인력이 발생한다 하여도 이를 강제적인 구조조정의 방법으로 퇴직시키는 것은 바람직하지 못하다. 미래에 수행해야 할 교육행정 관련 신규기능은 더욱 많이 발굴되어야 하며 조직개편으로 생기는 잉여인력은 이러한 신규기능을 발굴하여 수행하도록 해 주고, 아울러 한시기구의 인정 등을 통하여 소화시켜 현재 근무하는 직원들의 신분문제에 대한 불안이 없도록 하는 것이 필요하다.

아울러, 현재 인력수준은 정원에 미달되고 있으며 이를 고려하여 표준정원을 재설정할 필요가 있을 것이다. 나아가서 수행기능의 초점이 전환됨에 따라 공무원 연수, 재교육, 향후 퇴직직원 충원 시 전문직 인력 비율 증대 등의 전환은 필요할 것이다.

다섯째, 지역교육청 기능 개편은 지방행정체제 개편과의 관련성하에서 논의되어야 한다. 앞서 언급한 바와 같이 2008년 11월 이후 현재까지 국회를 중심으로 다양한 지방 행정체제 개편안에 대한 활발한 논의가 진행 중이다. 여·야의 다양한 개편안의 공통점은 기초 시·군·구를 통합하겠다는 점이다. 그렇게 되면 현재의 230개 시·군·구의 경우 한나라당 허태열 의원 안에 의하면 약 80개, 민주당 안에 의하면 약 60~80개 등으로 현재의 기초자치단체들 간에 상당한 통합 가능성이 예상된다. 한편, 행정안전부에서도 2010년 6월 지방선거에는 새로운 지방행정체제 개편안을 가지고 선거를 실시할 것이라고 한 바 있다. 이렇게 되면 지역교육청 조직 개편안은 큰 영향을 받을 수밖에 없다. 지역교육청은 시·군·구 자치단체의 상황을 고려하지 않을 수 없고 지역교육청이 통합되더라도 통합 기초자치단체와 부합하도록 되어야 하기 때문이다. 아직 어느 시·군·구가 어떠한 통합 시로 개편될 것인지에 대한 구체적인 윤곽이 없기 때문에 지역교육청의 구체적인 조직 개편방안은 지방행정체제 개편안이 제시된 이후 본격적으로 논의되는 것이 바람직할 것이다. 특히 이러한 큰 틀에서의 체제개편을 하게 되는 경우에는 거시적인 틀뿐만 아니라 현재 지방교육행정 일선에서 중요한 역할을 하고 있는 기능직 사무원들의 일반직 전환과 같은 미시적인 업무도 같이 고려하여 체제 개편 관련 노력을 섬세하게 기울일 필요가 있다.

부록 12-1 시지역 지역교육청별 DEA 결과(2011)

구분	직원 수	예산	학생 수	학교 수	교원 수	CRS	VRS	SE	효율성	직원 (투입 과다)	예산 (투입 과다)	학생 수 (산출 부족분)	학교 수 (산출 부족분)	교원 수 (산출 부족분)
서울동부	87	73631	89703	130	3499	0.7844	0.7934	0.9887	DRS	18.762	15879.36	38165.032	33.854	1097.088
서울서부	89	136908	142471	200	4776	0.9924	1	0.9924	IRS	0.687	1058.017	0	0	0
서울남부	90	120570	120661	170	5874	0.9612	0.9763	0.9845	DRS	3.487	12877.29	31543.611	13.777	142.307
서울북부	88	91334	153748	193	5593	1	1	1	CRS	0	0	0	0	0
서울중부	76	37878	75608	105	2583	1	1	1	CRS	0	0	0	0	0
서울강동	88	109544	156439	179	5975	1	1	1	CRS	0	0	0	0	0
서울강서	88	101599	156338	184	5536	1	1	1	CRS	0	0	0	0	0
서울강남	88	99072	129967	137	4648	0.8351	0.8351	1	IRS	14.511	16336.75	25654.747	49.262	917.47

구분	직원 수	예산	학생 수	학교 수	교원 수	CRS	VRS	SE	효율성	직원 (투입 과다)	예산 (투입 과다)	학생 수 (산출 부족분)	학교 수 (산출 부족분)	교원 수 (산출 부족분)
서울동작	85	84982	97014	131	3940	0.7541	0.7623	0.9892	IRS	20.903	20900.49	44923.167	49.262	1228.533
서울성동	82	62796	81381	126	3567	0.8943	0.8949	0.9993	DRS	8.674	6643.623	30648.054	20.017	418.961
서울성북	83	70005	92704	137	3246	0.8684	0.8694	0.9988	IRS	10.92	9208.417	29523.197	20.578	1136.916
부산서부	90	117512	87474	149	3316	0.742	0.7432	0.9984	IRS	23.226	30328.48	66166.244	51.499	2172.902
부산남부	93	97587	109581	167	4291	0.8182	0.8551	0.9568	DRS	16.912	17742.05	45090.846	28.304	1331.722
부산북부	91	96093	79997	159	4015	0.7957	0.8164	0.9746	DRS	18.589	19632.44	74455.112	35.756	1600.652
부산동래	90	102454	102311	156	3918	0.7852	0.7915	0.992	DRS	19.328	21998.54	53080.998	41.1	1727.89
부산 해운대	95	100893	93912	150	3962	0.7188	0.7633	0.9417	DRS	26.708	28362.01	61249.036	46.524	1676.46
대구동부	89	165873	138237	177	4603	0.8945	0.8996	0.9943	IRS	9.384	66465.25	15421.981	19.747	935.811
대구서부	86	114752	99909	143	4169	0.7585	0.7725	0.9819	IRS	20.768	27708.88	47545.622	42.121	1228.023
대구남부	87	161999	130412	166	4836	0.8674	0.8791	0.9867	IRS	11.538	36226.23	20232.905	22.834	665.2
대구달성	51	40676	26720	57	1258	0.6102	0.866	0.7046	IRS	19.881	15856.46	6886.707	8.824	194.805
인천남부	84	91882	86845	136	3780	0.7355	0.7562	0.9726	IRS	22.214	24298.62	51766.072	43.856	1226.746
인천북부	82	66523	82472	108	3662	0.8733	0.8766	0.9962	IRS	10.392	8430.373	34311.717	43.526	515.461
인천동부	89	110703	124094	174	5333	0.9168	0.917	0.9998	IRS	7.397	9199.08	32255.895	15.746	482.676
인천서부	88	147933	123976	171	5631	0.9477	0.9482	0.9995	IRS	4.604	40646.79	32205.74	9.338	307.481
인천강화	43	24170	7496	39	539	0.6139	1	0.6139	IRS	16.606	9334.745	0	0	0
광주동부	91	127996	93508	149	3220	0.7291	0.7305	0.9981	IRS	24.654	34678.48	60954.547	54.956	2277.351
광주서부	100	199815	169787	233	6109	1	1	1	CRS	0	0	0	0	0
대전동부	95	162224	111360	188	4297	0.8647	0.866	0.9985	IRS	12.859	21957.27	49117.075	29.098	1417.875
대전서부	95	148781	141370	196	6122	0.9757	1	0.9757	DRS	2.304	14407.37	0	0	0
울산강북	81	79369	99235	145	4493	0.9187	0.9487	0.9684	IRS	6.584	6450.677	30086.884	22.036	242.686
울산강남	81	91032	96137	149	4415	0.848	0.9003	0.9419	IRS	12.307	13832.67	35536.626	16.487	488.473

부록 12-2 도지역 지역교육청별 DEA 결과(2011)

구분	직원 수	예산	학생 수	학교 수	교원 수	CRS	VRS	SE	효율성	직원(투입 과다)	예산(투입 과다)	학생 수(산출 부족분)	학교 수(산출 부족분)	교원 수(산출 부족분)
경기수원	101	186514	188920	234	6896	1	1	1	CRS	0	0	0	0	0
경기성남	93	109426	144623	189	5469	1	1	1	CRS	0	0	0	0	0
경기고양	94	125862	162243	219	6694	1	1	1	CRS	0	0	0	0	0
경기부천	93	107405	131652	166	5692	0.9964	0.9972	0.9992	IRS	9.613	298.827	5813.189	21.976	15.932
경기용인	94	233025	147795	205	5877	0.9361	0.9444	0.9912	IRS	5.226	117069.1	14448	14	817
경기안산	84	95177	128020	141	4590	1	1	1	CRS	0	0	0	0	0
경기구리 남양주	95	138321	122163	165	4883	0.7455	0.7979	0.9343	IRS	19.201	30811.29	43892.143	56.143	1839.866
경기 안양과천	84	94727	114991	128	4297	0.9135	0.9189	0.9941	IRS	6.812	7680.589	10669.1	18.042	398.703
경기 화성오산	94	169239	117938	189	4481	0.863	0.8762	0.9849	IRS	11.632	66960.9	44305	30	2213
경기 의정부	67	72882	69960	84	2505	0.7198	0.8156	0.8825	IRS	12.359	13445.05	24165.157	33.421	1137.472
경기 군포의왕	69	71378	64620	91	2687	0.7136	0.7615	0.9371	IRS	16.453	17019.96	25406.937	35.778	1056.458
경기평택	61	96819	72134	122	2308	0.8584	0.9628	0.8916	IRS	2.272	34448.12	4050.768	6.853	984.639
경기시흥	60	66381	70985	87	2941	0.833	0.9168	0.9086	IRS	4.991	5521.083	10914.818	30.58	512.745
경기 광주하남	56	64552	54071	74	2194	0.6511	0.8427	0.7726	IRS	8.806	10147.04	19666.161	37.465	931.33
경기파주	59	116672	53744	110	2270	0.8002	0.9098	0.8795	IRS	5.325	65900.7	8069.863	16.521	462.914
경기광명	54	41308	51140	60	2131	0.97	1	0.97	IRS	0	0	0	0	0
경기 동두천양주	57	60073	42120	79	1673	0.6251	0.7725	0.8092	IRS	12.969	20720.83	21205.605	39.772	1113.622
경기김포	55	72857	41084	75	1670	0.5866	0.7788	0.7532	IRS	12.17	34740.05	20346.676	37.144	1038.685
경기이천	52	39903	33639	63	1478	0.7487	0.7783	0.962	IRS	11.532	8852.051	11265.923	21.095	494.963
경기안성	47	49801	26346	64	1122	0.611	0.8171	0.7478	IRS	8.594	21212.9	11245.955	27.317	647.178
경기포천	49	36528	22468	57	1147	0.6615	0.7369	0.8977	IRS	12.898	11173.48	13539.707	29.102	585.676
경기여주	45	28818	15903	45	767	0.6076	0.7151	0.8497	IRS	12.819	8940.706	10246.394	28.988	494.146
경기양평	44	29330	12027	37	531	0.4781	0.6789	0.7042	IRS	14.129	10979.86	12935.243	39.565	750.287
경기가평	41	15032	7714	24	467	0.63	0.7046	0.8941	IRS	12.102	4431.334	4533.144	14.091	274.293
경기연천	42	12694	5342	22	392	0.6364	0.6885	0.9243	IRS	13.086	3957.837	3189.355	12.524	223.179

구분	직원 수	예산	학생 수	학교 수	교원 수	CRS	VRS	SE	효율성	직원 (투입 과다)	예산 (투입 과다)	학생 수 (산출 부족분)	학교 수 (산출 부족분)	교원 수 (산출 부족분)
강원춘천	54	51017	40999	75	1970	0.7449	0.8007	0.9303	IRS	10.766	11760.11	18248.494	25.068	658.532
강원원주	56	71610	52777	97	2311	0.7505	0.8929	0.8405	IRS	5.996	23605.12	9970.372	18.326	450.897
강원강릉	53	39139	32432	59	1704	0.824	0.829	0.994	IRS	11.856	6689.071	13407.738	14.252	357.57
강원속초양양	46	26848	16263	44	1021	0.745	0.7543	0.9877	IRS	11.302	6599.052	11063.047	14.927	346.32
강원동해	39	23333	15088	33	685	0.6164	0.8046	0.7661	IRS	7.615	4555.053	8703.067	19.037	447.201
강원태백	34	13922	6558	26	501	0.7294	0.8235	0.8857	IRS	6	2453.571	3931.803	9.629	185.649
강원삼척	41	28029	8896	44	670	0.5986	0.7674	0.78	IRS	9.54	10737.4	15009.13	27.496	546.403
강원홍천	40	21107	9074	53	744	0.8906	0.9212	0.9668	IRS	3.153	1664.944	6736.778	5.83	185.812
강원횡성	34	16574	5238	35	436	0.7305	0.841	0.8686	IRS	5.408	2966.777	6155.031	10.423	285.167
강원영월	36	18967	4670	34	428	0.6355	0.7854	0.8091	IRS	7.724	5765.842	9246.372	17.38	398.662
강원평창	35	14824	4988	33	454	0.7342	0.8221	0.8931	IRS	6.227	2637.415	4152.952	10.425	199.717
강원정선	36	18406	4282	34	473	0.6488	0.7854	0.8261	IRS	7.724	5204.842	8965.34	16.432	330.77
강원철원	33	15694	6601	25	492	0.6347	0.8391	0.7564	IRS	5.309	2523.842	5939.615	13.556	266.864
강원화천	33	10154	2945	21	301	0.6478	0.8125	0.7973	IRS	6.188	1904.002	1970.858	11.044	158.293
강원양구	32	9104	2956	17	272	0.6309	0.8338	0.7567	IRS	5.319	1513.99	1811.414	9.935	158.965
강원인제	33	16630	4236	28	366	0.5887	0.8153	0.7221	IRS	6.095	5694.13	7386.242	16.553	353.386
강원고성	34	8004	2924	21	331	0.876	0.9185	0.9537	IRS	5.672	652.043	1672.118	2.557	40.312
충북청주	93	127227	115463	137	4890	0.7384	0.8023	0.9204	IRS	18.383	34431.99	44435.41	79.184	1711.098
충북충주	47	45454	31570	68	1540	0.698	0.8521	0.8192	IRS	6.95	13206.29	12467.327	21.107	478.099
충북제천	44	35869	20684	49	1106	0.6235	0.7716	0.8081	IRS	10.045	12442.66	16700.214	28.185	636.276
충북청원	46	42456	17731	43	1198	0.5372	0.7596	0.7072	IRS	11.061	17349.45	31198.806	36.901	995.955
충북보은	38	16349	3889	21	358	0.4588	0.7039	0.6518	IRS	11.251	6435.196	7935.45	24.777	422.485
충북옥천	38	17614	6547	24	466	0.5371	0.7289	0.7369	IRS	10.305	4783.032	7999.727	20.653	401.04
충북영동	37	21622	5834	27	399	0.4564	0.74	0.6168	IRS	9.623	9167.745	11088.149	29.836	540.141
충북진천	38	20186	8820	23	582	0.5549	0.7524	0.7375	IRS	9.399	4985.481	11571.12	18.46	467.169
충북괴산증평	40	48218	8439	35	641	0.3835	0.7239	0.5298	IRS	11.044	33318.44	17010.139	35.097	642.72
충북음성	39	26512	11385	34	665	0.5286	0.7593	0.6962	IRS	9.388	8774.194	12943.781	28.71	561.517
충북단양	36	14806	3287	19	335	0.4692	0.74	0.6341	IRS	9.359	5607.774	7308.268	21.469	378.439
충남천안	91	93005	102876	153	4187	0.8862	0.8874	0.9986	DRS	16.996	10474.27	12961.66	19.277	527.535
충남공주	45	28216	16843	53	973	0.7403	0.7753	0.9549	IRS	10.115	6342.588	8408.229	18.583	341.177

구분	직원 수	예산	학생 수	학교 수	교원 수	CRS	VRS	SE	효율성	직원 (투입 과다)	예산 (투입 과다)	학생 수 (산출 부족분)	학교 수 (산출 부족분)	교원 수 (산출 부족분)
충남보령	48	27548	14206	47	933	0.6898	0.7179	0.9609	IRS	13.544	7776.308	11526.485	20.281	402.597
충남아산	51	56609	39927	75	1816	0.6545	0.8377	0.7813	IRS	8.271	19079.41	14360.442	25.087	607.383
충남서산	47	41054	25587	59	1279	0.647	0.7863	0.8228	IRS	10.049	13738.56	16523.914	30.507	661.396
충남논산	50	43200	26976	68	1442	0.6993	0.7962	0.8783	IRS	10.189	12256.39	17678.2	28.422	602.752
충남금산	39	16982	6136	25	486	0.5798	0.7081	0.8188	IRS	11.383	4954.569	7734.358	18.026	350.376
충남연기	38	23708	10059	25	562	0.4683	0.7652	0.612	IRS	8.921	7229.849	13051.107	27.701	622.791
충남부여	46	18127	8648	41	686	0.7949	0.7953	0.9995	DRS	10.065	3711.257	4752.031	9.98	166.837
충남서천	38	12927	6755	29	497	0.8011	0.8185	0.9787	IRS	6.896	2345.9	1687.839	7.185	123.164
충남청양	35	10167	3297	22	296	0.6556	0.7873	0.8327	IRS	7.444	2162.192	1911.806	11.079	149.058
충남홍성	41	23169	12745	44	726	0.6981	0.7731	0.903	IRS	9.308	5263.124	5686.11	18.53	305.627
충남예산	42	18445	10875	43	628	0.7996	0.8264	0.9676	IRS	7.288	3198.741	2676.284	10.584	159.992
충남태안	36	16587	7034	30	509	0.6484	0.7766	0.8349	IRS	8.04	3702.4	4960.914	15.273	259.064
충남당진	41	29775	19517	50	928	0.6858	0.8268	0.8295	IRS	7.102	7164.238	8133.549	20.835	422.865
전북전주	104	163570	113975	177	4057	0.7305	0.7486	0.9758	IRS	26.15	69981.9	62609.268	56.485	2797.503
전북군산	71	80975	40738	99	1951	0.6175	0.6979	0.8848	IRS	21.445	38106.27	51282.331	60.681	1976.779
전북익산	79	114558	49168	119	1942	0.6466	0.7054	0.9166	IRS	23.273	64573.87	67284.669	61.319	2948.221
전북정읍	73	60151	18671	66	924	0.4373	0.527	0.8298	IRS	34.528	33851.48	44624.512	69.416	1872.247
전북남원	66	42436	12433	45	848	0.4252	0.4857	0.8754	IRS	33.933	23201.77	28698.637	57.451	1082.613
전북김제	55	25458	11657	56	742	0.7481	0.7552	0.9906	DRS	14.633	6232.845	8740.436	13.689	379.822
전북완주	52	23061	12919	49	839	0.762	0.7622	0.9997	DRS	12.835	5486.832	5879.499	13.027	223.171
전북진안	57	23874	2466	23	333	0.3165	0.4678	0.6766	IRS	30.333	14504.11	16181.424	43.213	720.93
전북무주	46	9786	2708	16	297	0.6124	0.6923	0.8846	IRS	18.98	3011.371	3097.191	9.957	184.952
전북장수	41	6580	2562	16	262	0.8334	0.9883	0.8433	IRS	13.335	76.771	66.304	0.414	6.777
전북임실	55	8550	2545	24	368	0.9198	0.94	0.9785	IRS	22.455	511.874	2250.77	1.697	26.019
전북순창	49	10105	3187	23	328	0.7106	0.7459	0.9527	IRS	19.491	2567.454	2146.198	8.966	127.866
전북고창	57	19378	8027	38	494	0.6266	0.63	0.9946	IRS	21.089	7166.49	5648.799	18.339	367.054
전북부안	59	20995	6981	40	533	0.594	0.6033	0.9846	IRS	23.407	8328.458	8480.607	19.886	397.335
전남목포	48	40292.58	46120	75	1618	0.9452	0.9739	0.9705	IRS	1.252	1049.671	1465.912	2.381	450.594
전남여수	56	48815.6	46230	121	2124	1	1	1	CRS	0	0	0	0	0
전남순천	51	52168.4	51386	84	2274	0.8379	0.9149	0.9158	IRS	4.339	5501.044	8878.535	14.043	380.222
전남나주	47	26562.89	10714	42	727	0.5949	0.6583	0.9037	IRS	16.064	9451.784	11885.47	27.865	482.445
전남광양	47	32900.44	26487	55	1275	0.7625	0.791	0.964	IRS	9.821	6875.373	8217.301	17.066	395.582

구분	직원 수	예산	학생 수	학교 수	교원 수	CRS	VRS	SE	효율성	직원 (투입 과다)	예산 (투입 과다)	학생 수 (산출 부족분)	학교 수 (산출 부족분)	교원 수 (산출 부족분)
전남담양	33	17296.59	4938	24	372	0.4911	0.8188	0.5998	IRS	5.978	5682.104	7479.848	21.683	374.642
전남곡성	32	6554.283	3405	12	242	0.7378	1	0.7378	IRS	0	0	0	0	0
전남구례	32	19266.88	2915	17	269	0.3252	0.8283	0.3926	IRS	5.495	10960.49	9100.361	28.688	477.046
전남고흥	37	12852.49	6457	42	581	1	1	1	CRS	0	0	0	0	0
전남보성	37	32627.93	5196	35	433	0.4371	0.7728	0.5656	IRS	8.408	19020.7	13946.722	26.377	600.092
전남화순	42	26034.09	9738	31	619	0.4891	0.6895	0.7096	IRS	13.046	9853.356	14383.144	31.842	635.848
전남장흥	33	18294.07	4945	27	443	0.5393	0.8189	0.6586	IRS	5.978	6679.582	8456.748	20.338	340.672
전남강진	32	7824.544	4675	22	377	1	1	1	CRS	0	0	0	0	0
전남해남	45	31523.09	8879	42	694	0.5112	0.6858	0.7454	IRS	14.136	14839.4	18533.436	39.228	680.705
전남영암	42	26051.27	7310	34	522	0.4851	0.6746	0.7191	IRS	13.662	12533.07	14070.235	35.107	617.558
전남무안	39	27690.12	8787	30	556	0.4372	0.7325	0.5969	IRS	10.431	12419.14	15486.888	36.352	673.699
전남함평	32	7497.77	4143	20	266	0.8493	0.9889	0.8588	IRS	0.786	82.933	99.929	0.483	80.645
전남영광	38	20620.16	7277	35	509	0.6071	0.7528	0.8065	IRS	9.402	6957.878	8281.183	21.089	393.002
전남장성	33	9734.775	5570	25	414	0.8943	0.9279	0.9638	IRS	2.386	706.775	600.767	2.692	44.605
전남완도	37	22520.88	5921	42	585	0.6895	0.8331	0.8276	IRS	6.175	6045.127	12070.944	16.348	390.705
전남진도	34	7843.347	3520	29	272	1	1	1	CRS	0	0	0	0	0
전남신안	44	19382.22	2860	53	487	0.9144	0.9215	0.9923	DRS	4.355	1523.665	10819.777	3.346	374.209
경북포항	87	121305	80961	148	3020	0.7302	0.767	0.952	IRS	20.27	49834.9	59912.405	52.948	2832.206
경북경주	56	67735	37591	81	1613	0.6336	0.7885	0.8036	IRS	11.838	30362.83	17195.76	37.056	841.457
경북김천	46	41956	18487	58	926	0.5796	0.7827	0.7405	IRS	9.992	18475.14	13488.278	31.623	623.908
경북안동	47	42462	23468	55	1014	0.549	0.7585	0.7238	IRS	11.351	16937.94	15328.655	35.916	801.711
경북구미	68	79579	76886	122	3374	0.8188	0.8724	0.9386	IRS	8.681	13979.58	19178.856	25.418	702.91
경북영주	46	31660	16071	39	618	0.5108	0.6858	0.7448	IRS	14.455	9953.377	15192.563	36.861	824.891
경북영천	42	26583	11680	41	628	0.5764	0.7304	0.7892	IRS	11.326	9592.748	10333.829	29.003	533.229
경북상주	42	35713	13637	53	767	0.5956	0.8174	0.7287	IRS	7.672	14737.02	12633.082	24.065	553.138
경북문경	39	19822	9456	34	554	0.6172	0.7429	0.8308	IRS	10.025	5094.489	5681.931	20.439	332.945
경북경산	53	62016	34627	72	1297	0.5988	0.781	0.7667	IRS	11.605	27753.05	17369.881	36.121	1042.607
경북군위	31	8711	1653	16	209	0.5508	0.8495	0.6484	IRS	4.667	1533.886	2500.777	11.534	150.668
경북의성	36	18665	4454	35	483	0.6615	0.7943	0.8328	IRS	7.408	5057.777	9104.279	15.875	331.425
경북청송	31	12578	2174	18	224	0.4648	0.8525	0.5452	IRS	4.571	4774.098	4945.973	17.794	322.204
경북영양	29	8031	1761	12	163	0.4543	0.904	0.5025	IRS	2.785	1628.656	1953.997	11.722	194.016
경북영덕	36	21221	3562	19	327	0.3383	0.7408	0.4567	IRS	9.333	11847.17	13430.691	35.323	607.934

구분	직원 수	예산	학생 수	학교 수	교원 수	CRS	VRS	SE	효율성	직원 (투입 과다)	예산 (투입 과다)	학생 수 (산출 부족분)	학교 수 (산출 부족분)	교원 수 (산출 부족분)
경북청도	31	15386	4479	23	265	0.5201	0.8677	0.5994	IRS	4.103	4498.8	5990.075	17.54	395.801
경북고령	31	14617	3303	19	249	0.4448	0.8581	0.5184	IRS	4.398	5670.015	6249.106	20.24	380.425
경북성주	32	17685	4174	25	310	0.5084	0.8382	0.6065	IRS	5.179	7300.941	7827.787	20.226	429.874
경북칠곡	39	26510	16128	44	814	0.6649	0.8186	0.8122	IRS	7.07	6689.385	7481.877	20.41	377.61
경북예천	32	13000	3880	22	320	0.5499	0.8358	0.6579	IRS	5.253	3101.323	3576.163	15.457	247.25
경북봉화	30	13755	2861	24	349	0.5915	0.8905	0.6642	IRS	3.286	4072.049	5826.895	12.824	241.266
경북울진	32	16167	6269	26	510	0.6402	0.8615	0.7431	IRS	4.424	3411.145	6687.873	12.997	254.86
경북울릉	26	4985	902	9	114	0.5357	1	0.5357	IRS	0	0	0	0	0
경남창원	148	206722	180203	280	7245	0.812	1	0.812	DRS	0	0	0	0	0
경남진주	70	105096	54888	80	2220	0.4905	0.6738	0.728	IRS	22.833	46586.48	49314.128	71.875	2175.884
경남통영	58	49056	20070	57	970	0.4658	0.6186	0.753	IRS	22.118	24932.8	26519.64	64.304	1168.167
경남사천	46	39960	15639	44	743	0.4439	0.693	0.6405	IRS	14.124	20400.21	16336.278	45.623	806.908
경남김해	73	107788	95089	129	4284	0.8241	0.9329	0.8834	IRS	4.895	26102.95	17838.943	30.767	455.951
경남밀양	36	29491	13665	44	667	0.5939	0.8803	0.6747	IRS	4.311	10951.26	4388.499	14.129	321.672
경남거제	50	60059	40136	76	1731	0.6667	0.8604	0.7749	IRS	6.984	22256.32	11327.774	21.444	580.984
경남양산	46	66693	44430	75	1765	0.6998	0.9391	0.7452	IRS	2.8	20362.6	5092.152	8.595	461.804
경남의령	28	13223	2496	19	298	0.4988	0.9476	0.5264	IRS	1.467	4730.486	3891.367	14.112	221.262
경남함안	41	36810	8366	37	403	0.4158	0.7136	0.5827	IRS	11.735	22222.36	16481.918	36.935	859.862
경남창녕	30	24825	7063	34	384	0.5464	0.9436	0.5791	IRS	1.691	11439.78	2099.763	5.409	247.161
경남고성	28	11442	6259	31	488	0.9135	1	0.9135	IRS	0	0	0	0	0
경남남해	29	16801	5322	26	379	0.5643	0.9371	0.6022	IRS	1.822	4819.115	2418.598	10.279	194.885
경남하동	27	11562	4888	30	459	0.8724	1	0.8724	IRS	0	0	0	0	0
경남산청	27	7454	3309	20	369	1	1	1	CRS	0	0	0	0	0
경남함양	28	12048	4833	21	401	0.6771	0.9638	0.7025	IRS	1.014	576.763	1930.627	8.846	124.172
경남거창	43	37283	9450	31	480	0.3351	0.6706	0.4997	IRS	14.165	21382.19	18246.381	49.205	897.58
경남합천	29	19728	4552	32	422	0.6177	0.953	0.6482	IRS	1.362	7346.421	3188.598	4.279	151.885
제주제주	91	120973	71074	107	3026	0.5054	0.6033	0.8377	IRS	36.102	58651.34	82015.574	104.268	3307.427
제주서귀포	70	62554	21936	65	1425	0.472	0.5564	0.8483	IRS	31.046	32326.97	46035.048	71.028	1557.172

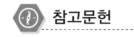 **참고문헌**

강상무(2009). 교육격차 및 학력저하 현상에 대한 새로운 접근: 학교교육 패러다임에서 평생학습 패러다임으로. 2009 충북교육학회 춘계 충북교육심포지움 자료집, 31-47.

강상진(2004). 학업성취도 평가를 바탕으로 한 학교평가 모형의 적용: 시도교육청 학교평가의 실태와 개선방향. 한국교육개발원 연구자료.

강상진, 차인숙, 김성연(2009). 학교교육의 책무성 제고를 위한 학교평가지수 산출모형 비교: 학업성취도를 중심으로. 교육평가연구, 22(1), 79-106.

강영삼(2001). 교육의 효율성. 한국교육재정경제학회 편. 교육재정경제백과사전. 서울: 하우동설.

강형인(2011). 제주형 자율학교 "i-좋은학교"의 운영실태 및 성과분석: 제1기 초등학교를 중심으로. 한국교원대학교 대학원 석사학위논문.

고영만(2007). SCI인용지수 분석연구. 서울: 한국학술진흥재단.

교육과학기술부(2008a). 대통령업무보고. 2008. 3. 20.

교육과학기술부(2008b). 학교자율화계획. 2008. 4. 15.

교육과학기술부(2010a). 고등교육 재정투자 10개년 기본계획(안).

교육과학기술부(2010b). 선진형 지역교육청 기능 및 조직 개편방안: 지역교육청에서 교육지원청으로. 교육과학기술부 인재정책실.

교육과학기술부(2012a). 고등교육재정지원계획(안).

교육과학기술부(2012b). 지방교육행정기관의 기구와 정원 등에 관한 규정 및 시행규칙 전부 개정 입법예고안.

권오상, 김용택(2000). 한국 농업의 생산성 변화요인 분석. 농업경제연구, 41(2).

김무영, 서화정, 김병주(2011). DEA기법을 활용한 특성화고등학교의 효율성 분석. 교육재정경제연구, 20(4), 29-56.

김미란(2009). 가계의 사교육비 지출 규모와 영향요인 분석. 교육재정경제연구, 18(2), 1-25.

김민희(2009). 지역교육청 직무분석: 기능분석 및 재설계를 중심으로. 교육행정학연구, 27(1), 75-99.

김민희(2010). DEA와 Tobit 모형을 활용한 충청북도 일반계고등학교 효율성 분석. 한국교육, 37(3), 105-133.

김민희(2010). MI를 활용한 중학교 생산성 변화 탐색. 교육재정경제연구, 19(4), 41-74.

김민희(2011a). 지방교육행정기관 조직운영의 선진화방안 연구: 정원관리 실태 및 개선방안을 중심으로. 한국지방교육연구센터 3주년 기념 학술대회 자료집.

김민희(2011b). 교육지원청 기능 개편 현황과 쟁점. 대한교육법학회 제66차 연차학술대회 자료집.

김민희(2012). 경로의존성 관점에서 본 지역교육청 기능개편. 한국자치행정학보, 26(1), 1-25.

김민희, 나민주(2010). DEA를 활용한 대학의 연구생산성 제고방안 탐색. 교육재정경재연구, 19(2), 33-64.

김민희, 나민주, 김창원(2008). DEA를 활용한 중학교의 상대적 효율성 분석. 교육행정학연구, 27(4), 341-361.

김병주, 박정수, 이영, 나민주, 남윤정, 송완호(2009). 대학재정 지원을 위한 포뮬러 지표개발 및 재정운용의 자율성 확대방안 연구. 서울: 한국학술진흥재단.

김병주, 김동훈, 김민희, 나민주, 문무경, 오범호, 우명숙, 이정미(2011). 교육재정 정책 현안 진단 및 아젠다 발굴 연구. 충북: 한국교육개발원.

김병주, 나민주, 박동열, 정성수, 정종철, 최정윤, 김무영, 김영민, 조아라(2010). 대학의 교육력 제고를 위한 정부 재정지원 방향. 세종: 교육부.

김병주, 나민주, 유현숙, 이영, 홍준영, 남윤정(2007). 지자체(공공) 및 민간의 고등교육에 대한 투자확대방안. 세종: 기획재정부.

김성열(1998). 시·도교육청의 기능 및 구조 개편 방안. 교육행정학연구, 16(3), 28-60.

김성훈, 이호섭(2008). 자료포락분석(DEA) 모형에 따른 대학의 효율성과 대학평가결과 비교. 교육평가연구, 21(1), 1-26.

김수경(2012). 정부 대학재정지원의 방향과 과제. 교육재정경제연구, 21(1), 1-28.

김용학(2003). 사회연결망 분석. 서울: 박영사.

김윤희, 하헌구(2010). DEA-Malmquist Productivity Index를 이용한 국내 공항의 생산성 변화 분석. 한국항공경영학회지, 8(1), 15-28.

김은정(2005). DEA 기법을 활용한 서울시 중등교육기관의 상대적 효율성 분석. 건국대학교 대학원 박사학위논문.

김은정, 김현제, 조성한(2006). DEA 기법을 활용한 서울지역 고등학교의 상대적 효율성 분석. 교육재정경제연구, 15(1), 33-55.

교육인적자원부 편(2001). 대학의 재정지원에 대한 효과성 측정연구: 자료포락분석을 중심으로. 서울: 교육인적자원부.

김재홍, 김태일(2001). 공공부문의 효율성 평가와 측정. 서울: 집문당.

김진영(2001). 교육재정의 효율성 제고를 위한 연구. 서울: 한국조세연구원.

김현제, 윤원철(2006). DEA 기법과 토빗모형을 활용한 효율성 차이에 대한 분석: 서울시 고등학교의 교육성과를 대상으로. 재정논집, 21(1), 97-114.

김화영(2013). DEA와 MPI를 이용한 대학의 효율성 분석: 2008-2012년 대학정보공시자료를 중심으로. 이화여자대학교 대학원 박사학위논문.

한국교육개발원 편(2005). 학교지원중심체계 구축을 위한 교육행정체제 혁신방안 연구. 서울: 한국교육개발원.

나민주(2002). '국민의 정부' 고등교육재정정책의 분석. 교육재정경제연구, 11(2), 23-49.

나민주(2004). 국립대 재정운영의 효율성 평가. 교육재정경제연구, 13(2), 149-173.

나민주, 김민희(2005). DEA를 활용한 대학교육의 효율성 국제 비교. 교육재정경제연구, 14(2), 205-237.

나민주, 김민희(2013). 일반고등학교의 상대적 효율성 분석: 대학진학관련 교육성과를 중심으로. 교육재정경제연구, 22(2), 1-28.

나민주(2007). 한국 교육재정의 구조와 특징: 국제비교의 관점. 비교교육연구, 17(1), 81-101.

나민주(2008). 시장·정부·대학: 대학재정지원정책의 이해. 경기: 한국학술정보.

나민주, 권혁주, 김용(2011). 국립대학 성과평가모형 개발. 서울: 교육과학기술부.

교육과학기술부 편(2009). 국립대학 적정 재정지원 규모 산정 및 배분 방법에 관한 연구. 서울: 교육과학기술부.

문현식(2010). 제주형 자율학교의 지정 의도와 운영 결과. 제주대학교 대학원 석사학위논문.

민철구(2002). 대학연구시스템의 활성화 방안. 서울: 과학기술정책연구원.

박경호(2010a). 대학 교육역량강화사업의 성과지표와 여건지표의 타당도와 신뢰도 분석. 교육재정경제연구, 19(4), 135-151.

박경호(2010b). 대학 교육역량강화사업이 교육여건 및 교육성과 개선에 미치는 영향: 1차 연도를 중심으로. 교육행정학연구, 28(4), 63-82.

박만희(2008). 효율성과 생산성 분석. 경기: 한국학술정보.

박상임(1993). 비영리조직 회계에 관한 연구. 홍익대학교 대학원 박사학위논문.

박준용(2000). 서울시 25개 자치구의 상대적 효율성 분석. 중앙대학교 대학원 석사학위논문.

박태종(1997). 대학의 효율성 측정과 영향요인에 관한 연구. 창원대학교 대학원 박사학위논문.

박현정, 이종재, 신희경(2004). OECD 교육지표로 본 한국교육의 실태 분석. 서울: 한국교육개발원.

반상진(2001). 교육재정의 효율성. 한국교육재정경제학회 편. 교육재정경제학 백과사전. 서울: 하우동설.

반상진, 김민희, 김병주, 나민주, 송기창, 우명숙, 주철안, 천세영, 최준렬, 하봉운, 한유경 (2014). 교육재정학. 서울: 학지사.

백일우(2007). 교육경제학(2판). 서울: 학지사.

서민원, 배성근(2012). 대학교육역량 평가지표의 요인구조와 대학의 군집유형 분석. 교육평가 연구, 25(1), 117-144.

서범종, 이지혜, 김민희, 박수정, 임종민, 최현희, 나현주, 최맹주(2011). 지역교육청 기능거점 모형 실태조사 및 개선방안 연구. 충북대학교 한국지방교육연구소.

성낙일, 홍성우(2008). 우리나라 사교육비 결정요인 및 경감대책에 대한 실증분석. 응용경제, 10(3), 183-212.

손승태(1993). 국내 은행의 경영효율성 비교 분석. 서울: 한국개발연구원.

송기창(2008). 교육과학기술부 권한의 시·도교육청으로의 이관, 쟁점과 과제. 교육개발, 35(2), 30-38.

송완흡(2008). 정부의 대학 연구개발사업비 관리제도 개선방안. 서울: 한국산업기술재단.

신현석(2003). 한국 고등교육의 국제경쟁력 분석: 체제적 접근. 인력개발연구, 5(1).

안태식(1998). 한국 대학의 효율 행태와 영향요인. 회계학연구, 23(2), 183-215.

양혜영, 이미영(2009). 대학부문 정부R&D 현황 분석 및 시사점. 대전: 생명공학정책연구센터.

엄준용(2010). DEA를 활용한 대학원의 효율성 분석. 고려대학교 대학원 박사학위논문.

오범호(2008). 사립대학의 규모의 경제와 범위의 경제 분석. 서울대학교 대학원 박사학위논문.

오범호(2010). 대학교육역량강화사업 지원대학 선정요인 분석. 교육재정경제연구, 19(4), 153-176.

오세희, 김훈호, 장덕호, 정성수(2010). 학교자율화 정책이 학교현장에 미치는 영향 연구. 한국 교원교육연구, 27(4), 1-25.

오세희(2012). 시·도교육청 조직인력구조 선진화 방안. 제1차 지역교육발전포럼자료집. 한국 지방교육연구소.

유금록(2004). 공공부문의 효율성 측정과 평가. 서울: 대영문화사.

유금록(2005). 공공부문의 생산성 측정을 위한 비방사적 맘퀴스트 생산성지수의 측정방법과 적용. 정책분석평가학회보, 15(2), 99-125.

유현숙, 이만희, 나민주, 박상완(2002). 대학의 연구기능 활성화를 위한 행·재정 지원체제 개 선방안. 서울: 한국교육개발원.

윤정일, 송기창, 조동섭, 김병주(2008). 교육행정학원론(5판). 서울: 학지사.

윤정일, 송기창, 김병주, 나민주(2015). 신교육재정학. 서울: 학지사.

윤홍주(2008). DEA를 활용한 교육대학교 운영의 효율성 평가. 교육재정경제연구, 17(2), 29-57.

이건남(2009). DEA와 Malmquist 생산성 지수에 의한 전문계 고등학교의 효율성 변화 분석. 농업교육과 인적자원개발, 41(2), 77-100.

이기호(1996). 공공병원과 민간병원의 효율성에 관한 비교연구. 경희대학교 대학원 박사학위논문.

이만희, 이정규, 이병식(2003). 고등교육기관 체제의 수행지표 개발 연구. 서울: 한국교육개발원.

이상린, 문명현, 김병주(2011). 국가수준 학업성취도평가 결과와 DEA를 활용한 중학교 효율성 분석. 교육재정경제연구, 20(4), 1-27.

이용균(2008). 대학 교육역량강화사업의 도입배경과 발전과제. 교육정책포럼, 184, 8-11.

이은국, 원구환, 오승은(2003). 지방정부 생산성 측정의 이론과 실제. 서울: 집문당.

이인회, 김민희(2015). 제주형 자율학교 상대적 효율성 분석. 한국콘텐츠논문지, 15(3), 477-487.

이정동, 오동현(2012). 효율성 분석이론: DEA 자료포락분석법. 서울: 지필미디어.

이정미, 김민희(2010). 대학재정의 효율성 분석. 교육행정학연구, 28(4), 163-186.

이정미, 김민희(2013). 대학 교육역량강화지원사업 선정대학 간 상대적 효율성 분석. 교육재정경제연구, 22(3), 107-133.

이정미, 유현숙, 이선호, 나민주, 김민희(2009). 대학재정 실태와 성과분석. 서울: 한국교육개발원.

이정미, 이필남, 서영인, 나민주, 박소영, 이희숙(2010). 고등교육 재정지원사업 발전 방안 연구. 서울: 한국교육개발원.

이종구, 김태진, 권기헌(2009). 사교육비 지출 패턴과 경감정책의 효과분석: Tobit Model과 Heckman Selection Model의 활용. 한국교육, 36(2), 189-221.

이현정(1999). 효율성 및 생산성 측정의 비모수적 DEA 방법론에 관한 연구: 전력 산업에 대한 응용을 중심으로. 서울대학교 대학원 석사학위논문.

이혜형(2010). 제주형 자율학교 운영에 대한 초등 교사의 인식 연구. 공주교육대학교 대학원 석사학위논문.

이호섭(2008). 자료포락분석기법을 활용한 대학의 특성별 효율성 분석. 교육평가연구, 21(4), 41-65.

이흥배, 이상호(2001). DEA를 이용한 대학 경영효율성 평가의 탐색적 연구. 산업경제연구, 14(2), 261-277.

임석민(1997). 공공부문의 효율성에 관한 연구. 한양대학교 대학원 석사학위논문.

장수명, 공은배, 이한일(2004). 국가 및 산업경쟁력 제고를 위한 교육의 역할. 서울: 한국교육개발원.

장승희(2011). 제주형 자율학교의 창의·인성 교육 프로그램 분석. 윤리교육연구, 24, 81-106.

전국대학연감편찬위원회(2005). 2005 전국대학연감. 서울: 전국대학연감편찬위원회.

전용수, 최태성, 김성호(2002). 효율성 평가를 위한 자료포락분석. 인천: 인하대학교출판부.

정영수(2008). 지방교육자치 내실화를 위한 관련 법령 개편 연구. 충북: 지방교육연구센터.

정태범(2001). 교육생산함수. 한국교육재정경제학회 편. 교육재정경제백과사전. 서울: 하우동설.

조성구, 주철안(2012). 학교평가와 대학평가 연구동향 비교분석. 비교교육연구, 22(1), 121-147.

진동섭, 정수현, 박상완, 나민주, 김병찬, 박진형, 박인심, 김민조, 김진수, 박지웅, 이승복, 이은주, 한점숙(2005). 한국 학교조직 탐구. 서울: 학지사.

천세영(2000). 성과중심 학교재정효율성 평가 예비모델 연구. 교육행정학연구, 18(3), 359-384.

천세영(2002). DEA 기법을 활용한 학교재정효율성 평가모델 연구. 교육행정학연구, 20(1), 281-303.

최병선(2006). 정부규제론. 서울: 법문사.

최영출, 김민희(2012). 지역교육청 효율성 분석 및 체제 개편 방안. 지방정부연구, 16(1), 195-223.

최영출, 김민희, 박수정(2011). 지역교육청 기구 설치 재설계 방안. 한국자치행정학보, 25(2), 55-76.

최정윤, 이정미, 정진철, 성태제(2007). 한국 대학의 질적 수준 분석 연구(Ⅰ). 서울: 한국교육개발원.

최준렬(1998). 지역교육청의 기능 및 구조 개편 방안. 교육행정학연구, 16(3), 61-88.

최태성, 김성종, 김형기(1998). 비영리조직의 효율성 평가를 위한 DEA의 활용: 대학연구효율성의 평가. 경영논집, 6(1).

충청북도교육청(2009). 기초학력신장을 위한 기본계획.

한국교육개발원(1999). 지방교육자치제도 재구조화 방안 탐색. 교육정책토론회자료집.

한국교육개발원(2002, 2003, 2004, 2005). OECD 교육지표. 서울: 한국교육개발원.

한국교육개발원(2005). 2005 한국교육종단연구(KELS). 서울: 한국교육개발원.

한국교육개발원(2012). 2012 간추린 교육통계. 서울: 한국교육개발원.

현순안(2009). 제주형 자율학교의 특징과 개선 방안: 제1기 시범운영 초등학교를 중심으로. 제주대학교 대학원 석사학위논문.

홍경선(2008). 제주형 자율학교의 초등영어 특성화 프로그램 연구. 언어연구, 24(3), 629-656.

홍성욱(2002). 선진국 대학연구체제의 발전과 현황에 대한 연구. 세종: 과학기술정책연구원.

황보창수(2000). Data Envelopment Analysis를 활용한 대학의 효율성 평가. 경일대학교 대학원 석사학위논문.

Abbott, M., & Doucouliagos, C. (2003). The efficiency of Australian universities: A data envelopment analysis. *Economics of Education Review, 21*(2).

Ahn, T., Charnes, A., & Cooper, W. W. (1988). Some statistical and DEA evaluations of relative efficiencies of public and private institutions of higher learning. *Socio-economic Planning Science, 22*(6), 259-269.

Aigner, D., Lovell, C. A., & Schmidt, P. (1977). Formulation and estimation of stochastic frontier function models. *Journal of Econometrics, 6*(1), 21-37.

Athanassopoulos, A. D., & Shale, E. (1997). Assessing the comparative efficiency of higher education institutions in the UK by means of data envelopment analysis. *Education Economics, 5*(2).

Athanassopoulos, A. D., & Triantis, K. P. (1998). Assessing aggregate cost efficiency and their related policy implications for Greek local municipalities. *INFOR, 36*(3), 66-83.

Atkinson, G. B. J. (1983). *The economics of education.* Hodder and Stoughton. 최정일, 천구태 역(1990). 교육경제학. 서울: 문음사.

Banker, R. D., Charnes, A., & Cooper, W. W. (1984). Some models for estimating technical and scale inefficiencies in data envelopment analysis. *Management Science, 30*(9).

Banxia Software (2003). *Banxia frontier analyst user's guide.* UK: Banxia Software Limited.

Barlow, R. D. (2010). Recession? What recession, right? Healthcare purchasing news. 2010 Supply chain management salary survey.

Bradley, S., Johnes, G., & Millington, J. (2001). The effect of competition on the efficiency of secondary schools in England. *European Journal of Operational Research, 135.*

Caves, D. W., Christensen, L. R., & Diewert, W. E. (1982). The economic theory of index

Numbers and the measurement of input, output, and productivity. *Econometrica, 60*(6), 1399–1414.

Charnes, A., Cooper, W. W., & Rhodes, E. (1978). Measuring efficiency of decision Making Units. *European Journal of Operational Research, 1,* 429–444.

Coelli, T. (1996). *Assessing the performance of Australian universities using Data Envelopment Analysis,* Internal report, Centre for Efficiency and Productivity Analysis. University of New England.

Coelli, T., Rao, D. S. P., & Battese, G. E. (1998). *An inroduction to efficiency and productivity analysis,* Boston: Kluwer Academic Publishers.

Cohn, E. (1979). *The economics of education.* MA: Haper & Row.

Cooper, W. W., Seiford, L. M., & Zhu, J. (2004). *Handbook on Data Envelopment Analysis.* Kluwer Academic Publishers.

Färe, R., Grosskopf, S., & Norris, M. (1994). Productivity Growth, Technical Progress, and Efficiency Change in Industrialized Countries. *The American Economic Review, 84*(1), 66–83.

Farrell, M. J. (1957). The measurement of productive efficiency. *Journal of the Royal Statistical Society. Series A(General), 120*(3), 253–290.

Hanushek, E. A. (1995). Interpreting recent results on schooling in developing countries. *World Bank Research Observer, 10*(2), 227–246.

IMD (2000, 2001, 2002). *IMD World Competitiveness Yearbook.* Switzerland: IMD.

Kirjavainen, T., & Loikkanen, H. A. (1998). Efficiency difference of finnish senior secondary schools: An application of DEA and Tobit analysis. *Economics of Education Review, 17*(4), 377–394.

Levin, H. M. (1976). *Concepts of economic efficiency and educational production.* MA: Cambridge, 149–191.

Lockheed, M. E., & Hanushek, E. (1994). Concepts of educational efficiency and effectiveness. *In the international encyclopedia of education* (2nd ed.), 1779–1984.

Maddala, G. S. (1991). A perspective on the limited–dependent and qualitative variables models in accounting research. *The Accounting Review, 66*(4), 788–807.

Madden, G., Savage, S., & Kemp, S. (1997). Measuring public sector efficiency: A study of economics department at Australian universities. *Education Economics, 5*(2).

McDonald, J., & Moffitt, R. (1980). The uses of Tobit analysis. *Review of Economics and Statistics, 62*, 318–321.

McMillan, M. L., & Datta, D. (1998). The relative efficiency of Canadian universities. *Canadian Public Policy, 24*(4), 485–511.

OECD (2011, 2012). *Education at a Glance: OECD Indicators.*

Pindyck, R. S., & Rubinfeld, D. L. (2000). *Microeconomics* (5th ed.). Prentice–Hall. 박원규, 강정모, 이상규 역(2003). 미시경제학. 서울: 시그마프레스.

Primont, D. F., & Domazlicky, B. (2006). Student achievement and efficiency in Missouri schools and the No Child Left Behind Act. *Economics of Education Review, 25*, 77–90.

Ruggiero, J. (2004). Performance evaluation in education: Modelling educational production. In W. Cooper, L. Seiford, & J. Zhu (Eds.), *Handbook on data envelopment analysis.* Boston: Kluwer Academic Publishers.

Salerno, C. (2003). What we know about the efficiency of higher education institutions: The best evidence. *The center for higher education policy studies.*

Windham, D. M. (1988). *Indicators of educational effectiveness and efficiency.* IEES.

Windham, D. M. (1995). International financing of education. In M. Carnoy (Ed.), *International encyclopedia of economics of education* (2nd ed.). NY: Elsevier Science Inc., 433–4438.

대학알리미 http://www.academyinfo.go.kr
미국고등교육통계 https://nces.ed.gov
에듀데이터서비스시스템 http://www.edss.moe.go.kr
영국고등교육통계 https://www.hesa.ac.uk
통계청 http://kostat.go.kr
학교알리미 http://www.schoolinfo.go.kr
한국과학기술부 http://www.most.go.kr
한국교육개발원 교육통계서비스 시계열통계 http://cesi.kedi.re.kr

⬡ 찾아보기

내용

저자 소개

나민주(Rah, Minjoo)
서울대학교 교육학과(문학사)
서울대학교 대학원 교육행정전공(교육학박사)
현 충북대학교 사범대학 교육학과 교수
　　충북대학교 교육혁신연구원장
　　한국지방교육연구소장

김민희(Kim, Minhee)
한양대학교 교육학과(문학사)
서울대학교 대학원 교육행정전공(교육학박사)
전 교육부 지방교육재정평가위원
현 대구대학교 사범대학 교직부 교수
　　대구대학교 IR센터 소장

이정미(Lee, Jungmi)
이화여자대학교 경영학과(경영학사)
서울대학교 대학원 교육행정전공(교육학박사)
전 한국교육개발원 연구위원
현 충북대학교 창의융합교육본부 교수
　　충북대학교 재정사업기획부처장

한국 교육의 효율성 분석
－ DEA 이론과 실제 －
Analysis on the Efficiency of Education in Korea
－ Theory and Practice of DEA －

2018년 2월 1일 1판 1쇄 인쇄
2018년 2월 10일 1판 1쇄 발행

지은이 • 나민주 · 김민희 · 이정미
펴낸이 • 김진환
펴낸곳 • (주) **학 지사**

　　　　04031 서울특별시 마포구 양화로 15길 20 마인드월드빌딩
대표전화 • 02)330-5114　　　팩스 • 02)324-2345
등록번호 • 제313-2006-000265호

홈페이지 • http://www.hakjisa.co.kr
페이스북 • https://www.facebook.com/hakjisa

ISBN 978-89-997-1485-6　93370

정가 15,000원

이 도서의 국립중앙도서관 출판시도서목록(CIP)은 서지정보유통지원
시스템 홈페이지(http://seoji.nl.go.kr)와 국가자료공동목록시스템
(http://www.nl.go.kr/kolisnet)에서 이용하실 수 있습니다.
(CIP 제어번호: CIP2018001805)

교육문화출판미디어그룹 **학 지사**

심리검사연구소 **인싸이트** www.inpsyt.co.kr
원격교육연수원 **카운피아** www.counpia.com
학술논문서비스 **뉴논문** www.newnonmun.com
간호보건의학출판 **정담미디어** www.jdmpub.com